U0639304

学校课程变革新取向丛书　杨四耕 主编

赋权性变革

提升学科领导力

周　玲◎主编

华东师范大学出版社

·上海·

图书在版编目（CIP）数据

赋权性变革：提升学科领导力／周玲主编. —上海：华东师范大学出版社,2023

（学校课程变革新取向丛书）

ISBN 978-7-5760-3841-5

Ⅰ.①赋… Ⅱ.①周… Ⅲ.①小学—课程建设—研究 Ⅳ.①G622.3

中国国家版本馆 CIP 数据核字（2023）第 080228 号

学校课程变革新取向丛书

赋权性变革：提升学科领导力

丛书主编　杨四耕
主　　编　周　玲
责任编辑　刘　佳
项目编辑　林青荻
特约审读　陈成江
责任校对　王丽平　时东明
装帧设计　卢晓红

出版发行　华东师范大学出版社
社　　址　上海市中山北路 3663 号　邮编 200062
网　　址　www.ecnupress.com.cn
电　　话　021-60821666　行政传真 021-62572105
客服电话　021-62865537　门市（邮购）电话 021-62869887
地　　址　上海市中山北路 3663 号华东师范大学校内先锋路口
网　　店　http://hdsdcbs.tmall.com

印 刷 者　上海展强印刷有限公司
开　　本　787 毫米×1092 毫米　1/16
印　　张　15.75
字　　数　155 千字
版　　次　2023 年 6 月第 1 版
印　　次　2023 年 7 月第 2 次
书　　号　ISBN 978-7-5760-3841-5
定　　价　52.00 元

出 版 人　王　焰

（如发现本版图书有印订质量问题,请寄回本社客服中心调换或电话 021-62865537 联系）

编委会

主　编：周　玲

副主编：周　萍　张学梅　黄金娟

成　员：（排名不分先后）

王　薇	钟会珍	龙倩婷	宋晓玲	黄莉莉	钟雅莉	沈敏艳	张朱呈
汪志敏	方柳煌	吴瑞冰	黄小凤	段艺琪	苏蒂娜	李博欣	黄颂江
陈姿颖	聂　星	刘玉华	曾晓霞	林晓宏	陈菲燕	钟小英	庞光梅
何秀枝	黄英娣	魏敏桢	陈洁珊	马逸东	游敏玲	罗艳丽	练碧玲
林润锴	杨　颖	黄静雯	潘胜微	罗尚琴	何远香	邢彦杰	马晓娜
师　琦	詹秋琼	丁　岚	陈凤群	易茗倩	黄　玲	马力芳	张白玉
赖庭亭	敖　科	潘文飞	叶家威	张培芹	陈乐琪		

如何面对复杂的情境脉络和实践场景,是课程研究绕不开的话题。学校课程变革在理念上应具有深刻的文化性,在目标上应具有鲜明的育人性,在内容上应具有鲜活的生成性,在实施上应具有方式的多维性。课程探究需要整合的方法论视角,要合理地解释和说明学校课程变革,实证的因果分析和诠释的人文理解都是不可或缺的。回到课程实践现场,扎根课程变革场景,是课程研究的智慧。

第一,场景的实在性与研究的主位性。学校课程变革场景具有实在性,其实在性是在诸多课程实践因素及其相互关联中实现的。因此,作为课程研究最直接的现场,场景无需进行抽象的本体论还原,研究者便可以进入主位研究状态,便可以从参与者角度去探讨课程实践及其内蕴的理论。所谓主位研究状态,按照人类学家马文·哈里斯的观点,[1] 就是以参与者的观念为基础,以课程实践者的描述和分析为标准,检验研究者的主位分析的恰当程度,主要是看研究者的专业意见在什么程度上能让实践者感觉有价值、能推动课程品质的提升。课程研究的目的不是从主位研究转换为客位研究,或是从客位研究转换为主位研究,而是实现这两种研究的互释。

第二,场景的整体性与研究的行动性。学校课程变革场景是特定行动所构成的具体情景,它从时空统一上整合了主体与客体、理论与经验、显性与隐性等要素,并通过它们的有序结构构筑了课程变革场景的整体意义。只有将课程研究放在具体实践场景之中考察,立足过程思维,秉持整体观照,才能凸显课程研究的实践立场。进入了课程所发生的场景,课程研究才有可能真正发生,才能够带来理论与实践共赢的整体效果。课程研究在本质上是一种反思性实践,是主动且持续地审视理论、信念和假设的过程,是对场景的整体性理解和行动性体认,其目的是理解实践、改进实践和提升实践。

第三,场景的情境性与研究的叙事性。学校课程变革场景具有鲜明的情境性,课程探究不能脱离具体的学校情境。为此,施瓦布曾提出旨在实现理论与实践融合的实践课程观,倡导课程开发与具体实践情境相联系。[2] 从研究方法角度来说,叙事研究是直面鲜活的课程变革的一种研究方式。通过叙事研究,课程研究能够摆脱概念体系

1　(美)马文·哈里斯.文化唯物主义[M].张海洋,王曼萍,译.北京:华夏出版社,1989:37.
2　史学正,徐来群.施瓦布的课程理论述评[J].外国教育研究,2005(1):68 - 70.

的束缚,从而走向更具活力、更具情境适应性的方法论领域。任何一项课程研究,如果不能进入特定的课程场景,都是无法揭示课程行动的真实含义的。

第四,场景的问题性与研究的对话性。课程是一个永远都不会完美的存在,这预示着场景是具有问题结构的存在。面对特定场景,课程研究是问题牵引的,是参与性的,是田野的。课程研究必须直面真实问题,既关涉理论,又关涉实践,二者在互动中实现融合。在特定场景中,理论与实践是双向融通的,具有对话属性。

第五,场景的特定性与研究的扎根性。课程探究总是处于具体场景之中的,总是由特定时空所确证的,场景的特定性展现了课程研究的扎根性需求。法国社会学家布迪厄指出:实践与理论的一个重要差别就是实践具有紧迫性,行动者需要"把身体置于一个能够引起与其相关联的感情和思想的总体处境之中,置于身体的一种感应状态之中",迅速做出决策。[1] 在特定场景中,研究者以置身其中的姿态思考实践、言说实践、参与实践,洞察课程发生的情境与脉络,在课程现场中进行意见分享、经验概括和理论提炼。秉持扎根研究的态度就是要基于对课程实践的理解,建立适用于特定场景的意见或理论,并反哺课程实践本身。

总之,富有实践感的课程探究,在本体论层面,总是将课程研究主客体都视为在以行动事件或经验事实为核心的场景中互动关联的存在;在方法论层面,总是将现象的与意向的、情境的与规律的等说明与解释都整合到特定场景之中,融合各种方法论的优势解决课程实践问题。

"学校课程变革新取向丛书"彰显了这样一个道理:课程研究的重点是深刻理解特定情境和条件下的课程实践本身,而不是理论推导和逻辑演绎。课程研究并不神秘,我们每一个人都是局内人,每一所学校、每一位教师都是课程研究者和创造者。

杨四耕

2023 年 1 月 15 日于上海市教育科学研究院

1　(法)皮埃尔·布迪厄.实践感[M].蒋梓骅,译.南京:译林出版社,2012:98.

目　录

第一章　和美语文：让儿童进入唯美的语文世界　　　1

语文学习不仅是知识的积累过程，更是文化的熏陶和情感的体验。语文是唯美的，它关注课文的言辞美、音韵美和境界美，儿童可以在朗读中感受语言的音韵之美，在书写中体会汉字的造型之美，在自由的想象中感受文本的意境之美，在咬文嚼字中体味文本的内涵之美。追求和谐共通的美学境界，用语文之美滋养儿童心灵，让儿童在唯美的语文世界里感受美的真谛，是"和美语文"的价值追求。

第二章　和智数学：让思维真正活跃起来　　　33

数学不仅是自然科学和技术科学的基础，更是思维的提升和智慧的升华。数学是有趣的，它关注数字的奇妙规律、图形的几何特色、统计的简便清晰，它还关注有目的、有设计、有步骤、有合作的实践活动。儿童可以在数字游戏中感受变与不变，在动手操作中体会图形的几何之趣，在表达中感受数学语言的简洁严谨，在合作讨论中体会逻辑思维的敏捷缜密。用数学之趣激活儿童思维，让儿童在趣智的数学海洋里收获数学智慧,是"和智数学"的价值追求。

第三章　4I 英语:让儿童大胆自信地说英语　　　61

　　语言是交流的工具,英语作为全球使用最广泛的语言之一,是世界上最重要的交流工具。学习英语不仅可以更好地了解世界,学习先进的科学文化知识,还能拓展国际视野,传播中国文化。"4I 英语"提倡让儿童对英语产生持久的兴趣(Interest),在英语学习和实践活动的参与(Involve)中习得语言,使儿童逐步形成独立思考(Independent thinking)和综合语言运用能力,促进创新(Innovation)思维品质发展,让儿童大胆自信地说英语用英语,为儿童的终身发展奠定基础。

第四章　和真道法:让本真点亮童年　　　83

　　道德与法治以正确的价值观引导孩子形成良好的道德修养和法治观念,为孩子全面发展,成为担当民族复兴大任的时代新人打下牢固的思想根基。道德与法治培养孩子的多元智能发展,孩子在道德与法治的学习中发展个体身心和谐、人际和谐、群体与社会的和谐、人与自然的和谐,让孩子用科学的精神验证已知,探索未知,追求真善美,分清是非善恶。帮助孩子在社会问题面前作出正确的价值判断和选择,形成良好的道德修养、法治修养、人格修养,促进孩子身心健康成长,成为全面发展的社会主义建设者和接班人,是"和真道法"的价值追求。

第五章 和创科学:让我们打开世界奥秘的大门   109

科学是基础性的学科,孩子们可以在学科学中收获科学知识;科学是有趣的学科,孩子们可以在学科学中感受科学的奇妙;科学是实践性的学科,孩子们可以在科学实践中获取真知。我们一起走进科学,感受科学的魅力,打开世界奥秘的大门。

第六章 和韵音乐:在韵律中感受音乐的美   133

音乐作为非语义性的艺术,也是最为抽象的艺术。它直接为自身发出声音,"乐由

情起",音乐是最富情感的艺术,最容易激发和调动情感,并能很好地体现个人的修养。和韵音乐以"音乐审美"为核心,不断增强儿童对音乐的兴趣,积累丰富的音乐知识,让孩子从中获得情感体验并完善他们的整体素养。通过音乐本身,儿童能够多感知、多想象、多体验、多创造,这是音乐教育的价值所在。

第七章　和趣美术：从美术创作中体验趣味人生　

美术以对视觉形象的感知、理解和创造为特征,在实施素质教育的过程中具有不可替代的作用。美术课程凸显视觉性,具有实践性,追求人文性,强调愉悦性,儿童在美术学习中发展形象思维能力、实践和创造能力,涵养人文艺术精神,养成积极健康的人格。"和趣美术"课程教学根据儿童身心发展的规律,将教材上的概念具体化,使教师授课方式趣味化,摒弃了传统课堂上"填鸭式"的教学方法,极大地促进了儿童各方面的发展。

　　"和健体育"坚持以"健康第一"为指导思想,力图使我校的体育与健康课程不仅可以帮助儿童掌握运动技能,发展体能,让他们逐步养成健康、良好的生活方式,树立注重生命安全的意识,促进儿童身心全面发展。同时,还展现出与人和、与自然和、与社会和的三融合,形成健身、健美、健全的和谐课程体系。让学生体会和领悟:生命因运动而精彩!

赋权：学校课程深度变革的钥匙

广州市黄埔区科学城小学创办于 2015 年 9 月，是由黄埔区委、区政府规划布署，区教育局主办的全日制公办小学。学校坐落在广汕路与大观路交界处，毗邻雅居乐富春山居，占地面积 1.82 万平方米，建筑面积 1.1 万平方米。学校教学设施设备一应俱全，建有 400 米环形跑道运动场及室内乒乓球、羽毛球场，配有实验室、书法室、舞蹈室、音乐室、计算机室、科学室、电脑语音室等各种活动场室，是一所环境幽雅、现代化气息浓厚的花园式小学。2018 年 9 月，科学城小学北校区成立，位于华标集团新建楼盘"峰湖御境"内，面积 2 万平方米，建筑面积 1.8 万平方米。目前，科学城小学共有 52 个教学班，其中南校区 35 个，1 400 多名学生，北校区 17 个班，600 多名学生。南校区一年级 6 个班，二年级 6 个班，三年级 5 个班，四年级 5 个班，五年级 8 个班，六年级 5 个班，84 位专任教师。北校区一年级 4 个班、二年级 3 个班，三、四年级各 5 个班，39 位专任教师。在"和真教育"的引领下，学校以赋权理论为指导，推进赋权性变革，打造科学特色教育。

"赋权"，Empowerment，从字面来理解，即赋予权力。马尔科姆认为："赋权的主旨在于通过减少行使现有权力的机构和个人，增强运用权力的能力与自信，以及从某些群体和个体身上转移权力，去帮助无权获得者有对自己生活的决定权与行动权。"[1] 该理论在 20 世纪 70 年代，最先应用于社会学领域。至 80 年代，才运用于教育学，目的是为教育弱势群体争取更多的权利，好让教育弱势群体更加积极、主动地参与到教育活动中。

赋权理论是我校课程建设的重要理论依据。有研究指出：在学习过程中，如果为学生提供成长和取得权利的机遇，他们将产生强大的力量。[2] 一旦赋予学生在运动课上更

1　Payne Malcolm.现代社会工作理论［M］.何雪松，等，译.上海：华东理工大学出版社，2005：290.

2　Mojgan Janighorban, Nikoo Yamani, Hojatollah Yousefi. The facilitators and impediment factors of midwifery student's empowerment in pregnancy and delivery care：a qualitative study［J］. Journal of Research in Medical Sciences,2016(21)：68.

大的权利,会明显提高他们运动的权能。[1] 如果想培养具有全球化背景的毕业生,需要增强参与提供课程的学术工作人员的权能。[2] 赋权性变革就是要对教师教学权、学生学习权、学校管理权进行转化与赋予。教师要学习赋权理论,转变育人观念;学生要掌握学习自主权、主动参与权;学校要对评价机制、保障机制、激励机制进行完善。

一、赋予课程价值生成权

课程价值是课程满足主体一定需要的属性,即是说课程的存在、作用及变化对于一定主体需要及其发展的适合。[3] 因此,赋予学校课程价值生成权是赋权性变革的一个重要维度。

科学城小学毗邻广州科学城,具有独特的区位优势和优质的资源优势,加之校名具有独一无二性——"科学城"是一个具有高辨识度和品牌价值的名字。在此文化区域背景下,科小有着自身独特的学校课程情境。基于对学校课程情境的分析,学校立足于"科学和人文"之精神,深入挖掘学校文化内涵,以学校文化引领课程建设,构建学校的教育哲学和课程理念。

(一)学校教育哲学

孔子曰:"和而不同,止于至善。"千百年来,中国传统文化以"和"为核心价值观,讲究"和"文化理念。陶行知说:"教育就是教人做人。千教万教,教人求真;千学万学,学做真人。"所谓教育唯真,既是学真知的过程,也是创新的过程。为人和者与人为善,为学真者求真务实,科学人文、共生互动、和而不同。"和"锤炼内在的人格修养和精神追求,加强品格素质的修炼,"真"追求外在的知识水平和理性思维,注重科学精神的培养。教育要求和,和而不同;教育要求真,于科学中探索真。

基于上述,学校提出了"和真教育"哲学,明确了"为人和,为学真"的办学理念,灌输"和"文化,实施"真"教育,打造科学特色文化学校,培养科学少年的多元智能,发展

1 E. Whitney G. Moore, Mary D. Fry. Physical Education Students' Ownership, Empowerment, and Satisfaction With PE and Physical Activity[J]. Research Quarterly for Exercise and Sport, 2017(4):468.

2 Sandra H. Kirk, Clare Newstead, Rose Gann, Chery. Rounsaville Empowerment and ownership in effective internationalisation of the higher education curriculum[J]. High Education, 2018(6):989.

3 靳玉乐、杨红.试论文化传统与课程价值取向[J].西南师范大学学报(哲学社会科学版),1997(6):62-67.

个性,生成和谐、快乐、美好的校园生态和良好的育人氛围,让"和真少年"做真人、求真知,拥有一个"真趣童年"。

——"和真教育"是求真的教育。陶行知曾给教育下了一个最为简明的定义:"教育就是教人做人",从而提出"千教万教,教人求真;千学万学,学做真人"的教育理想和"培养真人"的教育目标。所谓教育唯真,即要求用认真、较真的态度对待教育,验证已知,探索未知,这是一个学真知的过程。在这一过程中,首先,教育应该符合时代的需求,而不是一味盲目地"唯分数论",否则最终只能出培养应试教育下的"统一产品",难以满足社会需要多样人才的大趋势。其次,教育要采用灵活多变的科学方法,才能提升教学效果,达到育人的目的。另外,强调自然科学这门学科的教学,在师资人才、教学资源等方面加大投入力度。

——"和真教育"是崇善的教育。罗素说:"在一切道德品质之中,善良的本性在世界上是最需要的。"[1]崇善的教育是让学生拥有一颗向善之心,做一个心善之人,不仅善待自己,还要善待他人、善待社会、善待自然。"上善若水、臻于至善",追求善的进步不会停止,我们要让和真少年在学习中不断地习善,从而"展善能,成善志"。

——"和真教育"是尚美的教育。中国传统文化提倡"以和为美",19世纪初期英国杰出诗人约翰·济慈说过:"美就是真,真就是美。"[2]可见,"和"是美,"真"是美,"和真教育"也必然是美的教育。现实生活处处都是美,要帮助学生培养正确的审美观,锻造发现美、感受美、欣赏美、创造美的能力。

总之,"和真教育"是关注全人的教育。"和真"是指对人以和、对事以真,从普遍意义的教育上讲,"和"更多讲究的是个人内在的人格修养和精神追求,体现的是人文关怀,追求品格素质的修炼,而"真"把重点放在提高个人的知识水平和培养个人的理性思维,体现的是科学精神,追求的是真理,"和""真"这两者结合互补,才能称其为真正的教育,全面的教育。

陶行知说:"真教育是心心相印的活动,唯独从心里发出来,才能打到心的深

---

1 李明,完颜华.论青年英雄的道德效应——基于河南青年"群模"现象的思考[J].中国青年研究,2014(5):77-81.
2 华兹华斯,柯勒律治,雪莱.十九世纪英国诗人论诗[M].刘若瑞,译.北京:人民文学出版社,1984:167-168.

处。"[1] 在"和真教育"哲学的指引下,我们致力于打造和谐、快乐、美好的校园生态和良好的育人氛围,让孩子们做真人,求真知,追真理。我们的学生要成为具有"真、善、美"品格的人,养真道德,说真话,识真才,办真事,做真人。

(二)学校课程理念

学校课程建设,就是要给孩子提供适合的土壤、阳光、养料和环境,让孩子自然地、不断地生长,他就一定能够绽放他独特的美,成长得更加智慧。基于上述教育哲学,我校的课程理念是:智慧,在这里生长。其内涵如下:其一,课程即生命场景。课程的价值追求就是生命的成长。课程的展开过程就是师生以其本真状态投入生命的过程。因此,生命呈现出的所有场景都是课程,让学生在真实的生命成长过程中得到发展。其二,课程即智慧生长。课程应关注儿童的内在生长,从知识走向智慧,为智慧生长而教。其三,课程即心灵丰富。经历让孩子们变得内心更丰富。课程旨在为孩子提供各种经历的机会和平台,在互动交流中,在实践、体验、尝试中获得发展。其四,课程即个性张扬。课程是为了更好地发现儿童,更好地帮助孩子认识自己,发现自己的与众不同,为学生提供展示的舞台,让每一个孩子展示自信,张扬个性,成就智慧人生。

总之,课程是孩子们翱翔的羽翼,是孩子们驰骋的沃土。春风化雨,润物无声,孩子们在这里汲取营养,厚积薄发,结出智慧之硕果。因此,我们将学校的课程模式命名为"智慧城课程"。

二、赋予课程目标确定权

所谓课程目标,就是指一定教育阶段的学校课程力图促进该阶段学生的身心发展所要达到的预期程度。简言之,课程目标是指特定阶段的学校课程所要达到的预期结果。[2]

鉴于此,推进学校课程变革,应赋予学校课程目标确定权。

学校恪守"为人和、为学真"的办学理念,注重科学精神和人文精神的融合,努力把科小学子培养成"品性和、身心健、求知真、兴趣广"的现代少年,具体内涵如下:(1)品性和:诚信有礼、和善包容、乐于合作;(2)身心健:身体健康、乐观自信、自尊自强;(3)求

---

1 陆红兵,姜达.真教育是心心相印的活动[J].教育视界,2020(4):7-10.
2 靳玉乐.现代课程论[M].重庆:西南师范大学出版社,1995:65.

知真：勤学善思、乐于探究、勇于创新；(4)兴趣广：广泛参与、特长明显、多元发展。

学校的育人目标是通过课程来达成的。为了实现我校的育人目标，我们将"智慧城"课程目标分年段细化如下。（见表1）

表1　科学城小学"智慧城"课程目标表

目标 学段	低 年 级	中 年 级	高 年 级
品性和	1. 热爱祖国、尊敬师长、文明有礼、懂得感恩。 2. 遵守纪律，初步养成良好的行为习惯，自己的事情自己做。 3. 待人宽容，和同学相处融洽，不争吵。 4. 不说假话，借别人的东西及时归还。 5. 愿意帮助别人，做力所能及的事情。	1. 爱祖国、爱家乡、爱科学、爱劳动。 2. 遵守校规校纪和社会公德。 3. 注重个人礼仪，能和谐、融洽地与他人相处。 4. 尊重老师，孝敬长辈，主动与父母沟通，体谅父母的辛苦，自己的事情自己做。 5. 不讲大话，答应别人的事情努力做到。 6. 能积极动脑帮助别人解决困难。 7. 能积极与同学进行小组合作学习、劳动等，拥有良好的意志品格和热情开朗的性格。	1. 初步具有爱祖国、爱人民、爱劳动、爱科学、爱社会主义的思想情感和良好的品德。 2. 具有遵守社会公德的意识和文明的行为习惯。 3. 具有良好的意志品质及谦和包容的性格。 4. 善于合作，有责任感；乐于助人，愿意为集体服务。
身心健	1. 树立"健康第一"的意识；每日早睡早起，保证充足的睡眠时间。 2. 学好广播体操、眼保健操；初步掌握简单的技术动作，感受到体育活动给自己的生活带来的乐趣。通过练习，发展身体协调、灵敏、速度、力量等多项身体素质。	1. 掌握体育健康的基础知识、基本技能和方法，增强体能；养成参与运动的兴趣和爱好，基本掌握1—2项体育技能。 2. 体验运动的乐趣和成功，养成每日坚持体育锻炼的好习惯。 3. 在体育活动中，发挥良好的心理品质、合作与交往的能力。 4. 珍惜生命，有自觉维护健康	1. 能积极参加体育活动，动作协调。形成灵敏、力量、耐力、协调等身体素质。 2. 通过国家体质健康测试，掌握3—4项体育运动技能，并发展至少一样成为特长项目。 3. 主动参与运动动作的学习，能够主动观察和评价同伴的运动动作。 4. 培养团结、协作、集体主

目标学段	低 年 级	中 年 级	高 年 级
身心健	3. 培养吃苦耐劳、团结协作等优良品质。 4. 积极参与体育活动;会玩1—2项体育运动游戏。	的意识,基本形成健康的生活方式和积极进取、乐观开朗的人生态度。	义精神;发展良好的心理品质、合作和交往能力。 5. 珍惜生命,有自觉维护健康的意识、基本形成健康的生活方式和积极进取、乐观开朗的人生态度。
求知真	1. 喜欢学习,基本养成良好的学习习惯。 2. 善于观察生活,喜欢问为什么;有丰富的想象力,强烈的好奇心。 3. 能就感兴趣的内容提出问题。遇到不懂的事情愿意动手查资料或请教老师、家长、同伴等。 4. 对创新有基本的认识,在生活和学习中对创新有所发现和感受。	1. 热爱学习,形成浓厚的学习兴趣,并有主动学习的愿望。 2. 能发现学习和生活中的问题,并有目的地搜集资料、共同讨论,解决问题。 3. 学习积极主动,有自信,能独立思考,会表达自己的感受和观点;能注重联系生活实际,敢于大胆提出问题;能积极探究提出的问题并尝试解答问题;提出的问题有一定的深度。 4. 初步具备创新意识,感受创新带来的乐趣;思维能随机应变,举一反三,能提出新观点,有旺盛的求知欲。	1. 热爱学习,保持浓厚的学习兴趣,养成初步的自主学习能力。 2. 能够通过自主探究、讨论分享、搜集资料等方式,运用所学知识,解决学习和生活中的问题。 3. 学习从不同角度去思考问题,面对社会生活中发生的事件等有自己的见解。会独立思考,有与他人不一样的解决问题的方法及策略,思维具有新颖和独创性。 4. 意志品质出众,能排除外界干扰,长时间专注于某个感兴趣的问题之中。 5. 积极参加各类科技创新活动,在活动中不断增强自我的创新能力,发扬科学精神。
兴趣广	1. 喜欢唱歌、跳舞、绘画、器乐、围棋、书法、足球、机器人、力瀚科学等兴趣社团活动。	1. 善于发现自己的兴趣点,将好奇心转化为浓厚的兴趣,并聚焦兴趣深入学习,从而培养自己高雅的生活情趣。	1. 有自己的喜好和兴趣,能发挥自己的特长,从日常平凡小事中发现乐趣,体验情趣。

目标学段	低 年 级	中 年 级	高 年 级
兴趣广	2. 对学校的特色社团、校队有向往，能感受艺术带来的愉悦。	2. 能坚持认真学习一两项喜爱的兴趣课程，有一定的欣赏美的能力。	2. 具有一两项有强烈兴趣的艺术爱好，并能持之以恒地坚持学习、训练，并发展为自己的特长，以提高艺术方面的综合水平和素养。

三、赋予学校课程框架建构权

课程框架是指根据教育目标组合成的、能够覆盖一个学习领域的一批相关课程，每一个课程框架都包含着某种原理和政策基础。[1] 推进课程变革要赋予学校相应的课程框架建构权。

根据多元智能理论，从语言智能、数理逻辑智能、视觉空间智能、身体运动智能、音乐智能、人际关系智能、自我认识智能、自然智能等方面建立我校"智慧城"课程体系，包括"语萃园课程、思维坊课程、科学谷课程、艺术峰课程、活力源课程、美德宫课程"。

在遵循学生认知规律和循序渐进的基础上，结合小学各课程的学科特点，"智慧城"课程力争更儿童化、更系统化、更科学化地设置一至六年级课程。具体课程设置如下。（见表2—表7）

四、赋予课程实施创生权

美国课程学者辛德、波林和扎姆沃特把课程实施归纳为三种基本取向："忠实取向""相互适应取向"和"课程创生取向"。[2] 推进学校课程深度变革需要赋予学校课程实施创生权。

---

1 夏征农,陈至立.大辞海.教育卷[M].上海：上海辞书出版社,2015：103.
2 SeeSnyer, J., F. Bolin & K. Zumwalt[J]. CurriculumIm-plementation, op. cit, 1992.

表2 科学城小学一年级课程设置表

课程维度	课程安排		课 程 内 容
语萃园	上学期	缤纷字母	本课程主要通过游戏、师生合作互动学习的方式将字母学习分为声母、韵母、整体认读音节三个部分,分别进行趣味教学。
		一期一"绘"	本课程主要内容是中外优秀通话绘本故事,具体分为以下几个板块: 真——挑选的绘本材料主要以"真"为主题,主要包含科学规律、百科知识、历史故事、生活常识。 善——挑选的绘本材料主要包含中外寓言故事。 美——挑选的绘本材料主要包含国内外优秀童话,如《海的女儿》《了不起的狐狸爸爸》《神笔马良》等。
		知书达礼	教师讲授最基本的校园文明礼仪知识。通过主题班会活动,使学生日常学习和生活中的不良行为习惯得到一定程度纠正,树立文明意识。
		看图说话	本课程主要挑选贴近儿童生活的单幅画进行说话,具体分为校园生活和家庭生活两大类。
		缤纷课本剧	1. 知剧本——了解剧本的基本架构和组成,清楚情节设置,懂得区分人物对话。 2. 读剧本——通过研读文本《龟兔赛跑》,读懂人物对话,准确把握人物感情、说话语气、肢体动作。 3. 演剧本——布置表演舞台,准备相关服装道具,演绎剧本情节。 4. 编剧本——通过师生合作、生生合作,创编小剧本。
		字母王国	通过字母教学视频(phonics kids)和趣味字母故事动画的引入,带领学生理解故事的内容,强化每一个字母的音、形。
	下学期	"铅"轨童迹	本课程主要通过师生合作互动、小组合作分享的方式指导学生观察字形,对抽象的汉字加以联想,活化汉字字形。认真学习写字的基本笔画、笔顺规则,规范书写汉字。
		童谣漫语	本课程主要内容是中外传唱度比较高的童谣,具体分为以下几个板块: 闻弦歌而知雅意——挑选内容正确、节奏欢快、韵律分明的童谣进行教学。主要让学生了解童谣的作者、创作背景和内涵。 小小童谣口中吟——在日常教学中融入童谣的识记。主要以阅读课前一首歌谣的形式进行。

课程维度	课程安排		课　程　内　容
语苹园	下学期	能说会道	1. 倾听故事内容,复述故事。 2. 尝试根据故事情节进行角色扮演,掌握角色在不同语境下说话的语气。 3. 能初步运用想象能力编写故事。
		快乐日记	本课程主要以学生的日常生活为主,留心观察自己每天的生活,能把自己看到、听到、想到、做过的用简单的几句话写明白。
		生活真"探"	本课程主要内容是生活中存在的小窍门及其背后的原理,具体分为: "探"生活——观察生活中存在的想象或者小窍门。 "真"其理——探究生活想象的存在原因以及窍门原理。 "真"传送——把探求的知识广而告之,全班普及知识。
		视觉词王国	本课程主要内容是学习和掌握多尔希视觉词表的 220 个视觉词,具体包含视觉词的识别、认读、书写和运用这几个方面的内容。与现有教材结合,通过视觉词闪卡、韵律小诗、歌谣视频以及游戏等方式,进行视觉词的认读学习。
思维坊	上学期	卡片数学(上)	本课程通过设计口算比赛或争夺小红旗等形式,巩固 20 以内加减法,提高学生的口算速度和准确率;同时增强学生的灵活应变巧取胜利的水平。(10 课时)
		认识图形(1)	本课程包括两个部分:立体图形(长方体、正方体、圆柱和球)和平面图形(长方形、正方形、三角形和圆)的初步认识。(5 课时)
		数学乐园	本课程通过教师精心设计的一系列数学实践活动,改善学生的学习方式,让学生在玩中复习、巩固 10 以内的顺序、组成、序数和基数。(5 课时)
		找不同	本课程以游戏形式给出不同图片、不同物品或解答过程,让孩子从中找出不同的地方,进一步巩固分类的知识,渗透集合意识;通过找相同与不同,培养观察能力和分类能力;在丰富的活动中,培养对数学的兴趣,体验数学的应用价值。(15 课时)

课程维度	课程安排		课 程 内 容
思维坊	下学期	卡片数学(下)(必修)	本课程通过设计口算比赛或争夺小红旗等形式,让学生学习100以内的加法和减法,提高学生的口算速度和准确率;同时提高学生的灵活应变巧取胜利的水平。(10课时)
		认识图形(2)	本课程让学生认识长方形、正方形、三角形和圆的特征,通过折一折、摆一摆、剪一剪、拼一拼,辨别和区分这些图形。通过观察和实际操作,学生初步感知所学图形之间的关系,培养学生初步的想象能力和创新能力。
		小小七巧板	学生使用七巧板、小棒、立体图形等进行创意拼搭,培养学生的空间想象能力和创造力。(15课时)
		找规律	本课程通过观察、猜测、验证等活动,要求能根据图形排列的规律找出数字排列的规律,了解分析问题和解决问题的一些基本方法,培养解决问题的能力和初步的观察、分析、推理能力。培养学生思维的灵活性。
科学谷	上学期	我的校园	以小组为单位,对校园里的物体进行头脑风暴比赛。
	下学期	神奇的磁铁	1. 磁铁能吸引什么物质,磁铁的两极,磁铁之间的相互作用。 2. 磁铁在生活中的应用。
艺术峰	上学期	创意泥塑	学习用搓、捏、压、刻等方法制作立体小动物。
		趣味线条画	1. 学习线条作画的手法与技巧。 2. 优秀线条画作品解析,开拓思维,引发联想。 3. 运用线条描绘出与自己生活相关的画作。
		感知音的高低长短	1. 聆听简单的儿童歌曲,初步感受活泼、雄壮、优美、抒情等不同歌曲。 2. 通过音乐律动游戏,体验不同情绪的音乐,能够自然流露出相应的表情和体态反应。

课程维度	课程安排		课 程 内 容
艺术峰	下学期	材料的幻想	1. 设置"变废为宝"主题,引导学生将自己生活中的物品"变废为宝"。 2. 欣赏优秀事例,打开创新思维。 3. 动手实践完成自己的作品。
		迷人的色彩	1. 认识生活中常见的各种颜色。 2. 运用线条与色彩将生活中的事物形象地表现出来。 3. 完成一幅与自己生活事物相关的色彩作品。
		节奏大师	1. 聆听简单的儿童歌曲,能通过模唱、打手号、敲击乐器等形式拍读节奏,并感受和表现音乐。 2. 能随音乐的不同情绪、节奏和节拍的变化,有表情地进行律动,模仿动作和即兴表演。
活力源	上学期	体能游戏	1. 以鼓励参与各种游戏为主。 2. 积极感受游戏乐趣,发展身体柔韧和灵敏素质。
		快乐的大球	1. 了解各种球类的活动规则,初步形成开展球类活动的良好常规。 2. 掌握简单的球类(足球、篮球、手球、橄榄球)基本知识与技能。 3. 发展身体素质与综合运动能力。
	下学期	绳彩飞扬	1. 跳绳的基本技术、各种花样跳绳的手法、脚法等技术。 2. 掌握跳绳的练习方法,发展体能,促进健康。 3. 体验比赛的强度,提高心理素质和跳绳技术水平。
		人身安全小知识	个人卫生和食品安全。
美德宫	上学期	文明礼仪进"科小"	1. 学习升旗、集会、做操礼仪。 2. 学习上课、课间、用餐礼仪。 3. 学习语言、穿着、体态礼仪。
		光荣的少先队员	1. 认识队旗、队徽,了解组成部分。 2. 认识红领巾,了解佩戴红领巾的意义。 3. 学唱《中国少年先锋队队歌》,学敬少先队队礼。

课程维度	课程安排	课程内容
美德宫	下学期	垃圾分一分,"科小"美十分：1. 学习垃圾分类的重要性。 2. 学习垃圾分类的标准,不同垃圾桶的分类。 3. 贯彻垃圾分类的意识于学习生活中。
		向国旗敬礼：1. 学习升旗、集会、做操礼仪。 2. 学习立正、敬礼。 3. 学习唱国歌,遵循文明礼仪。

表3　科学城小学二年级课程设置表

课程维度	课程安排	课程内容
语萃园	上学期	趣味识字：趣味识字旨在指导学生通过自主、合作、老师引导等,分为准确发音、巧识字形、理解字义三个部分内容。
		"诗"说新语：本课程主要内容是学习中华传统优秀古诗词,具体分为以下两个板块： 1. 诵读诗词,体会诗词情感。 2. 进行古诗词积累。
		趣味表达：本课程主要通过趣味的游戏设置,结合特定的交际情景,让学生乐于表达、勇于表达、灵活表达。
		看图写话：本课程主要挑选贴近儿童生活的图画,具体分为校园生活类和家庭生活类。
		童诗配画：本课程主要内容是南粤地区的历史和特色,具体分为以下几个板块： 1. 悉南粤。了解南粤著名地标、相关历史和特色。 2. 诗南粤。在了解南粤风情的基础上,用语言文字诗写南粤文化。 3. 画南粤。在完成"诗南粤"的前提上,绘图配诗,图文并茂。

课程维度	课程安排		课　程　内　容
语萃园	上学期	有趣的字母(上)	本课程了解自然拼读概念,结合 Phonics Kids 教学视频,认识字母的发音规律,并能运用所学的发音规则,自主拼读符合自然拼读发音规律的单词。
	下学期	墨笔青砚	墨笔青砚通过教师以主导地位引导,学生以主体身份参与的形式,做到端端正正写字,堂堂正正做人。并通过多种活动和比赛,进行成果展示,提高书写水平。
		群文阅读	1. 通过认真品读故事、感悟故事情节,体会其中的人物或事物,正确看待人物或故事间的问题,悟出每一则故事蕴含的哲理。同时联系生活实际,说说我们生活中的一些事应该如何处理。 2. 分享学生同步阅读的学习感受、学习方法等,为学生有效同步阅读奠定基础。
		妙语连珠	本课程主要选择学生掌握的有关商品推销的知识、故事,丰富对商品推销的认识。
		趣味作文	本课程主要选择学生身边较为熟悉的人或物,抓住其外貌进行片段描写。
		"心"闻联播	本课程主要内容是学生体会生活的心声和感受,具体分为以下几个板块: 听其声:听广播或观看新闻,掌握消息。 经其事:多参与社会实践活动,记录下过程。 体其味:在听闻之后联系生活实际,表达自己的感受。 播其心:把自己的经历和想法以新闻的形式播送。
		有趣的字母(下)	本课程了解自然拼读概念,结合 Phonics Kids 教学视频,认识字母发音、长短元音等发音规律,使学生能够自主解码拼读单词和自然拼读故事绘本。
思维坊	上学期	百变扑克牌(上)	本课程主要是利用扑克牌进行加减乘除运算、同花色累加等巩固乘法口诀。(10课时)
		几何剪贴画	本课程经历欣赏、制作、展示的活动过程,开展主题、大小、样式不限的几何剪贴画竞赛,进一步认识几何图形的基本特征,使学生在"做中学",培养空间想象能力。(5课时)

课程维度	课程安排		课　程　内　容
思维坊	上学期	趣味九宫格	本课程介绍九宫格的起源、规则以及基本技巧,提高学生的逻辑推理水平。(5课时)
		数独游乐园	本课程介绍数独的起源、规则以及基本技巧,提高学生的数学推理能力。(5课时)
	下学期	百变扑克牌(下)	本课程主要是利用扑克牌进行加减乘除运算、同花色累加等巩固乘法口诀。(10课时)
		剪纸小达人	本课程经历欣赏、制作、展示的活动过程,开展主题、大小、样式不限的几何剪贴画竞赛,进一步认识几何图形的基本特征,使学生在"做中学",培养空间想象能力。(5课时)
		我来分一分	通过玩"分一分"小游戏,学生掌握相关数学知识。(5课时)
		数学博物馆	本课程通过查阅课外资料,了解各种与数学有关的知识,介绍数学幽默、数学趣题以及数学故事等,学生还可以此为素材选定主题进行手抄报创作。(5课时)
科学谷	上学期	月亮的样子	1. 通过持续几天观察月相,知道月相是逐渐变化的,有时月相亮面逐渐变大,有时逐渐变小。 2. 知道月相是由地球、太阳、月亮三者相对位置形成的。 3. 学会用图画的方式记录并描述观察到的月相。
	下学期	做一顶帽子	1. 用不同材料制作的同种物品,它们的功能和用途可能不同。 2. 通过口述、图示等方式表达自己的设计与想法,并完成任务。
艺术峰	上学期	创意泥塑	学习用搓、捏、压、刻等方法制作立体小动物。
		趣味线条画	1. 学习线条作画的手法与技巧。 2. 优秀线条画作品解析,开拓思维,引发联想。 3. 运用线条描绘出与自己生活相关的画作。
		发声方法	1. 演唱基本技能与嗓音保护。 2. 培养演唱的良好习惯,能自信、自然、有表情地歌唱。

课程维度	课程安排		课 程 内 容
艺术峰	下学期	材料的幻想	1. 设置"变废为宝"主题,引导学生将自己生活中的物品"变废为宝"。 2. 欣赏优秀事例,打开创新思维。 3. 动手实践完成自己作品。
		迷人的色彩	1. 认识生活中常见的各种颜色。 2. 运用线条与色彩将生活中的事物形象地表现出来。 3. 完成一幅与自己生活事物相关的色彩作品。
		基础乐理知识	1. 学习相关乐理,对乐理知识有初步了解。 2. 进行歌唱训练,并学习多种风格的声乐作品。 3. 在音乐听觉感知基础上识读乐谱,在活动中运用乐谱。
活力源	上学期	体能游戏	1. 以鼓励参与各种游戏为主。 2. 积极感受游戏乐趣,发展身体柔韧和灵敏素质。
		快乐足球	1. 通过视频了解足球文化,熟悉各国足球文化特色。 2. 能掌握2—3种小足球控球动作。 3. 能正确掌握踢足球的方法。
	下学期	趣味田径	1. 通过学习跑步的专门性动作(摆臂、小步跑),使学生初步掌握正确的自然奔跑方法。 2. 培养正确自然跑的身体姿势,发展灵敏、速度和一般耐力素质,增强奔跑能力。 3. 参与各种有关田径的挑战与竞赛游戏,增强速度跑和耐力跑体能。
		三防小知识	防火、防水、防电。
美德宫	上学期	我的"诚"长	1. 诚信的定义。 2. 诚信故事会。 3. 生活中如何做到诚实守信。
		交通安全记心上,等等红灯又何妨	1. 重视交通安全,掌握走路、乘车、骑车等交通安全知识。 2. 学习关于走路、乘车、骑车等交通安全知识。

课程维度	课程安排	课 程 内 容
美德宫	下学期	变废为宝有妙招	1. 了解塑料制品及塑料制品的污染。 2. 学习减少塑料制品的污染。 3. 学习制作各种环保作品,学会变废为宝。
		"火"上心头	1. 了解生活中火的相关常识。 2. 实物投影仪、相关消防图片、火灾片段的录像。 3. 蜡烛、火盆、废纸等着火实物及沙子、水盆等灭火用品、湿毛巾人手一块。

表4 科学城小学三年级课程设置表

课程维度	课程安排	课 程 内 容
语萃园	上学期	笔墨生花	1. 了解中国的文字历史。 2. 浏览五彩斑斓的文字艺术。 3. 初步感受汉字的形体美,在书写中体会汉字的优美,体会书法的审美价值。
		快乐阅读	制订"快乐阅读"计划,筛选每学期学生必读、必背内容,并写出活动教案。学校利用开大门时间,播放经典名曲和古诗词诵读,为"快乐阅读"校本课程营造良好的读书氛围。
		歌咏聆心	本课程主要通过学校组织诵读活动的方式鼓励学生积累优秀经典诗文。利用每天晨读的时间组织学生诵读经典诗文,积累语言材料(以新课标推荐小学生背诵的70篇古诗文为主)。通过校内举行经典诵读大赛、班级内举行诵读擂台赛等形式,激发学生的诵读热情。
		童心童趣	制订"童心写作"计划,根据语文课的语文素养的培养,筛选每学期学生必写内容,并写出活动教案。学校利用各班的宣传栏和校道宣传栏粘贴学生习作,为"童心"校本课程营造良好的读书氛围。

课程 维度	课程安排		课　程　内　容
语萃园	上学期	年节寻味	本课程主要内容是对广州年节文化的了解和体验,其中包括初步了解广州年节时间,以及过年习俗、体味年节过程,探究形成广州特有年节文化的深层原因。
		神奇的字母组合(上)	结合 Phonics Kids 教学视频,学习字母组合的发音规律,了解自然拼读的音节、重音及拼读,总结归纳有规律的相关规则,使学生能够自主解码拼读单词和自然拼读故事绘本。
	下学期	笔绕正轨	本课程主要通过课文的学习让学生自己学会观察字形,对抽象的汉字加以联想,活化汉字字形。认真学习写字的基本笔画、笔顺规则,规范书写汉字。
		阅读伴我行	1. 阅读浅近的文学语言类读物,如童话、儿歌、寓言、故事。 2. 阅读一些数学读物;自然、社会科学类读物。如《十万个为什么》,也可以选读一些适合学生的"有声读物"。
		绘声绘色	本课程主要通过教师为学生讲故事,学生复述故事、演讲故事的形式来训练学生倾听、复述的能力和语言组织能力。以欣赏故事、讲故事的形式,提高学生的口语交际水平。
		自由飞翔	1. 纪实写作,培养再现能力。写家乡的景物,介绍自己,写自己的一项本领,写父母对自己的爱或发生在自己和父母之间的感人事。 2. 放飞想象,选择自己最感兴趣的一样东西,展开想象,如假想自己能像孙悟空那样七十二变,会变成什么。
		老广味道	本课程主要内容是了解和体味老广特有的饮食文化,具体分为以下几个板块: 1. 了解老广美食的制作过程。 2. 接触广州特色食物的制作过程,尝试动手制作。 3. 体味老广饮食文化,探寻老广饮食文化产生原因。
		神奇的字母组合(下)	结合 Phonics Kids 教学视频,学习字母组合的发音规律,了解自然拼读的音节、重音及拼读,总结归纳有规律的相关规则,使学生能够自主解码拼读单词和自然拼读故事绘本。

课程维度	课程安排		课　程　内　容
思维坊	上学期	疯狂扑克牌(上)	本课程主要利用扑克牌进行加减乘除运算巩固乘法口诀。运算加减法时,以前两张扑克牌合在一起的数减去第三张牌,以此类推到三位数减一位数或两位数。在乘法时,以前两张扑克牌相乘再加减第三张等方式进行活动。(12课时)
		几何小达人	1. 开展年级剪出喜欢的长方形或正方形或其他图形的竞赛,大小、长度、样式不限。 2. 问答了解图形的各部分如长、宽及周长和长度单位的变换。 3. 掐时计算其周长等比赛。能体现几何图形和数学思想,培养学生喜爱数学的情感。(5课时)
		集合小能手	介绍集合的概念及相关的拓展知识,进行集合题目竞赛,培养学生收集整理信息和逻辑推理的能力。(5课时)
		数字编码	先介绍数字编码的意义,激起学生兴趣;使学生了解邮政编码和身份证号码中的数字与字母的含义,组织学生进行本班学号编码活动。每人40个学号并与其同学相对应。(3课时)
	下学期	疯狂扑克牌(下)	主要是巩固乘法口诀,利用扑克牌进行加减乘除运算(逆向思考除法计算),或小数加减法变换。(12课时)
		几何小侦探	1. 开展年级剪出喜欢的长方形或正方形的竞赛,大小、长度、样式不限。 2. 问答了解探索图形的各部分如长、宽及面积和面积单位的变换。 3. 掐时计算其面积等比赛。能体现几何图形和数学思想,培养学生喜爱数学的情感。(5课时)
		复式统计表	介绍统计表的概念及相关的知识,进行复式统计表题目竞赛,培养学生收集整理信息和逻辑推理的能力。(3课时)
		数学博物馆	通过查阅课外资料,了解各种与数学有关的知识,介绍数学幽默、数学趣题以及数学故事等,学生还可以此为素材选定主题进行手抄报创作。(3课时)

课程维度	课程安排		课 程 内 容
科学谷	上学期	园林植物识别	1. 认识常见的园林植物。 2. 通过学习植物识别的基本要领来辨别不同植物。
	下学期	清洁小卫士	制造手工肥皂。
艺术峰	上学期	一起去旅行	1. 欣赏异国风情。 2. 用不同形式表现作品,如绘画、立体画、手工等。
		油画棒里的风景	1. 深入学习油画棒的技法。 2. 视频欣赏,优秀作品欣赏。 3. 用油画棒绘制一幅风景画。
		人声的分类	了解人声的分类,并能准确分辨童声、男声和女声。
	下学期	百变剪纸乐园	1. 掌握剪纸的基本技能与手法。 2. 欣赏中国传统剪纸艺术作品,打开创作思路。 3. 完成自己的剪纸作品。
		科技的发展	1. 对设立的主题进行联想、创想。 2. 优秀作品欣赏,思维的碰撞。 3. 运用油画棒、水粉、水彩笔等多种工具创作作品。
		演唱形式	1. 掌握歌曲演唱形式的种类。 2. 能用简单的歌曲进行卡农演唱。
活力源	上学期	体能游戏	学习跑步走动作,发展体能。
		魅力网球	1. 初步了解上步正手击球动作,以及上步正手击球在比赛中的应用。 2. 强化原地击球的动作技术和要领。 3. 体验实战练习,提高心理素质和技战术水平。
	下学期	跆拳道	1. 学习跆拳道的基本礼仪、基本拳法、步法、腿法和套路。 2. 掌握各种跆拳道练习的方法,发展体能,促进健康。 3. 体验实战练习,提高心理素质和技战术水平。
		心理健康	体验成功,感受合作快乐。

课程维度	课程安排		课 程 内 容
美德宫	上学期	怎一个"谢"字了得	1. 用心感受,善于观察,感受身边人对自己的帮助。 2. 如何正确对待帮助与被帮助。 3. 如何正确感恩,如何正确报答,得到爱、传播爱是使人间充满幸福的最好方式。
		"水"的防护	一、谈话引入学习内容。 二、知识屋:什么情况不宜游泳。 1. 没有大人陪同不宜外出游泳。 2. 身体患病的人应该避免去游泳。 3. 参加强体力劳动或剧烈运动后,不能立即跳进水中游泳。 4. 不要在有"水深危险,严禁游玩"警示标志的危险水域游泳或玩耍。 5. 恶劣天气如雷雨、刮风、天气突变等情况下,应避免在室外游泳。
	下学期	缤纷节日	1. 了解中国传统节日:春节、元宵节、清明节、端午节、七夕节、中秋节、重阳节和除夕等。 2. 了解一些西方节日:圣诞节、感恩节、母亲节、父亲节和万圣节等。 3. 中西传统节日比较和分析。
		无毒青春健康生活	1. 什么是毒品。 2. 吸毒的危害。 3. 防毒方法。

表5 科学城小学四年级课程设置表

课程维度	课程安排		课 程 内 容
语萃园	上学期	墨心情记	墨心情记是通过引导学生相互合作、小组之间互相交流等方式来巧识汉字,在识记汉字中激发学生对汉字饱含的情感色彩,便于识字,培养学生学习汉字的兴趣。

课程维度	课程安排		课　程　内　容
语萃园	上学期	阅读的力量	为保证学生阅读课的有效性,从组课形式上,既要有计划地安排学生进行自主阅读,还要着眼于学生语文水平、语文素养的不断提高,教师应根据语文课标确定不同教学时段的文化主题或类型,通过共同欣赏一些精选的文章有目地地实现课程目标。
		诗文观之	该课程主要通过学校推广古诗文经典诵读活动,形成良好的诵读氛围,将经典晨读形成规范,让学生从小广读博览,积累语言文化知识。通过校内开展经典晨读、班级开展经典诵读课,培养学生诵读古诗文的习惯,通过举办诗文朗诵会等形式激发学生的诵读热情,使学生获得古诗文经典的熏陶和修养。
		我手写我心	追求生本、开放、民主的习作课堂。基于学生的生活实际创设真实的习作情境;通过探究性学习和分层习作,体现学习的自主性、个性化和多样性;运用习作评价清单,鼓励学生自评、互评,力求学生在习作上有实实在在的进步。
		科技览记	本课程主要通过对科学技术的了解,对科学技术产生兴趣,有主动掌握科学知识和技能的意愿。具体分为以下几个板块: 1. 触科技:根据感兴趣的科学技术资料,提出问题,初步了解科学技术。 2. 记科技:小组形式游览科技馆、科学馆等,通过笔记、拍照形式记录科技的发展史、科技精髓。 3. 探科技:解决问题寻找答案,同时动手做科技小模型,参加展示和比赛。
		赏美"悦"读	以广州版小学英语教材主题为中心,通过阅读、介绍与日常教学主题相关的趣味英语绘本,丰富语言积累,使课外阅读有效成为课内知识的扩展和补充,从而丰富学生的语言积累,增强英语技能,提升学生的各种素养。

课程 维度	课程安排		课　程　内　容
语 萃 园	下学期	"小字词，大收获"	1. 有较强的独立识字能力。硬笔书写楷书，行款整齐，有一定的速度。 2. 学会使用常用的语文工具书，初步具备搜集和处理信息的能力。 3. 能主动积累成语、谚语、歇后语及名言警句，并进行探究性学习，在实践中学习、运用语文。
		经典阅读	认清创建经典阅读的重要意义，做好全校师生宣传发动工作。在教材的基础上，根据学生实际情况，推荐经典名篇阅读书目。
		能说会道	该课程主要以课前开讲的形式开展，结合学生的综合表现开展评选活动，激发学生的热情。每节语文课前三分钟由一名学生上台进行脱稿演讲，演讲主题不限，可以带 PPT 演讲，也可以与台下同学产生互动。学生在台上畅所欲言，演讲完毕台下学生可以进行互动提问，教师进行总结。
		对话成长	结合口语交际，做好生生对话，用习作向别人诉说自己的所见所闻。学会与自己对话，用美妙的文字记录自己的身心历程，学会写日记等。
		广府印象	本课程主要内容是了解和体味广府文化，形成自己认知的广府印象，其中包含三个方面的探究：文化习俗、名人名事，名胜古迹。 1. 了解文化习俗——收集广府民系特有的文化资料，了解文化现象和习俗； 2. 探寻名人名事——搜集相关名人资料，了解发生在广府地区的历史事件； 3. 体味名胜古迹——掌握相关名胜古迹，体味其成为名胜的原因。
		赏美"悦"读	以广州版小学英语教材主题为中心，通过阅读、介绍与日常教学主题相关的趣味英语绘本，丰富语言积累，使课外阅读有效地成为课内知识的扩展和补充，从而丰富学生的语言积累，增强英语技能，提升学生的各种素养。

课程维度	课程安排		课 程 内 容
思维坊	上学期	购物小行家	1. 本课程主要是引导学生从生活中发现数学,并且将生活实际问题(商场购物)转化为数学问题(怎样购物最省钱、最科学等)并解决。 2. 学生在实际操作或创设情境中自主探索,使其在多种感官、多种媒体的作用下学中用、用中学,增强学习数学的兴趣。(8课时)
		生活中的角	1. 本课程精选生活中与教材内容相符的角,让学生分类、归纳特征。 2. 设计量角、画角等活动让学生能用量角器指定角度,能画出指定度数的角,会用三角尺画30°、45°、60°、90°的角。(4课时)
		调查与统计	1. 本课程主要是引导学生从生活中发现数学,并且将生活实际问题转化为数学问题(同学最爱的早餐)。 2. 解决一些小故事中的数学问题。 3. 学生在创设情境中自主探索、交流、汇报。(4课时)
		美数鉴赏	1. 本课程带领学生初读报纸,明确学习内容。 2. 共同阅读,感受数学之美。 3. 交流感受,拓展阅读。(6课时)
	下学期	神奇的小数	1. 本课程主要是引导学生从生活情境中发现数学,理解小数和分数的意义,会进行小数和分数的转化(不包括循环小数化为分数)。 2. 学生在实际操作或创设情境中自主探索,合作交流,能解决小数的简单的实际问题。(15课时)
		最美轴对称	1. 本课程精选生活中与教材内容相符的对称物体、对称图形,让学生欣赏、评价。 2. 学生进一步感知对称图形的特征,并正确判断图形是否具有对称现象。 3. 根据学生的年龄特点和兴趣爱好进行适当拓展,指导学生设计并制作出自己的对称图形在课堂中展示、交流。(4课时)
		生活与平均数	1. 本课程主要是引导学生从生活中发现数学,提出问题并解决(如学校学生的平均身高)问题。 2. 学生在创设情境中自主探索、交流、汇报。(4课时)

课程维度	课程安排		课　程　内　容
思维坊	下学期	象征性长跑	本课程主要内容在某校组织"跑进黄埔港,跑向未来"的象征性长跑活动情景下,向同学们征集活动方案。具体包含三大板块:板块一:在教学中引导学生参与设计,学生提出问题,分析、明确要解决的问题方向。板块二:学生分组活动,分工调查数据,制订计划。板块三:教师组织学生汇报结果、交流。引导学生能对自己组和其他组的方案进行评价。(4课时)
科学谷	上学期	小小宇航员	参观航天科学馆。
	下学期	遨游天际	航天模型飞行的动力类型、能量转换相关知识。
艺术峰	上学期	一起去旅行	1. 欣赏异国风情。 2. 用不同形式表现作品,如绘画、立体画、手工等。
		油画棒里的风景	1. 深入学习油画棒的技法。 2. 视频欣赏,优秀作品欣赏。 3. 用油画棒绘制一幅风景画。
		感知乐曲结构	1. 准确听辨音乐主题,知道音乐主题出现的次数。 2. 聆听乐句并分辨 AB 结构。
		百变剪纸乐园	1. 掌握剪纸的基本技能与手法。 2. 欣赏中国传统剪纸艺术作品,打开创作思路。 3. 完成自己的剪纸作品。
	下学期	科技幻想画	1. 对设立的主题进行联想、创想。 2. 优秀作品欣赏,思维的碰撞。 3. 运用油画棒、水粉、水彩笔等多种工具创作作品。
		音乐中的动与静	1. 通过听赏、动作、律动等不同形式体验音乐。 2. 感知乐曲速度、力度等音乐要素的变化所带来的不同情感。

课程维度	课程安排		课　程　内　容
活力源	上学期	体能游戏	学习创编游戏,发展体能。
		活力篮球	1. 掌握基本的球性技能与原地的基本运球、投篮、上篮、传球技能。 2. 掌握篮球行进间的基本技能。 3. 学习简单的两人配合与整套的篮球规则。
	下学期	体育舞蹈	1. 身体各部位基本动作练习、基础步法和手法练习。 2. 韵律活动组合。
		应急能力	紧急避险、安全疏散。
美德宫	上学期	春游季:群策群力	1. 组建团队。 2. 团队拓展游戏:击鼓颠球、无间道、毕业线。 3. 分享交流会。
		生活处处有规则	1. 学习规则的概念。 2. 学习各项基本规则并遵循规则。 3. 进行社会常见规则和"潜在规则"的评价活动,树立正确的价值观。
	下学期	挑战21天好习惯	从"到校、早读、上课、作业、课间、两操、午休、集会、卫生、公物、放学"等日常规则方面对学生进行行为习惯的养成教育,以培养学生良好习惯,做到校风、校容、校纪有较大改观。
		快乐学习,绿色上网	1. 加强网络道德安全教育,引导学生健康上网。 2. 开展绿色上网承诺,护航学生成长。 3. 成立网室协管志愿者队伍,加强学生自主管理。 4. 举办电子报设计制作比赛,提高学生动手的实践水平。 5. 开展网上阅读活动,营造良好的读书氛围。

表6　科学城小学五年级课程设置表

课程维度	课程安排		课　程　内　容
语萃园	上学期	品悟真情	本课程主要内容是中外优秀的反映真情的故事,具体分为以下几个板块: 亲情——挑选有关亲情的作品。 友情——挑选有关友情的作品。 家国情——挑选有关家国情的作品。
		谁"语"争锋	本课程主要通过分组以正方和反方的形式对生活学习中的一些话题进行辩论。
		详略得当	1. 指导孩子学会让表达更生动、更深刻。 2. 指导孩子学会交代事情的来龙去脉,会开头、结尾和过渡。 3. 教师作相应的讲座,就习作中出现的问题作讲评。 4. 引导孩子处理习作中的表达。
		科海泛舟	本课程主要内容是了解岭南科学技术史及发展史,具体分为: 1. 通过学习文字资料,促使学生初步了解岭南科学技术发展史。 2. 通过参观广州的科技馆,促使学生进一步了解岭南科学技术发展史。 3. "我思故我在,我想故我创。"用自己的创意作品来完成对科学技术的诠释。
		赏美"悦"读	以广州版小学英语教材主题为中心,通过阅读、介绍与日常教学主题相关的趣味英语绘本,丰富语言积累,使课外阅读有效地成为课内知识的扩展和补充,从而丰富学生的语言积累、增强英语技能,提升学生的各种素养。
	下学期	品古巧言	本课程主要内容是中国四大文学名著,具体分为以下两个板块: 1. 读"三国",品英雄。 2. 读"西游",论优劣。
		话说新闻	本课程主要通过师生合作互动、小组合作分享的方式"聊聊热门话题"。话题可以是国际、国内的重要新闻,也可以是学校、家庭、社区中人们关注的事情;可以是好人好事好风尚,也可以是不良倾向新问题……讲的时候,可以叙述看到或听到的事情,也可以谈谈对这些事情的看法。

课程维度	课程安排		课 程 内 容
语萃园	下学期	激情驱动	许多同学感到没啥可写的重要原因之一是激情缺失。吸收与释放的能源,运动灵智,承接大千世界的阳光、雨露,培植心灵之花——作文,使作文的绿洲日渐广阔。
		探访五羊——我是金牌小导游	本课程主要内容是增进少年儿童对广州本土文化的认识,培养学生们独立观察生活和社会、主动思考和解决问题的能力。 识羊城——观察生活和社会,通过学习了解广州本土文化。 访羊城——考察广州代表性建筑,实地感受广州历史文化风情。 建羊城——举办系列活动,将累积的知识与生活联系起来,发展认识能力、主动思考和解决问题的能力。
		赏美"悦"读	以广州版小学英语教材主题为中心,通过阅读、介绍与日常教学主题相关的趣味英语绘本,丰富语言积累,使课外阅读有效成为课内知识的扩展和补充,从而丰富学生的语言积累,增强英语技能,提升学生的各种素养。
思维坊	上学期	小数乘法学问多	本课程主要内容是运用生活中小数掌握相关的计算法则,具体包含以下两个板块: 1. 在教学中精选生活中与教材相符合的小数乘法的实例,如求淘宝购物总价、列车行驶的路程等,让学生列式计算。 2. 学生进一步深入探究小数乘法的计算方法并分享结果。根据学生的年龄特点,课后收集素材,独立创作手抄报。(4课时)
		千变万化的图形	本课程的知识点比较抽象,我们主要学习几种图形处理方法。具体包含以下三个板块: 1. 根据题目需要找合适的方法进行剪拼,如可根据相等的量来剪拼图形。 2. 简单平面组合图形的分割与拼接。 3. 根据学生的年龄特点,设计闯关练习。(4课时)
		生活中的可能性	1. 本课程主要是引导学生从生活中发现数学,并且将生活实际问题转化为数学问题(如足球比赛开场前的扔硬币决定发球队)。 2. 解决一些生活中的数学问题。 3. 学生在学习过程中自主探索、交流、汇报。(4课时)

课程维度	课程安排		课 程 内 容
思维坊	上学期	数之谜	1. 本课程精选与五年级教材内容相关联的谜语,如周而复始、1×1(猜一成语),让学生在游戏中更好地理解数学名词。 2. 指导学生将课本中的数学名词、概念(循环、分母、分数)等编成谜语。 3. 学生收集数学知识谜语在课堂中交流,怎样理解收集到的数学谜语。(4课时)
	下学期	神奇的分数	1. 本课程在生活中精选与五年级教材内容相关联的数学问题,理解分数的意义。 2. 学生在实际操作或创设情境中自主探索、合作交流,能解决分数的简单的实际问题。(8课时)
		旋转的奥妙	本课程主要内容是运用旋转辨别或设计相关作品,具体包含以下三个板块: 1. 在教学中精选生活中与教材相符合的旋转的物体、图形或图标,如时钟、香港区徽等,让学生欣赏并评价。 2. 学生进一步感知旋转的特性并能够正确判断物体是否具有旋转的现象。 3. 根据学生的特点,给学生动手操作创造作品的机会并分享交流。(4课时)
		数据分析小专家(上)	1. 本课程引导学生从生活中发现数学,并且将生活中的实际问题转化为数学问题。如,教师可以提出一些问题引发学生的讨论:你们准备如何收集数据;用什么方法展示数据;数据反映出什么趋势,等等。 2. 在自主探索的过程中,学生会用多种方法解决问题。 3. 学生在创设情境中自主探索、交流、汇报。(4课时)
		生活大发现——优化	1. 本课程通过利用天平找出5件物品中的1件次品,让学生初步认识"找次品"这类问题及其基本的解决手段和方法。 2. 学生进行合作学习,小组交流,经历找次品的过程。 3. 引导学生体会解决问题策略的多样性。(4课时)

课程维度	课程安排		课 程 内 容
科学谷	上学期	微小世界	1. 认识显微镜的结构。 2. 利用显微镜观察洋葱表皮细胞。
	下学期	"猎狐"行动	1. 业余无线电理论、无线电对讲机通信、电台抓抄信号。 2. 科学电路知识、体能训练等。
艺术峰	上学期	环保小发明	1. 展示目前地球生态环境的严峻形势,激发学生环保意识。 2. 列举生活中的环保事例,如新能源汽车,打开创新思路。 3. 充分发挥想象力,描绘出未来的环保生活方式。
		走近名画世界	1. 为学生展示名画,激发学生艺术灵性与创造欲。 2. 介绍名画的基本画法与构图,鼓励学生展开自由、充分的想象,创作自己的美术作品。 3. 完成一幅自己创作的美术作品。
		咏唱古诗词	1. 感受音乐与诗词融合的魅力。 2. 参与音乐表演。
	下学期	和平海报设计	1. 观看战争影片,感受战争给人们带来的巨大伤害。 2. 列举事例,传递正能量。 3. 运用多种技法绘出优秀作品。
		穿越时装秀	1. 欣赏不同年代的服饰。 2. 列举优秀作品。 3. 发挥想象,自己创作。
		完美和声	1. 加强各声部基本功的练习。 2. 让学生能够用耳朵辨识和声,体会和声的美妙。 3. 能完成一首乐曲,并较好呈示。
活力源	上学期	体能游戏	学习技巧体操,通过游戏发展体能。
		绿茵足球	学习足球规则,开展小型足球比赛。 学会调整情绪,信任伙伴。
	下学期	动感啦啦	1. 学习与了解啦啦操的基本动作,并从中得到训练技巧。 2. 培养音乐节奏与团队的默契,增强学生的良好意识与沟通能力。 3. 进行啦啦操套路训练,优化动作,提高整体观赏性。
		了解自我	学会调整情绪,信任伙伴。

课程维度	课程安排		课　程　内　容
美德宫	上学期	与人为善	1. 了解现实生活和课本中的典型事例。 2. 辩论事例的对错。 3. 亲身实践助人为乐。
		校园欺凌要说"NO"	1. 通过看照片、读材料、讲故事,让学生对校园暴力产生直观感知,知道校园欺凌就在我们身边,激发其自我保护意识,也为分析校园欺凌的危害提供材料。 2. 结合案例让学生自主探究校园欺凌会产生哪些最直接的后果。 3. 引导学生做一个文明有礼的人,不欺负别人。
	下学期	聆听花开,萝岗故事	1. 萝岗名字的由来。 2. 萝岗的风景名胜、故事传说。 3. 萝岗的特产与风土人情。
		宪法小行家	1. 尊重国旗、国徽,维护祖国尊严。 2. 遵守公共秩序,维护公共安全。 3. 相信科学,不参加迷信活动。 4. 建立同学间的正常友谊,敢于与坏人坏事作斗争。 5. 坚强意志,机智应对突发事件。

表7　科学城小学六年级课程设置表

课程维度	课程安排		课　程　内　容
语萃园	上学期	叩诗之门	本课程主要内容是学习优秀诗词,具体分为以下三个板块: 1. 诵读诗词,体会诗词情感。 2. 诵读现当代诗歌。 3. 学写儿童诗。
		激情演讲	根据生活中常见的几种演讲进行训练,如以每周一"国旗下的讲话"、"班干部竞选演讲"、"保护环境演讲"、"祖国在我的心中"等为主题的演讲。

课程维度	课程安排		课 程 内 容
语萃园	上学期	人生小视角	本课程主要通过讲座、学生观察体验和习作的方式将人生小视角活动落实在学生们的学习生活中,从而引导学生丰富自己的见闻。
		知新知会意——我的科技生活	本课程主要内容是从日常生活中选取问题作为学习课题,建立科技与生活的联系,让学生更贴近科技。具体分为以下三个板块: 1. 悉生活。了解生活中的科技产品,挖掘原理。 2. 知科技。动手实践科学原理。 3. 建联系。根据学到的知识,运用自己的创造力,开发生活中的科技作品。
		赏美"悦"读	以广州版小学英语教材主题为中心,通过阅读、介绍与日常教学主题相关的趣味英语绘本,丰富语言积累,使课外阅读有效地成为课内知识的扩展和补充,丰富学生的语言积累,增强英语技能,提升学生的各种素养。
	下学期	异域风情	1. 通过认真品读故事,感悟故事情节,体会其中的人物或事物,正确看待人物或事物间的问题,悟出每一则故事蕴含的哲理。同时联系生活实际,说说我们生活中的一些事应该如何处理。 2. 分享学生同步阅读的学习感受、学习方法等,为学生有效同步阅读奠定基础。
		畅谈理想	通过教师以主导地位引导,学生以主体身份参与的形式,阅读名人如何树立理想的书籍和观看相关视频,并让学生在课堂上进行口头述说。
		生活化作文	本课程主要通过师生合作互动、小组合作分享的方式指导学生关注生活,表达真实情感。
		赏美"悦"读	以广州版小学英语教材主题为中心,通过阅读、介绍与日常教学主题相关的趣味英语绘本,丰富语言积累,使课外阅读有效成为课内知识的扩展和补充,从而丰富学生的语言积累,增强英语技能,提升学生的各种素养。

课程维度	课程安排		课 程 内 容
思维坊	上学期	负数的天地	本课程主要内容是发现生活中的负数,具体包含以下三个板块: 1. 发现生活中负数出现的地方,例如:温度、股票、收入的钱数等,收集数据做成表格。 2. 分享交流观察到的生活中的负数,全班一同感受渗透在生活中的各种负数。 3. 独立制作折线图,评选出科学美观的作品展示于学习园地。 (4课时)
		揭秘——圆周率	1. 本课程带领学生收集有关人类研究圆及圆周率的资料,体会人们探索圆周率的过程及方法的演变。 2. 学习圆周率的相关知识,利用圆周率计算圆的周长。 3. 进行圆周率计算比赛。(3课时)
		美丽的扇形	1. 本课程旨在让学生学会看懂扇形统计图,能简单分析扇形图中的信息,并能用准确的语言进行表达。 2. 以班级为单位,自拟主题设计扇形图内容,收集数据并处理数据。 3. 制作扇形统计图。(3课时)
		我的红包我做主	1. 本课程旨在让学生学习百分数的相关内容,能综合应用条件灵活解决问题。 2. 学习整理各种存款方式的利率和相关规定。学习了解股票、基金等各种理财方式。 3. 设计合理的方案。对当年的压岁钱进行存款投资,比较半学期后的收益。(5课时)
	下学期	百分数,知多少	1. 本课程引导学生从生活情境中发现折扣、成数、税率、利率,并理解具体含义。 2. 学生在实际操作或创设情境中自主探索,合作交流,能解决百分数中关于折扣、成数、税率、利率等的特殊应用。 (5课时)
		奇妙的立体图形	1. 本课程结合教材所学圆柱、圆锥的数学知识,在生活情境中发现形状为圆柱、圆锥的物体,多角度观察物体的特征并量一量,比如底面圆的半径、高。 2. 学生在实际操作中自主探索,合作交流圆柱的表面积、侧面积、体积,以及圆锥的体积,并能解决实际问题。(4课时)

课程维度	课程安排		课　程　内　容
思维坊	下学期	数据分析小专家(下)	1. 本课程引导学生围绕一个主题或者问题,结合实际情况选择不同形式的图、表,感受不同的统计图的特点。 2. 实地收集、整理相关数据,制作出直观且有效的图表。 3. 展示图表,进行汇报。(4课时)
		自行车里的数学	1. 本课程带领学生认识、了解普通自行车和变速自行车的结构、特点和结构之间的关系。 2. 小组交流、探究自行车问题。 3. 通过知识竞答、解题比赛等活动,把生活实际问题转化为数学问题,建立并学会运用数学模型。(4课时)
科学谷	上学期	Solar View	1. 太阳和围绕它运动的行星、矮行星和小天体等组成了太阳系,太阳是太阳系的中心。 2. 知道太阳系中有八颗行星,描述它们在太阳系中的相对位置。
	下学期	做一座纸桥	以小组形式做一座纸桥。
艺术峰	上学期	环保设计师	1. 展示目前地球生态环境的严峻态势,激发学生环保意识。 2. 列举生活中的环保事例,如新能源汽车,打开创新思路。 3. 充分发挥想象力,描绘出未来的环保生活方式。
		走近名画世界	1. 为学生展示名画,激发学生艺术灵性与创造欲。 2. 介绍名画的基本画法与构图,鼓励学生展开自由、充分的想象,创作自己的美术作品。 3. 完成一幅自己创作的美术作品。
		环球音乐	1. 感受国外音乐形式的风格特点和魅力。 2. 找出音乐旋律走向的规律,并进行简单的节奏、旋律编创。
	下学期	环保设计师	1. 展示目前地球生态环境的严峻形势,激发学生环保意识。 2. 列举生活中的环保事例,如新能源汽车,打开创新思路。 3. 充分发挥想象力,描绘出未来的环保生活方式。
		走近名画世界	1. 为学生展示名画,激发学生艺术灵性与创造欲。 2. 介绍名画的基本画法与构图,鼓励学生展开自由、充分的想象,创作自己的美术作品。 3. 完成一幅自己创造的美术作品。
		环球音乐	1. 感受国外音乐形式的风格特点和魅力。 2. 找出音乐旋律走向的规律,并进行简单的节奏、旋律编创。

课程维度	课程安排		课　程　内　容
活力源	上学期	体能游戏	学习基本体操,创编和组织游戏,发展体能。
		青出于蓝	1. 加强原地的篮球基本技能与运用方法。 2. 掌握并熟练篮球行进间基本技能与运用。 3. 了解与掌握基本的篮球战术,增强篮球中的个人对抗能力。
	下学期	趣味田径	1. 障碍跑:40米内通过3—4个障碍(滚过垫子、跨过栏架)。 2. 体会动作慢中速跑400米;追逐跑800—1 000米;互相先跑1 000—1 200米。 3. 慢跑2分钟→慢中速跑3分钟→慢中速跑2分钟→中快速跑3分钟。
		认识自我	掌握心理抗压能力,学会信任与合作。
美德宫	上学期	业精于勤	1. 阅读与勤奋相关的故事。 2. 谈谈对"业精于勤"的理解。 3. 学习制订学习计划。
		"法"润科小	1. 学习《未成年人保护法》。 2. 学习《中华人民共和国预防未成年人犯罪法》。 3. 法律知识检测。
	下学期	微笑走过花季	1. 了解青春期生理常识,做好青春期生理保健。 2. 正视青春期心理变化,合理表达心理需求。 3. 培养良好的生活习惯,保证身心健康。
		《未成年人保护法》知多少	1. 学习《未成年人保护法》的主要内容。 2. 学习《小学生日常行为规范》。 3. 观看相关视频。

(一)建构"和真课堂",推进学科课程的有效实施

我校立足于"和真教育"哲学,大力推动课堂教学转型,其内涵与操作如下:

(1)"和真课堂"是求真的课堂。所谓教育唯真,就是用认真、较真的态度对待教育事业,验证已知,探索未知。这是一个学真知的过程,也是科学教育、灵活创新的过程。

（2）"和真课堂"是崇善的课堂。崇善的教育是让学生拥有一颗向善之心，做一个心善之人，不仅善待自己，还要善待他人、善待社会、善待自然。

（3）"和真课堂"是唯美的课堂。中国传统文化"以和为美"，并以"真善美"为核心价值观。"和"是美、"真"也是美，"和真教育"就是美的教育。

（4）"和真课堂"是全人的课堂。"对人以和，对事以真"。"和"，内在的人格修养和精神追求，追求品格素质的修炼；"真"，人的知识水平，理性思维，体现的是科学精神，追求的是真理。"和""真"两者的结合互补，才能造就真正的"和真课堂"、全人课堂。

（5）"和真课堂"是特色的课堂。"和真课堂"是将基因重组，是和真文化土壤中生发的特色课堂。

总之，"和真课堂"是追求真、善、美、全人、特色的课堂，以课堂为依托，致力于培养学生的学习能力、探究能力和创造能力。

（二）建设"和真学科"，推进学科拓展课程的实施

"和真学科"的建设以学科为轴心，不断延伸与深化其内涵与外延，逐步扩展课程建设的辐射面，构建"1+X"学科课程群。课堂更深更广地延伸到生命、生活、生长的范畴之中，致力于实现每一个孩子的个性发展，体现的是对教育本真的追求。

"和真学科"建设的路径是：根植中国基础教育，培养学生成为完整的个体。每一个学科构建"1+X"学科课程群，促进学科内整合。"1+X"课程要以整合实施国家基础性课程"1"为基础做学科内整合，重点将国家课程校本化。对某一学科在原有的国家统一标准、地方统一教材的基础上，打破以往只使用一本教材而无法兼顾其他版本教材优势的局限，改变以往按统一教材设定教学内容与进度的课程实施方式。在课程设置中，我们尝试打破学科界限，以统一的主题来连接不同学科，使学生在此过程中建立系统的思维方式，体验知识之间的内在逻辑关系，和社会实践活动相结合，将课内学习和课外实践活动融为一体，培养学生动手解决实际问题的能力。具体课程设置如下：

（1）"和美语文"学科课程群建设。语文学科的知识分成识字与写字、阅读与理解、写作与表达、口语交际、综合性学习与实践五个板块。除特别备注了年级的项目外，各年段的整体框架是一致的，只是每个年段训练和评价的侧重点有所不同，呈螺旋式上升的状态。

（2）"和智数学"学科课程群建设。数学学科的知识分成数与代数、图形与几何、统计与概率、综合与实践四个板块,在此基础上拓展开发儿童的个性化延伸课程,主要满足儿童的个性化数学发展要求,让儿童经历动手实践、数学思考、自主探索与合作交流的学习过程,培养儿童的应用意识和创新意识。因此,我校"和智数学"课程分为"和数智取""和图智新""和析智解"和"和践智趣"四大类别开展活动。

(3)"4I英语"学科课程群建设。英语学科依据课堂中使用的教材,结合学生的不同年龄特征,开设相关拓展课程,主要分为以下几类:韵律歌谣、字母王国、趣味拼读和分级绘本阅读。利用韵律歌谣作语音启蒙,以自然拼读为主线,培养学生拼读能力和自主解码单词能力,同时在有趣的分级读物中强化提高单词拼读解码技能,促进孩子阅读能力呈螺旋式提升,力求用科学体系造就超强阅读能力,拓宽学生的知识面,提高学生的综合语言运用能力,培养学生的英语学科核心素养。

(4)"和创科学"学科课程群建设。科学学科是一门综合性的课程,针对学生身边的现象,从物质科学、生命科学、地球和宇宙科学、技术与工程四个领域综合呈现科学知识和科学方法,注重学生的全面发展,提高学生的科学素养,以应对未来社会的挑战。因此,在科学课程方面,注重培养学生的兴趣、探究能力和创新意识,以及科学态度、科学精神。加强课程内容与学生生活、现代社会和科技发展的联系,关注技术应用带来的社会进步和问题,培养学生的社会责任感和正确的世界观。

(5)"和健体育"学科课程群建设。体育除了发展学生体能、增强学生体质健康、提高运动技术和身体素质之外,还有一些团队体育意识、体育道德的建设、人格的健全等方面的培养,体育拓展课程从每天的大课间的"三操",从每年的体育节"两会"和我校的社团体育和体育比赛方面的活动开设拓展课程。

(6)"和艺美术"学科课程群建设。伴随着新课程改革以及素质教育的开展,美术教育在社会各个层面的重视度越来越高。我校除了基本的美术教学以外,还有一些拓展课程,如每逢佳节动手一做、绘画比赛、美术社团课程,等等。美术拓展课程可以优化小学美术教育的教学环境,促进小学生的健康成长,为社会培养高素质的美术人才奠定基础。

(7)"和真思品"学科课程群建设。主要内容是思想品德的教育,具体包括道德与法治板块。

(8)"和怡音乐"学科课程群建设。毕加索曾经说过:"每个孩子都是天生的艺术家。"艺术课程开发与设置的目的不是让孩子们因而拥有高超的艺术水平,而是为了提高孩子的艺术修养、审美水平和生活品质,学会在日常生活中发现美、欣赏美、创造美,从而成为一个美好的人、幸福的人。

(三)建设"和真社团",推进兴趣爱好课程的实施

为了丰富学生的课外生活,坚持"为人和、求学真"的办学理念,加强特色校园建设,进一步培养学生的兴趣,挖掘学生的潜能,拓展学生素养,增强学生的学习竞争能力,学校积极推广了一系列具有丰富特色的社团活动。我校推出了以下社团。(见表8)

表8　科学城小学社团课程内容表

类别	课程名称	课程内容简介
科技类社团	力翰科学	通过有趣的科学秀形式和互动教学,培养孩子的科学素养、动手能力和合作能力。
	无人机启蒙	掌握无人机初级基础原理,增强孩子的协调能力和思考能力。
	无线电测向	掌握无线电测向基本技术,发展学生身体素质特别是耐力素质。
	机器人社团	学生自己动手搭建简单机器人模型,激发好奇心和挑战心。
	3D 打印建模	让学生近距离感受最前沿的 3D 打印技术。
	少儿编程	提升学生逻辑思维水平,培养抽象思维品质。
艺术类社团	中国舞	有利于增强学生的形体美,培养良好的气质,提高身体素质特别是协调性和灵活性。
	拉丁舞	在锻炼形体的同时培养热情、活泼、大方的性格。
	街舞	提高肢体灵活性,培养学生自信、大胆、自强的品质,接触多元文化。
	葫芦丝	感受中华传统乐器之美,陶冶性情,掌握具有浓郁民族特色的传统乐器。
	管乐	通过学习吹奏萨克斯风、大号等,增强学生对音乐的鉴赏能力。
	架子鼓	锻炼四肢协调能力,培养学生的节奏感。
	合唱	合唱是实施美育的途径之一,有利于锻炼学生的沟通能力、合作能力和团队精神。
	少儿戏曲	在优柔婉转的唱腔中感受中华传统文化的魅力。

类别	课程名称	课程内容简介
国学类社团	围棋	培养学生的空间思维能力,锻炼学生的专注力,开发学生智力。
	国画	在欣赏性强、绘画技术要求严格的艺术中,培养学生耐心细致、持之以恒的品质。
	书法	通过让学生亲自感受书法博大精深魅力,达到"练心静、练眼明、练手巧"的目标。
竞技类社团	足球	激发学生的团队合作精神和竞争意识,锻炼学生坚忍不拔的意志和坚持不懈的耐力。
	篮球	训练学生感官系统和神经系统反应能力,提高身体反射动作速度,增强学生果断决策的判断能力。
	网球	培养学生的动作协调能力,加强身体素质。
	跆拳道	提高学生身体的灵活性和柔韧性,在对练过程中锻炼学生吃苦耐劳的精神品质。

(四) 创设"和真节日",推进节庆文化课程的实施

学生需要一个学以致用的舞台,将所学知识付诸实践,节日就是一个很好的载体。我校通过设置"和真节日",以一系列学术节作为"和真"的活动载体,丰富学生的生活,发挥学生的特长,展示学生的才能,促进学生的发展。

开展有校本特色的"每月一节"系列学术节,强化学以致用,发展有学科特色的三大节庆活动:传统节日、现代节日、校园节日。

(1) 传统节日。挖掘传统节日,主要有春节、元宵节、清明节、端午节、中秋节、冬至节等,发展符合传统节日特色的节庆活动。

(2) 现代节日。适应社会发展潮流,积极打造各种现代节日,例如:植树节、教师节、国庆节等。

(3) 校园节日。校园节日主要有体艺节、读书节、科技节,丰富多彩的校园节日为孩子们的校园生活留下美好回忆。

"和真节日"活动分为三个阶段。第一阶段,发动准备阶段。制定方案,在学校进行全面广泛的宣传和发动。第二阶段,组织实施阶段。根据学校总方案制定各项目详

细比赛方案,安排各场比赛的时间,进行班级海选、学校初赛、决赛。第三阶段,闭幕式、表彰阶段。在活动中表现突出的个人和班级由学校颁发奖状和荣誉证书。根据具体情况将优秀作品、活动、节目在闭幕式中全方位展示、展演。

(五)聚焦"和真文化",推进专题教育课程的实施

我校专题教育课程遵循实践性原则、创新性原则、科学性原则。课程即生命旅途,使孩子们更深地懂得生活,更加热爱生活。我们通过推进专题教育课程,更好地让孩子从实践感悟出真知,营造"和真文化"。

为进一步深化"和真文化"的建设,让教育在专题里发生意义,让仪式传递教育的意蕴,我校创设了如表9所示的系列专题教育主题。

表9　科学城小学"和真文化"专题教育主题表

主　题	具　体　内　容
养成教育	养成教育触及学生的心灵、规范学生的行为、增强德育工作的实践性。养成教育分为开学典礼、日常行为礼仪、教育仪式和散学典礼等。
爱国教育	当行着队礼、面对冉冉升起的五星红旗、聆听着神圣庄严的国歌,那一刻传递的爱国情怀、民族责任感,对于学生来说是不仅是一次风貌和风采的展示,更是一次精神的洗礼,体现了使命之光荣。结合国庆节、劳动节、国防教育日等节日,弘扬和培育民族精神。
成长教育	成长教育的设计主要是为了给学生的成长搭建一个展示的平台,让"和真"学子快乐成长。成长教育分为入学仪式、入队仪式、毕业仪式和感恩教育等。
节日教育	节日教育是结合中国传统纪念日和校园节日,让孩子们在浓郁的节日氛围中,冲破思维、体验快乐。纪念日和传统节日主要有学雷锋纪念日、端午节、中秋节、重阳节等;校园节日主要有儿童节、教师节、科技节、读书节等。
红色教育	红色教育的设计是让学生铭记红色历史,勿忘国耻,砥砺前行。内容有南京大屠杀、南昌起义、九一八事变、黄花岗起义等。
国学教育	国学教育设计的出发点是发展学生的思想道德建设工作,从而带动学校的文化建设,通过学校的经典诵读、书香校园、诗歌分享会等体现出来。
三生教育	三生教育包括"生命教育""生活教育""生存教育"。整合学校、社会和家庭教育资源,帮助学生树立正确的生命观、生存观和生活观,让"三生教育"体现于学生每一项学习活动之中。

主　题	具　体　内　容
传统教育	长期、定期进行"仁、义、礼、孝、忠、信、恕、勤、俭、毅"的教育。
安全教育	通过主题班会、安全教育日和学校系列活动，强化学生安全意识，坚持安全第一，落实安全措施，着重进行防水、防电、防火、防毒、防骗、防病和防攻击等知识的宣传及交通法规、卫生知识、心理健康、安全常规等知识教育。
环保教育	在日常教育的基础上注意渗透有关的环保知识，激发学生的环保意识。

（六）实施"和真之旅"，推进研学旅行课程

为推进素质教育，促进学生全面发展、健康发展、个性化发展，使学生更加适应新形势下经济社会发展的需要，我校根据《教育部等 11 部门关于推进中小学生研学旅行的意见》要求，积极推行"和真之旅"，实施研学旅行课程。

根据《意见》的要求，并结合我校学生的实际情况，我校制定了春游、秋游、冬令营及夏令营四大课程。

1. 春游

针对义务教育的课外实践教育标准，在校除了培养学生技术能力之外，更应该注重学生综合素养的培养，关注学生自我学习、自我适应、自我实践能力的养成。在当下的校园学习和课外活动中，春游活动有利于学生增长知识，开阔视野，启迪智慧，享受乐趣，陶冶情操，并且培养学生兴趣爱好，全面增强学生的生态意识和环保观念，所以这是不可或缺的全面教育培养学生的必修课。

春游作为一种集体活动，必须考虑学生的个体差异和群体差异。因此，我校秉承具体问题具体分析的方式方法，实事求是，为不同阶段的学生选择了合理合适的春游活动。同时，为了避免春游的盲目性，保障活动科学有效进行，达到春游活动的目的，开展的春游必须主题鲜明，以学生的兴趣为主，以学生的实际情况为辅，将课外学习与课内学习有机结合。除此之外，结合家长等外部支持，对教师进行专业的培训，建立校外休闲项目，更好地让学校的春游活动圆满开展。

2. 秋游

由教学大纲到课程标准近年来的转变，教育理念从"知识为本"转变为"以人为本"，学生学习模式从"单一型"转变为"多元型"，因此综合素养已经成为现代社会每一名学生应当具备的基本素养。教育需要实践,成长需要参与。

秋游活动同春游活动一起,已经成为我校各学科支持教学过程的重要教学资源。在秋游活动设计的过程中,积极引导学生深入挖掘秋游背后相关的学科知识,教师也在考虑将学科知识的学习融入秋游活动中。让学生充分享受这个愉快而有意义的过程,打造别具学科特色的秋游课程方案,是我校举办课外实践的目的。

3. 冬令营

冬令营是指我校在冬季进行的游学活动,而这种意义上的游学绝不是享受,而是一种感受,更是学生在学习生涯中人生体验的一部分。走进不同的环境,接触不同的生活,能更加正确地理解课外拓展活动的教育功能,是受益匪浅的一种学习教育方式。中国自古以来重视游学对人格养成和知识形成的重要作用,冬令营可以增进学生的学识,培养学生的品质,开阔眼界。冬令营还有助于解决厌学倾向、叛逆情绪、网络迷恋、自信不够、偏差倾向、学习无方法、做事无计划等问题,增强亲子沟通、独立观念、创新能力等,有效辅助学生综合素养的培养。

4. 夏令营

在“为人和、求学真”的办学理念的引导下,我们开办不同种类的夏令营以提供不同种类活动,例如有些提供户外拓展训练,以训练学生体能和团队精神;有些则提供语言、艺术、音乐等的训练。我校越来越注意到,思考的感悟和经验的积累是一种内化、隐性的东西,恰恰是隐性的东西能在很大程度上影响人的思想方法,影响人对待世界以及自我边界的态度。参加夏令营这样的活动,能使学生“真”正走进环境里,走进社交生活,慢慢掌握除了技术能力之外的“和”素养,比如社会责任感、创新精神、实践能力等。

有学者指出:“科学人文,和而不同。”[1]科学是求真,人文是求善。但科学不能保证其本身方向正确,而人文亦不能保证其本身基础正确,所以求真需要求善为其导向,求善需要求真为其奠基,两者共生互动、相同互通、相异互补、和而创新。“为人和”人文之道也,“为学真”科学之义也,“和真教育”是科学教育与人文教育的交融。只有两者融合,启迪人性与灵性,才能真正培养全面发展的人才,

---

1 杨叔子,吴波,杨克冲,熊良才.专业课中大有人文[J].高等工程教育研究,2003(05):1-7.

促进学生树立正确的人生追求和目标、完备的知识基础、优秀的思维品质、健康的生活方式、和谐的同外界的关系，提高人才的素质。这样，我们的教育才能正确地顺应时代的呼唤。

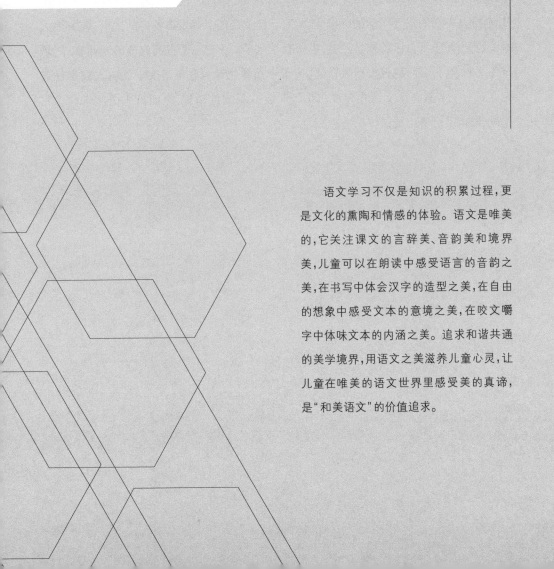

第一章

和美语文：让儿童进入唯美的语文世界

语文学习不仅是知识的积累过程，更是文化的熏陶和情感的体验。语文是唯美的，它关注课文的言辞美、音韵美和境界美，儿童可以在朗读中感受语言的音韵之美，在书写中体会汉字的造型之美，在自由的想象中感受文本的意境之美，在咬文嚼字中体味文本的内涵之美。追求和谐共通的美学境界，用语文之美滋养儿童心灵，让儿童在唯美的语文世界里感受美的真谛，是"和美语文"的价值追求。

广州市黄埔区科学城小学语文组现有教师33人,其中中小学高级教师2人,中小学一级教师14人,中小学二级教师17人。语文组以教研组为单位积极参加广州市教育研究院和黄埔区教研中心组织的各类教育教学研究活动,并取得了一定的成果。同时,语文组开展各种形式的听课、评课、磨课,定期组织教研会议、公开课观摩、师徒结对、教师基本功展示等活动进行集体学习,让语文组的老师发挥各自的优点,汲取他人的长处,不断丰富自己的教学经验,提高教学水平。为进一步提高教师的专业素养,培养儿童的学习兴趣,我校根据教育部《关于全面深化课程改革落实立德树人根本任务的意见》《义务教育语文课程标准(2022年版)》等文件精神,全面推进语文学科课程建设,取得了可喜的成效。

第一节　用语文之美滋养儿童心灵

一、学科性质观和价值观

语文课程的核心价值是学习祖国语言文字运用,语文课文都是一些文质兼美的文章。在品读这些文章时,关注文章的语言之美、情感之美和意境之美,让儿童在语文学习中发现美、感受美、鉴赏美,从而使儿童受到美的熏陶,培养儿童健康积极、美好、高尚的情操和审美素养。

《义务教育语文课程标准(2022年版)》指出语文课程性质:"语文课程是一门学习国家通用语言文字运用的综合性、实践性课程。工具性与人文性的统一,是语文课程的基本特点。"[1]语文课程旨在促进儿童语言文字的学习和运用,提升感悟,让儿童进入唯美的语文世界。

《义务教育语文课程标准(2022年版)》基本理念是:"义务教育语文课程围绕立德树人根本任务,充分发挥其独特的育人功能和奠基作用,以促进学生核心素养发展为目的,以识字与写字、阅读与鉴赏、表达与交流、梳理与探究等语文实践活动为主线,综合构建素养型课程目标体系;面向全体学生,突出基础性,使学生初步学会运用国家通用语言文字进行交流沟通,吸收古今中外优秀文化成果,提升思想文化修养,建立文化自信,德智体美劳得到全面发展。"[2]语文课程丰富的人文内涵对儿童精神世界的影响是广泛而深刻的,儿童对语文材料的感受和理解又往往是多元的。

因此,应该重视语文课程对儿童思想情感所起的熏陶感染作用,注意课程内容的价值取向,要继承和发扬中华优秀传统文化和革命传统,体现社会主义核心价值体系的引领作用,突出中国特色社会主义共同理想,弘扬以爱国主义为核心的民族精神和以改革创新为核心的时代精神,梳理社会主义荣辱观,培养良好思想道德风尚,同时也

1　中华人民共和国教育部.义务教育语文课程标准(2022年版)[S].北京:北京师范大学出版社,2022:1.

2　中华人民共和国教育部.义务教育语文课程标准(2022年版)[S].北京:北京师范大学出版社,2022:2.

要尊重儿童在语文学习过程中的独特体验。

　　教育既要传授知识,更要传递价值,追求知识性与价值观的完美融合,达到知识传授与价值判断的和谐统一,而儿童获得知识和能力、形成品格和价值观主要是在日常的学习过程中实现的。

二、学科课程理念

　　《义务教育语文课程标准(2022年版)》中明确提出,"义务教育语文课程实施从学生语文生活实际出发,创设丰富多样的学习情境,设计富有挑战性的学习任务,激发学生的好奇心、想象力、求知欲,促进学生自主、合作、探究学习"。[1] 依据课程标准的要求,结合我校课程开展的实际情况,着眼于儿童身心的全面发展,我校提出以"和美语文"为核心的语文学科理念。语文学习不仅是知识积累的过程,更是一种文化的熏陶,情感的体验。"和美语文"就是在教学实践中追求师生的和谐共通,通过构建唯美生动的课堂情境,带领儿童深度融入课堂,激起儿童在语文学习中的积极情趣体验,用语文之美滋养儿童心灵,促进儿童的技能与思想的和谐发展。

　　"和美语文"是和谐的语文。《义务教育语文课程标准(2022年版)》中提出"语文教学应在师生平等对话的过程中进行",这是打造和谐的语文课堂的首要前提。"和美语文"学科课程实施过程中,尊重儿童在课堂中的主体地位和教师的主导地位,遵循语文教学的基本规律和原则,在师生对话关系和谐共通的基础上创新教学方法和形式,倡导对话式教学,保护儿童的好奇心和问题冲动,重视培养儿童的言语表达能力和倾听能力,打造"和美语文"学科课程所追求的和谐之境。

　　"和美语文"是唯美的语文。"和美语文"学科课程关注课文的言辞美、音韵美和境界美,儿童可以在朗读中感受语言的音韵之美,在书写中体会汉字的造型之美,在自由的想象中感受文本营造的意境之美,在咬文嚼字中体味文本的内涵之美。实现"和美语文"课堂需要教师提高教学艺术水平,深入挖掘教学资源中美的因素,从而营造充满美感的语文课堂,让儿童在语文学习中发现美、感受美、鉴赏美,使儿童得到美的熏陶。

1　中华人民共和国教育部.义务教育语文课程标准(2022年版)[S].北京:北京师范大学出版社,2022:3.

"和美语文"是充满情趣的语文。《义务教育语文课程标准(2022年版)》要求："语文课程应该通过优秀文化的熏陶感染,促进学生和谐发展,使他们提高思想道德修养和审美情趣。""和美语文"学科课程通过多媒体技术创设丰富的情境,激发儿童的兴趣和学习热情;在有感情朗读和赏析文章语言的过程中体会课文所蕴含的情感;注重联系生活实际,通过创设生活情境启发儿童思考,引发儿童共鸣。"和美语文"学科课程重视儿童的主观情感,激发儿童在语文学习中的积极情感体验,从而培养儿童良好的道德风尚和审美情操。

"和美语文"学科课程在平等对话中实现语文课堂的生态之美,让儿童在唯美的语文世界里接受熏陶,在优良文化的感染下形成高尚的品格和审美情趣。从儿童身心发展的特点出发,让儿童在融合、优雅的语文课堂中接受语言文化的熏陶,提高语文素养,真正发挥语文课堂的多重功能,是"和美语文"学科课程的价值追求。

第二节 丰富儿童的精神世界

《义务教育语文课程标准(2022年版)》指出:"感受语言文字的美,感悟作品的思想内涵和艺术价值,能结合自己的经验,理解、欣赏和初步评价语言文字作品,丰富自己的情感体验和精神世界。"[1]语文课程丰富的人文内涵对儿童精神世界的影响是广泛而深刻的,儿童对语文材料的感受和理解又往往是多元的。因此,应该重视语文课程对儿童思想情感所起的熏陶感染作用,注意课程内容的价值取向,要继承和发扬中华优秀传统文化和革命传统,体现社会主义核心价值体系的引领作用,突出中国特色社会主义共同理想,弘扬以爱国主义为核心的民族精神和以改革创新为核心的时代精神,梳理社会主义荣辱观,培养良好思想道德风尚,同时也要尊重儿童在语文学习过程中的独特体验。

---

1 中华人民共和国教育部.义务教育语文课程标准(2022年版)[S].北京:北京师范大学出版社,2022:6.

一、学科课程总体目标

根据《义务教育语文课程标准(2022年版)》,我校"和美语文"课程体系力求丰富儿童的精神世界,围绕核心素养设计课程目标。目标的设计着眼于语文素养的整体提高,围绕学生的心理发展与年龄特征出发,重视情感体验,落实语文学习要素。基于语文学科的内涵,根据"和美语文"的课程理念,结合学校课程实际情况设置以下语文学科课程总体目标:在语文学习过程中,培养爱国主义、集体主义、社会主义思想道德和健康的审美情趣,发展个性,培养创新精神和合作精神,逐步形成积极的人生态度和正确的世界观、价值观。认识中华文化的丰厚博大,汲取民族文化智慧。关心当代文化生活,尊重文化多样性,吸收人类优秀文化的营养,提高文化的品位。培育热爱祖国语言文字的情感,增强学习语文的自信心,养成良好的语文学习习惯,初步掌握学习语文的基本方法。在发展语言能力的同时,发展思维能力,学习科学的思想方法,逐步养成实事求是、崇尚真知的科学态度。能主动进行探究性学习,激发想象力和创造潜能,在实践中学习和运用语文,学会汉语拼音,能说普通话,认识常用汉字。能正确工整地书写汉字,并有一定的速度。具有独立阅读的能力,学会运用多种阅读方法。有较为丰富的积累和良好的语感,注重情感体验,发展感受和理解的能力。能阅读日常的书报杂志,能初步鉴赏文学作品,丰富自己的精神世界。能借助工具书阅读浅易文言文,背诵优秀诗文。能具体明确、文从字顺地表达自己的见闻、体验和想法。能根据需要,运用常见的表达方式写作,发展书面语言运用能力。具有日常口语交际的基本能力,学会倾听、表达与交流,初步学会运用口头语言文明地进行人际沟通和社会交往。学会使用常用的语文工具书。初步具备搜集和处理信息的能力,积极尝试运用新技术和多种媒体学习语文。

二、学科课程年级目标

根据《义务教育语文课程标准(2022年版)》的要求,基于儿童的年龄特征与认知规律,"和美语文"以统编版教材为基础,结合我校语文课程的特点、语文学科课程总体目标和一——六年级的学情,按照年级去实施,年级之间有明显的关联和目标。这里

以一年级语文学科课程目标为例。（见表1-1）

表1-1 "和美语文"一年级课程目标表

		上学期	下学期
一年级	第一单元	共同要求： 1. 利用已有生活经验，借助多种方法识字。建立汉字音、形、义间的联系，激发识字兴趣。 2. 培养良好的学习、写字和朗读的习惯。 校本要求： 结合入学教育中的讲故事、听故事，以及本单元后的快乐读书吧，和大人一起读故事，体验识字的价值。	共同要求： 1. 自主借助汉语拼音读准生字的读音。 2. 借助生动直观的手段建立生字音、形、义间的联系，加深对形声字特点的认识。 校本要求： 根据日常生活实际，学会在生活中识字，感受汉字的生活化。
	第二单元	共同要求： 1. 学会汉语拼音，能读准声母、韵母、声调和整体认读音节，能准确拼读音节。 2. 多种形式的朗读，正确书写拼音。正确执笔、写字姿势正确，养成良好的书写习惯。 校本要求： 观察情境图，在图画中自主发现拼音的音形元素。	共同要求： 1. 找出课文中明显的信息，培养阅读理解能力。 2. 读好词语和句子的节奏。 校本要求： 多种形式的读，读懂课文，与同学交流自己的阅读感受。
	第三单元	共同要求： 1. 能借助汉语拼音认读汉字，诵读儿歌童谣和意思浅显的古诗。 2. 能借助汉语拼音识字、正音，学说普通话。 校本要求： 听故事、讲故事，感受汉语拼音学习的快乐，激发语文学习的兴趣。	共同要求： 1. 用联系上下文的方法，了解词语的意思。积累和运用词句，建立初步的规律意识。 2. 根据具体的情境进行角色体验，读出不同角色说话的语气。 校本要求： 联系校本实际想象、体会，读出自己的感受。

		上学期	下学期
一年级	第四单元	共同要求： 1. 学会认识生字、偏旁和多音字，积累和拓展短语。 2. 正确朗读课文，读准字音，感受四季之美，激发对大自然的喜爱之情。 校本要求： 通过图片或视频以及课外资料的查询，丰富对自然现象的认知。	共同要求： 1. 学习运用词语连读正确停顿等方法把长句子读好，读通读懂长句子。 2. 根据课文信息做简单推断，联系生活实际进行表达。 校本要求： 学会积累词语和古诗等优美语言。
	第五单元	共同要求： 1. 初步了解古诗、对子歌，以及汉字的构字法。 2. 能利用已有的生活经验，借助多种识字方法，进一步了解汉字的文化内涵，喜欢学习汉字。 校本要求： 感受古诗描绘的景色，根据古诗的内容完成诗配画，体会古诗的美。	共同要求： 1. 在读句子的过程中认识生字，突破音和形的难点，边读边记，熟读成诵，积累语言。 2. 边读边学，边读边发现，激发学生热爱自然，热爱生活的情感。 校本要求： 根据实际进行分组讨论、口语交际，学会有序地说明一个话题。
	第六单元	共同要求： 1. 学习分角色朗读课文，读好人物说话的语气，初步建立句子的概念。 2. 感受儿童诗的生动形象，通过具体形象的事物认识逗号、句号和省略号。 3. 学会用前后左右4个方位词说话，积累一问一答的语言表达，积累由生字拓展的新词。 校本要求： 在实际交流中，学会问句、陈述句的表达。	共同要求： 1. 联系生活经验，促进生活经验与课文内容的有效对接，更好地了解词语的意思，读懂课文内容。 2. 抓住课文特点进行朗读。 3. 激发探索自然奥秘的兴趣；培养喜爱小动物的情感，做生活的有心人，善于思考。 校本要求： 收集资料，了解大自然里的知识。
	第七单元	共同要求： 1. 联系学生的生活实际，理解课文内容，唤起学生的共鸣。 2. 学习"的"字词语的合理搭配，体会合理的搭配，可以使语言表达更加生动具体。 校本要求： 从学生的经验世界入手，结合生活实例感受生活的童趣。	共同要求： 1. 根据课文信息做简单推断。建立信息完整性的意识并进行逻辑思维的训练。 2. 读好疑问句和祈使句的语气。 3. 借助课文插图，梳理读懂课文，体验角色，读好对话，读懂长课文。 校本要求： 在口语交际的基础上学会写话。

		上学期	下学期
一年级	第八单元	共同要求： 1. 初步培养学生寻找明显信息的能力，从课文中提取相关的信息。 2. 借助图画阅读课文、理解课文、猜不认识的字。 3. 通过学习课文，了解一些自然常识，激发学生观察自然、观察生活的兴趣。 校本要求： 了解大自然里的故事，初步学会看图写两句话。	共同要求： 1. 借助图画猜字认字读懂课文，借助图画阅读课文。 2. 读出祈使句的语气，读好多个角色之间的对话。 3. 根据信息做简单推断，带着问题看图读文，找到相关信息交流补充。 校本要求： 学会编故事，并从中获得一定的道理。

　　总之，我校秉承"和美语文"的理念，围绕上述课程目标，培养儿童的语文能力、语文积累、语文知识、学习方法、学习态度、学习习惯，以及认知能力和人文素养，通过语文课程学习，增强儿童与社会沟通交流的能力，为儿童全面发展和终身发展打下坚实的基础。

第三节　给予儿童丰富的语文美感

　　基于"和美语文"的学科课程理念，根据教育部和地方的有关规定，我们将本校课程分为基础性课程、拓展型课程两个部分。基础性课程旨在培养儿童终身发展和适应未来社会所需的共同基础，拓展型课程主要在于满足儿童的个性化学习需求，旨在激发和培养发展儿童的兴趣爱好，开发儿童的潜能，促进儿童个性化发展和学校办学特色的形成。

一、学科课程结构

　　《义务教育语文课程标准(2022年版)》注重对学生核心素养的培养,注重培养学生的文化自信、语言运用、思维能力和审美创造。我校"和美语文"阶段目标从"识字与写字""阅读""写作"(一——二年级为"写话",三—六年级为"习作")"口语交际"四个方面提出要求。课程标准还提出了"综合性学习"的要求,以加强语文课程与其他课程,以及与生活的联系,促进学生语文素养的整体推进和协调发展。因此,我校"和美语文"课程体系分为"和美识写""和美阅读""和美习作""和美交流""和美探究"五大类,力求让儿童在语文学习中感悟语言之美、生活之美以及人性之美,给予儿童丰富的语文美感。(见图1-1)

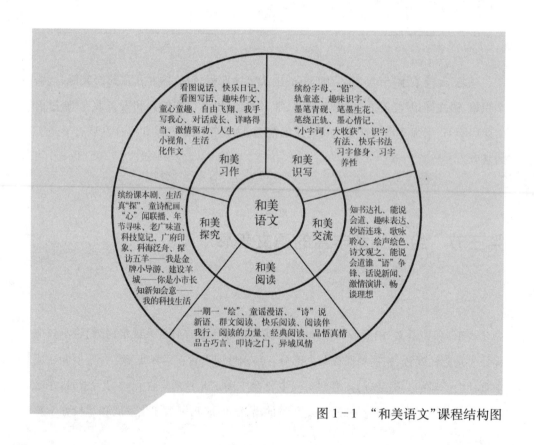

图1-1　"和美语文"课程结构图

图1-1中，各板块课程具体表述如下：

（一）和美识写

内容为小学各阶段要掌握的生字。注重引导儿童感受和品味祖国的汉字文化，激发儿童自主识字的兴趣，提高生字量的积累，指引儿童规范、端正整洁地书写汉字，在指导儿童的练字过程中修养儿童性情、端正儿童态度，提升儿童的审美品位。在儿童逐步掌握、提升书写水平的同时，认识和体会中华民族的优秀传统文化，增强对祖国语言文字的热爱与自豪感。

（二）和美阅读

内容为各学段适合儿童生理和心理发展的绘本、经典文学名著、优秀科普科幻类书籍及日常的杂志书报等。只有当儿童积累了丰富的语言素材，才能厚积薄发，学好语文。在小学语文的教学中，阅读品味和促进儿童的情感交流是重点，当儿童养成良好的阅读习惯，沉浸在读书中，品味作品，感悟作品，潜心思考，才能真正地与文本进行对话交流。而阅读面越广，儿童的思维越能得到充分的锻炼，阅读经验越丰富，在表达时更生动、更从容。"和美阅读"旨在培养儿童阅读习惯，激发儿童阅读兴趣，提升儿童品味和阅读水平，让儿童逐步感受语文的美好。

（三）和美交流

内容以统编版语文教材练习中的口语沟通为脚本，选择日常儿童学习生活的话题。通过教师与儿童、儿童与儿童等活动组织教学，培养儿童运用合适的语言进行人际交往和社会沟通。通过创造真实的情境，进行深度体验的"真言""美言"训练，锻炼儿童听音、表达、转述、沟通的能力，培养儿童与世界打交道的能力和方式，收获交流的"情趣美"。

（四）和美习作

内容为小学各个阶段各类文体的写作教学。旨在贴近生活实际，引导儿童留心观察、热爱生活、热爱自然、关心社会。鼓励具有儿童的真情实感、有创造力的表达，指导儿童在阅读积累的基础上，创造有新鲜感的词句，在写作中讲"真言"，最"真"的也是最"美"的。同时培养儿童对不同文本、不同体裁的写作意识，挖掘其中隐藏的不同写作元素，能灵活运用各类表达方法，用文字滋润儿童的心灵，让表达充满童趣童真之美。

（五）和美探究

内容为校内及校外组织的各种语文类实践活动。语文教学的目的是指引儿童通过学习增强生活实践与运用的能力，能够努力适应环境，运用语文所学解决问题。通过组织各类语文实践活动，不仅培养儿童听说读写能力的发展，更重要的是培养儿童各种策划、组织、协调、实施的能力，让语文成为儿童日常生活的需要，能借此表达自己的内心所思所想，与他人真诚沟通，通过实践活动提高儿童的语文素养，帮助儿童养成受用终身的交往能力和生活能力。

"和美语文"课程，紧扣学校的地方资源，拓展创新更宽广的教育视野，引领孩子乐学语文，成为积极学习、乐观向上的新时代少年。

二、学科课程设置

根据语文课程标准的要求，结合我校语文学科课程总目标和各年级的学情，我校语文学科课程除了基础课程之外，拓展课程设置如表 1-2 所示。

表 1-2 "和美语文"课程设置表

学期 内容		和美识写	和美阅读	和美交流	和美习作	和美探究
一年级	上学期	缤纷字母	一期一"绘"	知书达礼	看图说话	缤纷课本剧
	下学期	"铅"轨童迹	童谣漫语	能说会道	快乐日记	生活真"探"
二年级	上学期	趣味识字	"诗"说新语	趣味表达	看图写话	童诗配画
	下学期	墨笔青砚	群文阅读	妙语连珠	趣味作文	"心"闻联播
三年级	上学期	笔墨生花	快乐阅读	歌咏聆心	童心童趣	年节寻味
	下学期	笔绕正轨	阅读伴我行	绘声绘色	自由飞翔	老广味道
四年级	上学期	墨心情记	阅读的力量	诗文观之	我手写我心	科技览记
	下学期	"小字词,大收获"	经典阅读	能说会道	对话成长	广府印象

内容\学期		和美识写	和美阅读	和美交流	和美习作	和美探究
五年级	上学期	识字有法	品悟真情	谁"语"争锋	详略得当	科海泛舟
	下学期	快乐书法	品古巧言	话说新闻	激情驱动	探访五羊——我是金牌小导游
六年级	上学期	习字修身	叩诗之门	激情演讲	人生小视角	知新知会意——我的科技生活
	下学期	习字养性	异域风情	畅谈理想	生活化作文	建设羊城——你是小市长

综上,"和美语文"课程设置以《义务教育语文课程标准(2022 年版)》为依据,依据国家基础课程,结合儿童身心发展的规律和特点,加强课程与时代、与生活的紧密联系,提高儿童思想文化的修养,促进自身精神成长。

第四节　带领儿童进入唯美的语文世界

语文学科课程除了语文学科知识技能方面的"一亩三分地"外,更重要的是教育人、培养人,把儿童教育成有血有肉、有思想有情感的人才。因此,"和美语文"构建"和美课堂",建设"和美课程",倡导"和美学习",推行"和美探究",完善"和美空间",开展"和美语文节",推进"和美社团",在结合本学科知识、方法、技能的基础上,高度关注思想情感方面内容,创设彰显语文特色的育人环境,开展绘声绘色的语文实践活动,培养儿童的语文能力,提高语文素养,激发学习语文的热情,让儿童进入唯美的语文世界。

一、构建"和美课堂",彰显语文课程之主张

"和美课堂"是引导儿童进入唯美语文世界,追求语言美、情感美、画面美、结构美的语文学习过程。课堂立足于"文本细读"、探寻"读、品、述"的教学实践、创造语文素养的生长环境。"和美课堂"遵循"以生为本",和学者之心,美教者之行,致力于培养儿童的语言文字运用能力,增强感受美、品悟美、鉴赏美的能力,提高儿童语文核心素养。基于此,我校建设符合语文学科实际的"和美课堂"。

(一)"和美课堂"的实践操作

在"和美课堂"中,教师采用灵活的教学方法,多样化的教学模式,充分利用"互联网+"资源及各种先进的网络技术,激发儿童的兴趣,启发儿童的思维,从而提升课堂效率,创造语文素养良好的生长环境。

"和美课堂"依据小学生的年龄和心理特点,分析具体学情,结合我校教学理念,通过阅读、写作、交流等课堂实践活动,提升儿童的语文核心素养。

1. 立足于"文本细读"

"和美课堂"首先重在通过识字与写字,扫除阅读课文的文字障碍。其次,利用丰富的多媒体资源,结合生动形象的视频、音乐、图片、课件、实物等代入文本,加深理解,进入情境。同时,教师以读代讲,引导儿童通过多样化的阅读方式对文本进行初读、默读、精读、细读,在反复阅读中感受语言文字的精美,感受文本中丰富的情感,走进唯美的语文世界,做到细化文本,深入文本,从而培养儿童的语文素养。

2. 探寻"读、品、述"的教学实践

语文教学的根本任务就是"理解和运用祖国的语言文字"。优化言语活动,是全面达成教学目标的关键,言语能力是骨架,生长着"教育"和"教养"。在细读文章的基础上,教师抓住儿童所需,调整教学设计,设置问题导向,开展自主、合作、探究等活动,通过多形式的细读与探讨,尊重儿童思维,对知识进行品悟、鉴赏、表述,做到听、说、读、赏为一体。全面增强儿童语言文字的理解与运用能力,培养儿童的语文素养。

3. 创造语文素养的生长环境

"和美课堂"从"言意共生"的角度紧紧抓牢语文教学的缰绳,顺着语文教学本

真的"来路"与"去路","得意"又"得文","生意"又"生文"。海量的课外阅读、丰富的交流与表达、合理适量的写作，是创造语文素养良好生长环境的有效方法，在多样化的方法和丰富的积累下，培养儿童感受语言文字之美、鉴赏文本之美、感悟情感之美。同时，也培养良好的班级氛围、学习环境、学习习惯，激发学习兴趣，提升语文素养。

（二）"和美课堂"的评价要求

"和美课堂"的重要特征就是培养儿童的学习能力。"和美课堂"的评价要求，主要在合格、良好、优秀三个层级上予以评价。评价细则如表1-3所示。

表1-3　"和美课堂"评价细目表

类别	指标	标　准　解　读	分值	得分
课堂目标	清晰	学习目标紧扣课标和学段要求，体现文体特点，切合学情，简单、明了地体现大语文观。	10分	
		学习目标表述能将"三维目标"有机渗透融合，具体、明确，可操作、可检测，直指语文工具性和人文性的统一。	10分	
思路环节	自然	1. 主线清晰，重难点突出；结构合理，循序渐进。	10分	
		2. 能够根据内容分配时间，单位时间效率高。	5分	
		3. 课堂立足语文学科素养，教学内容丰富。	5分	
交流气氛	从容	1. 将课堂自主权还给学生，倡导个性化、多样化学习，实行自主学习、合作探究、多元互动、和谐共生的多种学习方式。	5分	
		2. 教师努力营造探究学习的条件：激发学生探究的欲望，设计发散性和探究性的问题，留足探究问题的空间，给学生足够的自主学习时间和互动的交流时间。	5分	
		3. 教师善于引导、鼓励学生质疑，培养学生的质疑能力。学生在课堂中敢于质疑，并表现出一定的质疑能力。	5分	
		4. 学习目标问题化，以明确的学习任务作为启动和组织学生学习学习活动的操作把手，激发学生探究新知的热情。	5分	

类别	指标	标　准　解　读	分值	得分
教学方法	自由	1. 最大限度地了解学生学习中遇到的问题,并对问题进行梳理归纳,聚焦问题,用问题引领、指导学生探究,学生自主探究时间充分。	10分	
		2. 教师参与学生探究活动,能兼顾各个层面的学生。	10分	
		3. 学生参与展示交流时,态度积极,参与面广,参与度深。	10分	
		4. 学生在自学和展示的过程中,体现合作、探究、实践、质疑等学习方式;学生能够恰当评价。	10分	
本课的亮点:		独特感受:	合计:	

二、建设"和美课程",丰富语文学科课程体系

"和美语文"课程是在基础课程之上,基于教学目标、立足教材,依据我校的办学特点、区域特色,结合家长资源和社会支持,开创性拓展的丰富课程,具有深厚的地域性、先进性。它包含"阅读""诵读""识写""交叉互联"这四大板块,在学习这些内容的过程中不能枯燥地讨论,要把它安排在各种活动中,让这些内容附上情感的要素。让儿童在学习的过程中感受乐趣,培养兴趣,提升水平和素养。

(一)"和美课程"的实施路径

"和美课程"在培养儿童语文能力与核心素养的前提下,以"1+X"的模式展开实施,多形式阅读为课程的主要载体,再辅以 X 种方式进行充实。

1."绘本阅读"

"和美课程"最大限度地普及与落实阅读教学,开展全员阅读模式,动员儿童、家长、老师全员投入阅读。包括每天的早读、午读、晚读,大量时间的阅读,大量内容的阅读。小学阶段的儿童,还处于少年时期,要注重阅读习惯和阅读兴趣的培养。绘本阅读为全校师生所推广,更能引起儿童的阅读兴趣,培养其良好的阅读习惯。

2."智慧阅读"

我校"和美课程"已加入广州市智慧阅读平台,根据市政府的政策,充分利用"智慧阅读"App,指引老师、家长和孩子保证每天的阅读时间,引导孩子读整本书、全科阅读、主题阅读、活动展示、交流分享、读书漂流等,并在"智慧阅读"App上打卡,分享每日阅读所得,让智慧阅读渗透到每日、每时、每节课。

3."我们一起读"

我校开展"大手拉小手"的活动,设置"我们一起读"的课程,利用孩子与家长一起读、孩子与孩子一起读、亲子阅读、师生共读等形式,师生、家长和孩子在阅读、朗读等过程中增强师生关系、亲子关系,丰富阅读内容,增强学习兴趣。"大手拉小手,我们一起读"活动让孩子、家长、老师全方位投入阅读,既培养了良好的阅读习惯,拓展了知识面,也增强了阅读情感。

4."经典诵读"

为培养孩子的诵读习惯,增强朗诵的兴趣,我校秉承"经典润童心"的传统,坚持每天早读指导孩子进行经典诵读的活动,并将经典诵读项目推广至课堂教学、节目表演等各类实践活动中,同时,中年段孩子每年积极参加区里的诗词大会。学校不定期组织各类师生朗诵比赛,集体、团队、个人齐秀风采。我校还把朗读文化辐射到家庭,让家长也一起加入到全民朗读中来,以声之韵,塑经典之形,将经典继承与活化。

5."笔墨飘香"

阅读是我校"和美课程"的主要载体,此外,我校还秉承全员写字的观念,高度重视儿童书写能力和水平的培养,指引儿童在各种形式阅读的过程中,同时学会动笔书写。我们将写一写渗透到每节课,每天的中午和晚上。为此,我校专门开设写字课、书法课、午写课、定期书法比赛等课程,由专业人士进行指导。丰富儿童的书写训练,真正落实"读一读,写一写",读好、写好。

6."交叉互联"

"和美课程"在让孩子大量阅读、规范书写的同时辅以 X 种方式进行充实。将阅读、书写融入全课程,与科学、数学、电影等课程交叉互联,相互渗透,相互交融。如:我校一年一度的科技节、数学竞赛、电影课、种植与综合实践等课程,均加入学生阅读与书写的形式,真正落实各学科的融合,丰富语文课程体系。

（二）"和美课程"的评价要求

"和美课程"的阅读评价更多是关注儿童思想情感方面的内容,结合听说读写,为儿童在生活学习中获取更多的信息服务。通过朗诵和写读后感等方式来考核儿童在"和美课程"中的能力,通过引导儿童在古今中外的经典作品课中汲取优秀文化的熏陶和感染,扩大儿童的视野,提高文化品位。"和美课程"在评价方面,主要评价课程的理念、设计、实施方法、评价方案、反思等内容。具体评价细则如表1-4所示。

表1-4 "和美课程"评价细目表

项目	评 价 内 容	评价形式	评价等级（优良中）
理念	能开发挖掘有意义的课程内容,满足学生兴趣发展的需求,促进学生互助、共进、交往,内容有可学性、迁移性等,并能及时修正。	看活动方案、学期活动小结等	
设计	制定以活动为主要实施方法的课程纲要,并根据课程纲要制订一份课程实施计划。	看活动记载本中的课程纲要	
实施	1. 能根据教学计划,精心准备,坚持因材施教,认真指导。 2. 课程实施能满足学生的兴趣发展需求,重视发展学生的个性特长,能开发出适合学生特点和利于学生发展的课程,重视培养学生的实践能力和创造能力,受到学生喜爱。	看活动记录、学生问卷调查、随机访谈、学生活动感受记录	
评价	按照课程要求制定出个性化的学生评价方案,组织好对学生的发展评价,认真做好评价工作。	看评价方案、学生成果展示	
反思	能够根据课程纲要的设计、课程实施和课程评价中的各个环节进行思考,形成有效经验和建议,并积极完善课程。	个别访谈、查看反思	

三、倡导"和美学习",变革语文学习方式

高效的语文学习是儿童语文素养得以提升的保证。"自主、合作、探究"是"和美学习"方式的主要特征,凸现"综合性、自主性、合作性、探究性"这些语文学习的要求。"和美学习"的内涵应该包括积极主动的学习态度,以学习为乐,拥有持之以恒的持续力,敏捷高效的思维力。如果儿童拥有了以上的学习品质,那么在语文学习上就能够立于不败之地。

(一)"和美学习"的实践操作

"和美学习"重在课堂的高效,注重学法的指导;注重在线学习,改变单一的学习方式。

1. 重视学法指导,培养良好的学习习惯

从学的方面来讲,要养成良好的语文学习习惯;从教的方面来讲,要重视学法指导。我校"和美学习"的学法指导,注重从以下几个方面落实。(见表1-5)

表1-5 "和美学习"学法指导表

	习　　　惯	方　　　法	
学 法 指 导	1. 熟读、背诵的习惯	线索法	串连法
		支点法	欣赏法
		图画法	比较法
	2. 阅读优秀课外读物的习惯	每日必读	每读必记
		勤思考	写读后感
	3. 推敲语言文字的习惯	寻找动机	寻找灵感
		咬文嚼字	联想与想象
	4. 积累语言材料的习惯	读背结合法	内外联合加强法
		迁移学习法	生活锤炼应用法

习　　惯	方　　法	
5. 记日记的习惯	学会观察	持之以恒
	内容真实	
6. 规范书写的习惯	强化规范意识	掌握间架结构
	训练行款格式	
7. 专注听人说话的习惯	引发共鸣	角色换位
8. 说普通话、说话文明得体的习惯	熏陶感染、习得素养	
	情景模拟、灵活应对	
	反思改进、文明交流	
9. 勤思考、爱质疑的习惯	开阔眼界	抓矛盾质疑
	难点质疑	空白处发问
10. 勤查工具书的习惯	字顺法	分类法
	时序法	地序法

（左侧纵向合并单元格：学法指导）

2. 注重在线学习，促进学习方式的变革

为了让儿童能在鲜明的时代特色和网络特色下学习语文，我们主要从以下三个方面探索在线学习。

一是让平面语文变成立体语文。我们在交互平台的建设上走多元化的道路，通过多媒体技术手段，探索语文学习的新时空。在语文组和信息技术组老师共同努力下，学校引进了智慧校园和希沃白板。这些软件使得"和美学习"有了更广阔的平台和载体，有了更高的起点，为学生语文自主学习和教师专业化发展提供了物质化的基础。

二是开展"智慧阅读"活动。结合当前形势和已有的探索，我校开展了"智慧阅读"项目，孩子每天坚持课外阅读，并在平台上分享读书心得，将作品进行展示，与他人进行阅读交流，将课堂延伸到课外。教师每月根据阅读数据评选"阅读之星"，用科学的数据记录、分析孩子的阅读情况。

三是开发语文课堂教学微课程。学校根据语文课程校本化实施方案,提炼孩子语文素养的发展元素,形成系列化的专题,再针对相应的专题,开发"微阅读""微写作""微演讲""微剧场"等不同类型的微课程,充实语文教育资源库。

(二)"和美学习"的评价要求

基于"和美学习"的特点,"和美语文"注重阅读,注重积累和语感的培养,注重品位的感受和体验,注重语言文字运用的实践。把读书放在首要位置,培养孩子独立阅读的能力和运用各种阅读方法的能力。"和美学习"在评价上,主要评价孩子阅读的兴趣、方法、习惯、阅读材料的选择和阅读量。(见表1-6)

表1-6　"和美学习"评价细目表

评价项目	评 价 标 准	评价等级(A/B/C)
兴　趣	1. 有浓厚的学习兴趣。 2. 有强烈的学习动机。 3. 自愿主动参与。	
方　法	1. 学习方法得当。 2. 多种方法结合。 3. 方法创新新颖。	
习　惯	1. 自觉主动学习。 2. 用心努力、持之以恒。 3. 边学边记录。	
材　料	1. 具有真实性、有效性。 2. 内容丰富多彩。 3. 形式各样。	
阅读量	1. 每天、每周、每月、每年的阅读量达标。 2. 每天定时定量阅读。 3. 阅读范围广泛。	

四、推行"和美探究",让语文学习与生活打通

"和美探究"是校内及校外组织的各种语文实践活动,在教师指导下,由儿童自主

提出问题,选择探究的策略,以个人或小组的形式,利用多种渠道收集信息,应用各种材料解决问题的一种教学方式。把局限于课堂的时空扩大到课堂之外,引导儿童到图书馆、阅览室,到社会生活中去探究。通过组织各类语文实践活动,从儿童的学习实际出发,利用生活中的语文资源,开展丰富多彩的语文综合实践活动,引导儿童探究生活中的语文,激发儿童学习语文的热情,培养儿童的语文素养,帮助儿童养成受用终身的交往能力和生活能力。

(一)"和美探究"的实践操作

在"和美探究"中,可运用的教学策略主要有全息整合策略、平等对话策略、多元互动策略、意境营造策略、感悟策略、唤醒策略,等等。"和美探究"的实践操作就是通过与每个年段目标、单元目标相结合,通过儿童的一些实践活动感受语文,同时提高他们的感悟、总结、运用水平。语文也需培养儿童的动手能力,让儿童学会自己解决问题,把课堂上的知识学以致用,让生活更充实,在潜移默化中,提高儿童的语文素养。

1. 推进语文教学重点实践体验项目

《义务教育语文课程标准(2022年版)》指出:"语文课程是一门学习语言文字运用的综合性和实践性课程。"学校充分利用本区的文化资源,着力推进语文教学重点实践体验项目,即"和美探究"系列实践活动。该活动将按主题、按系列有序推进,如:"黄埔名流与语文""黄埔军校里的诗歌""与大师的足迹叠合"等。

2. 研学旅游,文化交流实践,拓展文学底蕴

我校积极开展研学项目,让儿童在研中学,学中研。研学不仅仅只是一项旅游,更是在旅游中体会不同的文化、不同的地域特色,通过实践活动,表达自己的所思所感。儿童在综合实践活动中观察、思考、感悟、提升,更加热爱中国传统文化,热爱语文,热爱经典、古典。

3. 在日常生活中运用语文,在潜移默化中提高学生的语文素养

语文学习,应充分利用校园的人文、历史、自然、课堂等得天独厚的积淀,为孩子创造良好的语文学习与运用氛围,如班委选举,让孩子先写自荐书或上台讲演;每堂课安排一名学生进行"一分钟讲演",评论班级生活;班干部在黑板上写通知,让全班同学看看有无错字、病句;要开新年联欢会了,让学生写《我设计的联欢会》的说明书;学生共同撰写班级图书角公约;校园讲故事比赛、演讲比赛、手抄报比赛、绘画作文、主题阅读,等等。

4. 探究性课堂教学,充分发挥孩子的主观能动性、主体性

教师转变角色,做孩子学习兴趣的激发者、学习的引导者、活动的组织者。重视孩子的主体性,让孩子充分参与到课堂中来,积极思考问题,在每一篇课文学习中学会"渔",发现方法并且学会运用感悟。教学中应该将自主探究与合作探究紧密地结合起来,充分发挥自主习得与集体智慧的效益。从一年级上学期开始进行结对子学习训练,到了一年级下学期进行小组学习训练。

(二)"和美探究"的评价要求

"和美探究"坚持多维的评价方式,让孩子从生活中发现语文,在语文中创新生活。活动采用自我评价、家长评价、小组评价和教师评价相结合的多样化的评价方式,考察孩子的生活观察力和创造力,培养孩子的探究能力。具体评价标准如表1-7所示。

表1-7 "和美探究"活动评价量表

项目	评价标准	组评	家长评	师评	等级(优良中)	自评(反思:亮点+改进)	师总结
主题	鲜明、新颖、有明确的指向性。						
	时代感强,体现学生形象的要求。						
内容	活动内容新颖,符合学生的年龄特征。						
	活动环节典型,有说服力和感染力。						
	结合实际,贴近学生生活和社会现实。						
形式	寓教于乐,有利于展示学生个性特长。						
	层次分明,结构完整紧凑。						

项目	评价标准	组评	家长评	师评	等级(优良中)	自评(反思:亮点+改进)	师总结
形式	丰富多样,学生喜闻乐见。						
	环境营造得体,较好地烘托节日主题。						
过程	1. 学生热情参与,主体作用发挥好。						
	2. 循序渐进,激发学生爱祖国、爱生活、爱他人的情感。反映学生的认识特点和情感规律。						
	3. 教师引领学生有方,指导有度。						
效果	学生积极体验,深刻感悟,激起情感共鸣。						

五、完善"和美空间",为语文学习提供支持

"和美空间"以"与人和,为学真"为主题建设校园环境,给师生以美的享受,在充满知识文化的环境中默默熏陶。如何形成和提升语文素养,一直是语文教师在教学中追求的目标。学校通过校园环境建设,为学习者营造良好的学习环境。校园环境建设属于校园文化建设,它不仅符合"新课标"的要求,还对儿童有潜移默化的作用,能够启迪思想,陶冶心灵,发展个性,促进儿童语文素养的全面提高。校园环境建设主要包括校园自然环境和校园人文环境,具体表现为建筑、雕塑、碑文、墙面、图书馆、校园的"命名",校史陈列馆、具有文化气息的长廊、教室的布置和各种活动的组织。但两者相比较而言,校园人文环境对儿童语文素养的影响更大,应把研究重点放在校园人文

环境对儿童语文素养的影响之上。总之,"和美空间"为主题的学校文化环境建设是富于时代气息的实践,它可以丰富语文教学资源,给儿童提供一个良好的语文学习环境,切实有效地提高儿童的语文素养。

(一)"和美空间"的实践操作

"和美空间"校园环境建设,主要包括校园自然环境和校园人文环境,具体表现为建筑、雕塑、墙面、图书馆、校园的"命名",校史陈列馆的设计,长廊的文化气息,教室的布置和各种活动的组织。

(1)在现有图书馆、阅览室的基础上,专设名著阅读吧、学习成果展示室、电子阅览室等,每个班级配备图书角。

(2)丰富图书馆藏书,让儿童漫步大师丛林,与名著共处一隅,"让阅读像呼吸一样自然",使儿童成为一个善于思考、有内心时空和精神丰富的人。

(3)建设语文文化墙,结合学校实际,开辟中外文学长廊、书法作品墙、"转角遇到你"等,努力做到"每一个文字都有流动的思想",在每一个"看见"的瞬间,都感受到一个"美"的遇见。

(4)优化张贴的各种宣传标语的内容和形式,使之具有典雅气息,在校园的每个角落里,都能嗅到语言文字的芬芳,激发起心灵与心灵的对话、感召。

(5)贴对联。以班级为单位,为宣扬每班的精神,在班级门口张贴对联,既能营造良好的传统文化氛围,又能提高班级文化水平。

(6)建筑上崇尚大气、崇尚悠久,营造具有浓厚古典氛围的校园。

(7)建设"园林景观",在建造校园的时候,把外界景物和校园的主体情感融合在一起,从而形成充满校园主体情感的外在景物,营造出一种意境,使欣赏者在观赏的时候获得一种审美愉悦。而语文学习也强调对美的感受,对美的欣赏,对美的把握,对美的解读。

(8)校园雕塑与一般雕塑作品不同,自由性不大,具有强制审美性。它是校园环境的组成部分。孩子可以不去美术馆欣赏雕塑,但是每个孩子在进入校园的那天起就会注意到每一座校园雕塑。因而优秀的校园雕塑不仅能使校园环境更具美感,还能使雕塑自身与孩子直接对话,提高孩子的审美情趣,帮助孩子在语文写作中提高艺术性。校园雕塑选择的都是一些有代表性的人或物,它的艺术效果能直接让孩子产生共鸣,丰富孩子的精神生活。

（9）建设校史馆。一所学校的文化历史，就像一只看不见的手，无形之中牵引着学校的发展。学校的历史文化是校园环境独特的组成部分，在营造校园文化中发挥着巨大的力量，它激励着一代又一代的学子为了学校、社会的发展而努力。它是学校历代学子通过自己的努力选择、凝练、发展、诠释得来的，成为全校师生公认的行为准则，具有一种同化、促进的力量，制约着师生的行为语言。它就像空气一样时刻都存在着，每一个踏入校园的人都会受到校园历史文化的影响。

（二）"和美空间"的评价要求

"和美空间"的评价维度分为四大类别：有效性、操作性、合理性、创意性，具体评价标准如表1-8所示。

表1-8　"和美空间"评价量表

评价维度	评 价 内 容	组评	师评	平均分
有效性 （20分）	1. 能搜集有益的图书、书法作品、对联等。 2. 能营造具有浓厚古典氛围的校园。			
操作性 （25分）	1. 能从所收集的内容中发现语文韵味，感受语文素养，并联系所学知识进行解读。 2. 对所发现所解读的内容与作品能进行实际性操作与实践。			
合理性 （25分）	1. 能创造出与主题相关的各种形式。 2. 有创造性地整合校内外教育资源。			
创意性 （30分）	1. 能创造有新意的内容与形式。 2. 能创新性的建设校园环境与校园文化。			
综合评价				

六、开展"和美语文节"，浓郁语文学习氛围

为了推动"经典诵读"校本课程建设，营造浓厚的校园书香氛围，激发全校师生读

书的兴趣,提升审美情趣和人文底蕴,在坚持每日阅读的基础上,科学城小学每学年认真扎实地开展"和美语文节"。语文节的建立不仅可以促进语文教学的进步,也可以提高儿童的语文综合素质,带动每名儿童享受语文学习的快乐。

(一)"和美语文节"的活动设计

"和美语文节"的开展,有助于培养儿童的读书兴趣,增强阅读能力和言语实践能力,读写结合,从各方面丰富儿童的语文学习经历,促进儿童的语言积累。"和美语文节"活动围绕"听、说、读、写"四个板块开展。

(1)听。低年段开展讲故事活动,中高年段开展读书交流活动等,在活动中培养儿童的专注力,提高其提取信息的水平。

(2)说。以读书征文、经典诗文诵读、读书笔记、经典阅读积累等为形式,以学校比赛为平台,学习课外知识,交流读书心得,充分感受阅读的乐趣,锻炼儿童的口语表达能力,推动我校读书活动广泛开展。

(3)读。打造书香校园,营造浓郁氛围,全力培养儿童爱读书、读好书、勤思考、重感悟积累,结合学校的"智慧阅读"校本课程,开展"让我们每天阅读半小时""让阅读成为习惯"等活动。

(4)写。努力使儿童在编辑、思考、歌咏、积累创作的过程中,激发阅读的兴趣,营造读书节活动读书氛围,丰富校园文化。

具体的活动实施安排如下:

三月:开幕式;"我与经典有个约会"读书宣传活动;"我读书、我快乐、我成长"寒假读书征文比赛;三月份智慧阅读之星申报。

四月:学校一至六年级经典诗文诵读比赛,班级读书会主题教研活动;四月份智慧阅读之星申报。

五月:二至五年级经典阅读积累比赛;班级读书会主题教研活动;二年级看图讲故事比赛;五月份智慧阅读之星申报。

六月:三、四、五年级优秀"读书笔记"评选活动;"国学经典"先进班级、先进推广教师、50名先进学生评比;"在阅读中积累经典,在活动中学习语文"经典阅读汇报会暨语文节闭幕式。

(二)"和美语文节"的评价要求

"和美语文节"的评价维度分为五大类别:活动开展、内容丰富、学生表现、活动效果和人文情怀。具体评价标准如表1-9所示。

表1-9 "和美语文节"评价量表

评价项目	评 价 内 容	得分
活动开展 （20分）	1. 活动内容生动有趣,体现人文性,能激发学生参与的热情; 2. 活动贴近生活,具有创新性; 3. 活动具有针对性,能切实增强学生的语文能力。	
内容丰富 （20分）	1. 内容符合新课程标准的要求; 2. 知识有一定的拓展,在学生积极参与活动的同时,也拓展和丰富自己的知识。	
学生表现 （20分）	1. 在活动中,学生充分发挥自己的主观能动性; 2. 能根据活动的要求,学生在获得知识的同时,也得到情感上的成长。	
活动效果 （20分）	1. 整个活动开展流畅,各个环节衔接紧密; 2. 不仅学生通过活动得到水平的提升,老师从活动中也有一定的收获。	
人文情怀 （20分）	1. 通过活动的开展,让学生体会中华文化的博大精深,增强民族自信心和自豪感; 2. 通过活动的开展,帮助学生树立正确的人生观、世界观和价值观,从而更好地弘扬中华传统优秀文化。	
综合评价		

七、推进"和美社团",展示语文学习风采

为了传承我校丰厚的文化底蕴,丰富广大儿童的课余生活,提高儿童的文学素养,营造健康、多彩的校园文化,给广大儿童提供展示自我风采和相互交流的空间,以及创作的园地,使儿童在学习中创作,在创作中交流,在交流中成长,我校开展了多个语文相关社团课程。

（一）"和美社团"的主要类型

结合我校实际,学校开展了语文相关社团,包括"书法社团""经典诵读社团""故事大王社团"和"新芽文学社团"。

1. 书法社团

书法社团主要围绕书法教学,举办书法比赛,提供书法服务等活动展开,根据低中高三个年段来具体安排学习内容,集技能技巧、基础知识、欣赏于一体。主要目的是为了提高儿童对书法艺术的鉴赏水平,传承我国优秀文化,提升人文情怀,从而更加全面培养儿童的"人文素养"。我们也积极开展形式多样的书法活动,如举行现场写字竞赛,书法作品展览;开辟班级写字园地、校园书法宣传窗;抄写专栏、板报;为家庭、邻里书写春联等,拓展儿童的视野。

2. 经典诵读社团

"经典诵读"通过学校组织儿童诵读《古诗词80首》《弟子规》《三字经》《千字文》《小古文》《论语》,以及《大学》《中庸》等,让他们在一生记忆力最好的时候,以最轻松的方式背熟中华优秀的经典名篇,使儿童在最佳的年龄段能接受祖国传统文化的熏陶,弘扬祖国优秀的传统文化,潜移默化地形成优良的道德品质,并逐渐完善自己的人格。具体实施如下:(1)创造经典诵读活动的氛围。通过校园文化墙的建设、校园广播、国旗下讲话、班级文化建设,开展经典诗文图展,以及利用宣传板、展板、手抄报、文艺汇演等形式,让儿童随处可欣赏感受到经典古诗文佳作佳句,在有意无意之中将其记住。(2)积极开展经典诵读专题校本教研活动。结合课题,加强儿童的道德情感培养,并研究儿童的记忆规律,探讨经典诵读教学的方法,让儿童先背诵大量的古诗文,实现"量"的积累,充分汲取古诗文的精华,得到古文化的浸润,厚积而薄发,把经典诵读、古诗吟诵与语文教学结合起来,引导儿童学以致用。(3)在课程安排上,利用每天的早读时间,学校订购专门的国学教材,教师引导儿童诵读,教给儿童基本的诵读方法,落实诵读任务。并利用零碎时间,倡导儿童自主阅读一定量的经典诗文或故事。(4)鼓励儿童每天回家后和家长一起诵读,多读多背从而多用,寻找机会让儿童多接触优秀经典诗文,使优秀诗文背诵和阅读课外书籍活动成为课外生活的一件乐事。

3. 故事大王社团

为了丰富校园文化和儿童的精神世界,培养儿童对语文的兴趣,引导儿童扩展思维,培养儿童口语表达能力,提高语言表达水平,学校决定建立"故事大王社团"。社团针对一、二年级儿童展开,以教会儿童听故事讲故事为主。听故事讲故事,也是一种综合性的教育实践,也是以故事为形式的教学活动,故事内容不仅包含丰富的知识,而且有较为标准的语言形式,使儿童特别是低年级孩子极易接受。儿童通过欣赏各种图画、故事,展开想象和联想,获得初步的情感体验。

4. 新芽文学社团

我校以创建书香校园为目标,书香校园的创建,少不了创作活动的参与。新芽文学社的成立为书香校园的创建填补了创作活动的空白,它的辐射作用也会影响到每一名儿童对语文的学习与理解,提高阅读和写作水平,促进全校儿童文学素养和个性特色的发展。为此,新芽文学社聘请学校优秀语文教师担任培训导师,还聘请了有写作专长的家长担任文学社顾问。文学社还通过加强学习培训,提高社员的综合素质。如:如何进行采访报道、如何搜集整理素材,包括指导儿童学会一些常用的应用文及诗歌等一些文体的写作。争取在学校支持下,通过文学社顾问及其他热心教育人士的帮助,落实好文学社专题讲座、习作研讨、投稿发表作品等各项活动,使其按计划有序进行。

基于以上社团的开展,我校语文组出台了相应的社团章程、儿童社团管理制度等,努力使社团工作有章可循,逐步摸索出贴近学生实际需求,符合学生社团发展规律的方法。

(二)"和美社团"的评价要求

为保证社团出成绩、上水平,真正成为学校每一个人共同的社团,特制定相应的活动评价标准,主要从安全管理、特色创新、教育实践、活动效果等维度进行评价。具体评价标准如表1-10所示。

表1-10 "和美社团"活动评价量表

评价项目	评 价 标 准	分值	得分
安全管理	1. 活动有方案。	5	
	2. 应急有预案。	5	
	3. 每次社团活动前进行考勤。	10	

评价项目	评 价 标 准	分值	得分
特色创新	1. 展现本校课程的独特和精辟之处。	15	
	2. 能够培养学生一方面的特长,有出色和过人之处。	15	
教育实践	1. 培养儿童发现问题、分析问题和解决问题的能力。	10	
	2. 能够运用自如、随时有可观成绩和有效的成果展示。	10	
活动效果	1. 通过开展各种社团活动和学生的成果展示来达到学以致用的效果。	10	
	2. 以学生的社团课程的接受能力、掌握水平、成果展示为落实的核心。	10	
	3. 促进学生结合教学知识,与社会生活相融合,与其他学科相交叉。	10	
总体评价			

综上所述,一个语文组如果想成为教师专业成长的肥沃土壤和精神家园,必须确立大家所认可的教学理想和教学追求,而"和美语文"就是我们共同的教学追求。在"和美语文"的指引下,我们把"为人和,为学真"理念贯彻到儿童的教育与教师的专业成长道路中,倡导"独立自主、各抒己见、讨论争鸣、团结协作、共同进步、各取所需"的教研风气,确立"独立思考,个性与共性同在,达成共识,把握着力点,立即行动"的价值追求策略。广州市黄埔区科学城小学"和美语文"课堂力求形成生动有趣、返璞归真、高效灵动、自主创新的教学特色。

第二章

和智数学：让思维
真正活跃起来

数学不仅是自然科学和技术科学的基础，更是思维的提升和智慧的升华。数学是有趣的，它关注数字的奇妙规律、图形的几何特色、统计的简便清晰，它还关注有目的、有设计、有步骤、有合作的实践活动。儿童可以在数字游戏中感受变与不变，在动手操作中体会图形的几何之趣，在表达中感受数学语言的简洁严谨，在合作讨论中体会逻辑思维的敏捷缜密。用数学之趣激活儿童思维，让儿童在趣智的数学海洋里收获数学智慧，是"和智数学"的价值追求。

广州市黄埔区科学城小学数学组共有教师 12 人。师资队伍优良,结构合理,拥有一批年轻有活力的青年教师,骨干教师 3 人。我们依据教育部《关于全面深化课程改革落实立德树人根本任务的意见》和《义务教育数学课程标准(2022 年版)》等文件精神,推进数学学科课程建设,取得了显著的成效。

第一节　用数学之趣激活儿童思维

一、学科性质

数学是历史悠久而又始终充满活力的人类知识领域,也是每个受教育的人一生中需要学习时间最长的学科之一。数学本身是一个历史的概念,它的内涵随着时代的变化而变化。同时数学的应用突破了传统的范围而向人类几乎所有的知识领域渗透,这说明现代数学理论有着比以往更为丰富多彩的、难以遇见的应用机遇。

《义务教育数学课程标准(2022年版)》指出,义务教育数学课程具有基础性、普及性和发展性。学生通过数学课程的学习,掌握适应现代生活及进一步学习必备的基础知识和基本技能、基本思想和基本活动经验;激发学习数学的兴趣,养成独立思考的习惯和合作交流的意愿;发展实践能力和创新精神,形成和发展核心素养,增强社会责任感,树立正确的世界观、人生观、价值观。[1]

二、学科课程理念

在《义务教育数学课程标准(2022年版)》的指导下,我校教师在不断的教学实践中,提出了"和智数学"的学科理念,"和智数学"的课堂旨在追求"和智与真趣相结合"的境界,使儿童在学习过程中提升数学学科素养,追求小学数学的真理,让儿童在和智中聪颖,在真趣中成长。

(一)"和智数学"通过丰富的数学活动,激发儿童的学习兴趣

《义务教育数学课程标准(2022年版)》指出:"学生的学习应是一个主动的过程,认真听讲、独立思考、动手实践、自主探索、合作交流等是学习数学的重要方式。

1　中华人民共和国教育部.义务教育数学课程标准(2022年版)[S].北京:北京师范大学出版社,2022:1.

教学活动应注重启发式,激发学生学习兴趣,引发学生积极思考"。[1] "和智数学"通过设置"和智数学课堂""和智数学节""和智赛事"等丰富的数学活动,激发儿童数学学习兴趣,在探索真理中感受数学文化。丰富的数学实践类活动能培养儿童的动手操作能力,加深对新知识的认识,也能激发儿童对已学知识和技能的迁移作用意识。数学是具有广泛的应用性的,丰富的数学活动可以更大程度地让儿童感受到"我学习的数学知识是有用的""我会用这些知识"。

(二)"和智数学"在不断的探索中,培养儿童的数学思维

数学作为一门研究数量关系与空间形式的科学,要求儿童要有能够用数学的观点去提出问题、思考问题和解决问题的能力,包括观察理解、分析判断、归纳总结、抽象概括、联想创造等能力。并且,这些能力对培养儿童高效学习、自主学习、高效学习习惯都起到非常重要的作用。

(三)"和智数学"培养数学语言转化能力,提升数学核心素养

数学作为对于客观现象抽象概括而逐渐形成的科学语言与工具,不仅是自然科学和技术科学的基础,而且在人文科学与社会科学中发挥着越来越大的作用。这表明数学语言是数学世界信息交流的工具,恰当地使用数学语言是儿童核心素养的体现,培养儿童数学语言转化能力是教学的目标任务之一。数学语言以简洁、科学、通用著称,可分为文字语言、图形语言、符号语言,是数学思维的最佳载体。因此,在小学阶段的数学教学过程中培养儿童的数学语言表达与转移能力,有利于帮助儿童巩固数感、符号意识和图形观念,提高儿童抽象思维的水平,提升数学核心素养。

(四)"和智数学"实施多元多样化评价,促进全体儿童全面发展

数学学习评价是指有计划、有目的地收集儿童对数学知识的掌握、使用数学的能力和对数学的情感、态度、价值观等方面的证据,并根据这些证据对儿童的数学学习状况或某个课程或某个教学计划得出结论的过程。评价的主要目的是为了全面了解儿童数学学习的过程和结果,激励儿童学习和改进教师教学。评价时以课程目标和课程内容为依据,采用多样化的评价方式全面评价儿童在知识技能、数学思考、问题解决和

---

1 中华人民共和国教育部.义务教育数学课程标准(2022 年版)[S].北京:北京师范大学出版社,2022:3.

情感态度等方面的表现,帮助儿童认识自我,建立信心。

我校数学课程秉持"和智数学"的学科理念,面向全体儿童,适应儿童个性发展的需要。在课程实施过程中,以儿童为主体,采用自主、合作、探究的学习方式与启发、讨论、参与的组织方式,因材施教,以趣促智,顺学而导,因学而教,帮助儿童找到适合自己的学习方法,不断建构属于自己的知识体系,逐步提升自己的数学素养。

第二节　满足儿童的好奇心与求知欲

一、学科课程总体目标

通过义务教育阶段的数学学科课程"和智数学"的学习,儿童能获得"四基",增强能力,培养科学态度。根据《义务教育数学课程标准(2022年版)》的要求,数学学科总目标从以下三个方面具体阐述,学生能:

(一)获得适应未来生活和进一步发展所必需的数学基础知识、基本技能、基本思想、基本活动经验。

(二)体会数学知识之间、数学与其他学科之间、数学与生活之间的联系,在探索真实情境所蕴含的关系中,发现问题和提出问题,运用数学和其他学科的知识与方法分析问题和解决问题。

(三)对数学具有好奇心和求知欲,了解数学的价值,欣赏数学美,提高学习数学的兴趣,建立学好数学的信心,养成良好的学习习惯,形成质疑问难、自我反思和勇于探索的科学精神。[1]

以上三个方面的目标是一个密切联系的有机整体,对人的发展具有十分重要的作用,它们是在丰富多彩的数学活动中实现的。这些目标的整体实现,是儿童受到良好

---

1 中华人民共和国教育部.义务教育数学课程标准(2022年版)[S].北京:北京师范大学出版社,2022:11.

数学教育的标志,它对儿童的全面、持续、和谐发展有着重要的意义。其中,数学思考、解决问题、情感与态度的发展离不开知识与技能的学习。同时,知识与技能的学习必须以有利于其他目标的实现为前提。

二、学科课程年段目标

根据《义务教育数学课程标准(2022年版)》的要求,结合我校"和智数学"的特点、数学学科课程总体目标和一——六年级的学情,现以二年级为例,二年级数学课程目标见表2-1。

表2-1 "和智数学"二年级课程目标表

单元	上 学 期	下 学 期
第一单元	共同要求: 1. 儿童体会统一长度单位的必要性,知道长度单位的作用。 2. 在活动中,儿童认识长度单位厘米和米,初步建立1厘米、1米的长度观念,知道1米=100厘米。 3. 儿童初步学会用尺子量物体的长度(限整厘米数和整米数)。 4. 儿童初步认识线段,学会用尺子量线段的长度,会按给定长度画线段(限整厘米数)。 5. 在建立长度观念的基础上,儿童可尝试估测物体的长度,初步培养儿童估量物体长度的意识和能力。 校本要求: 1. 会对身边的事物进行准确的测量。 2. 通过估计、测量与分析,培养数感与动手操作能力。 3. 体会数学与实际的紧密联系,体会数学在生活中的应用。	共同要求: 1. 在贴近生活的情境中经历简单的数据收集和整理的过程,儿童学会用调查法来收集数据。学会在分类的基础上用写"正"字的方法记录数据,认识简单的统计表,会用给定的统计表呈现和整理数据。 2. 通过对数据进行简单的分析,儿童初步体会运用数据进行表达与交流的作用,感受数据中蕴含的信息。 3. 通过对周围现实生活中有关事例的调查,儿童初步体会调查所得的数据的作用,感受初步的数据分析观念。 校本要求: 1. 通过合作探讨和交流,会搜集信息并借助列表法进行简单的逻辑推理与应用。 2. 在交流探讨中进一步感受到数学的简洁美和问题解决策略的多样化。

单元	上　学　期	下　学　期
第二单元	共同要求： 1. 借助小棒、圆片等直观学具的操作，儿童能理解 100 以内的两位数加、减两位数的算理，能正确地计算 100 以内的两位数加、减两位数的习题。 2. 儿童掌握连加、连减和加减混合竖式的简便写法，能正确、灵活地计算连加、连减和加减混合习题（包括含有小括号的）。 3. 儿童能够运用所学的 100 以内的加、减法知识解决一些简单的实际问题。 4. 通过数学学习，儿童能感受到两位数加、减两位数与两位数加、减一位数和整十数有着密切的联系，体会数学的价值。 校本要求： 1. 会进行简单的计算与推理。 2. 通过对不同算式的探索，提高思维水平。	共同要求： 1. 儿童在具体情境中理解平均分及除法运算的含义，能进行平均分。会读、写除法算式，知道除法算式各部分的名称。 2. 儿童初步认识乘法、除法之间的关系，能够比较熟练地用 2—6 的乘法口诀求商。 3. 儿童会用画图、语言叙述等方式表征理解问题和分析问题的过程，能运用加法、减法、乘法和除法解决简单的实际问题。 4. 结合教学，儿童受到爱学习、爱劳动、爱护大自然的教育；同时培养儿童认真观察、独立思考等良好的学习习惯。 校本要求： 1. 通过实践活动，了解平均数在日常生活中的简单应用，初步获得一些数学活动的经验。 2. 养成从数学角度思考问题的习惯。同时初步学会与他人合作交往，获得积极的数学学习的情感。
第三单元	共同要求： 1. 结合生活情境及操作活动，儿童初步认识角，知道角的各部分的名称，初步学会用直尺、三角板、量角器画角。 2. 结合生活情境及操作活动，儿童初步认识直角、锐角和钝角，会用三角尺判断直角、锐角和钝角。 3. 儿童运用角的知识解决简单的问题，继续培养儿童解决问题的能力。 4. 培养儿童初步的观察能力，动手操作能力，尝试从数学的角度去观察周围的世界。 校本要求： 1. 通过做角、数角过程能发现图形里角的总个数。 2. 经历观察、操作、归纳等数学学习的过程，培养空间想象力。	共同要求： 1. 借助日常生活中的对称现象，通过观察、操作，儿童直观认识轴对称图形，能辨认轴对称图形。 2. 借助日常生活中的平移现象，通过观察、操作，儿童初步理解图形的平移，简单图形平移后的图形。 3. 借助日常生活中的旋转现象，通过观察、操作，儿童初步理解旋转。 4. 儿童能够用轴对称图形的知识解决简单的实际问题，继续培养儿童解决问题的能力。 5. 儿童感受到图形的运动在生活中的应用，体会到数学与现实生活的密切联系。 校本要求： 1. 培养动手实践能力，结合图形加深对图形的平移和旋转的认识。 2. 通过观察图形的形成过程，培养空间观念与抽象思维能力。

单元	上 学 期	下 学 期
第四单元	共同要求： 1. 儿童在具体情境中理解乘法运算的意义，知道乘法算式各部分的名称。 2. 儿童经历编制乘法口诀的过程，知道乘法的口诀是怎么得来的，熟记2—6的乘法口诀，会用口诀熟练口算有关乘法算式。 3. 儿童会用画图、语言叙述等方式表征理解问题和分析问题的过程，能运用加法、乘法解决简单的实际问题。 4. 儿童感受到用乘法表示同数连加的简洁性；感受我国语言文字（体现在乘法口诀中）的独特魅力，增强民族自豪感。同时，培养儿童认真观察、独立思考等良好的学习习惯。 校本要求： 1. 会看图列出乘法算式，能根据图形排列的特点用不同的乘法巧算图形个数，培养灵活解决问题的能力与空间想象能力。 2. 渗透数形结合的思想。	共同要求： 1. 儿童经历用7、8、9的乘法口诀求商的过程，理解用乘法口诀求商的算理，掌握用乘法口诀求商的一般方法。 2. 儿童能比较熟练地运用乘法口诀求商，并会用除法解决简单的实际问题。 3. 儿童在用乘法口诀求商的过程中，初步学会运用迁移的方法学习新知识，体验成功的乐趣。 校本要求： 1. 会看图列出除法算式，培养灵活解决问题的能力与空间想象能力。 2. 渗透数形结合的思想。
第五单元	共同要求： 1. 知道从不同位置观察物体时看到的图形可能不同，能辨认从不同位置观察简单物体，以及几何体时看到的图形。 2. 能解决简单的问题，发展儿童的空间观念和推理能力。 3. 儿童经历观察、操作、想象等活动，初步掌握全面、正确观察物体的基本方法。 4. 感受局部与整体的关系，初步形成全面看待事物的意识。	共同要求： 1. 儿童正确理解和掌握含有两级运算的混合运算的运算顺序，能正确脱式计算。 2. 在经历探索和交流解决实际问题的过程中，儿童能感受解决问题的一些策略和方法，并逐步学会列综合算式解决需要用两步计算才能解决的问题。 3. 通过解决问题的教学，培养儿童发现和提出问题、分析和解决问题的能力，同时培养儿童认真审题、独立思考、准确计算、规范书写等学习习惯。

单元	上 学 期	下 学 期
第五单元	校本要求： 1. 能找出图形之间的联系和规律，能根据这个联系进行推理。 2. 经历探索图形之间的联系的过程，培养观察与推理能力。	校本要求： 1. 能结合具体情境提出数学问题并解决。 2. 在活动中发展数感，理解解决实际问题的思路，以及解决的顺序。 3. 体会生活中数学的应用与价值，感受数学来源于生活，感受数学与人类生活的密切联系，激发学数学、用数学的兴趣。
第六单元	共同要求： 1. 经历编制 7—9 的乘法口诀的过程，体验 7—9 的乘法口诀的来源，理解每一句乘法口诀的意义，初步记熟7—9 的乘法口诀。 2. 能熟练地计算表内乘法，会用乘法解决简单的实际问题。 3. 通过编制乘法口诀的活动，初步学会运用类比推理的方法学习新知识。 4. 通过记忆乘法口诀的活动，初步形成评价与反思的意识，体验获得成功的乐趣。 校本要求： 1. 通过观察乘法表，能发现乘法表中的不同规律并能加以运用。 2. 在寻找规律的过程中，感受数学的巧妙、感受数学的无穷魅力。	共同要求： 1. 通过操作、观察对比等活动，儿童发现日常生活中在分物时存在着分不完有剩余的情况，借此理解余数及有余数的除法的含义，初步培养儿童全面思考问题的意识。 2. 通过操作、计算、比较等活动，儿童经历除法竖式（含表内除法的竖式）的书写过程，理解竖式中每个数所表示的意思，初步培养儿童的观察、分析能力，以及恰当地进行数学表达的能力。 3. 儿童初步掌握试商的基本方法，并能较熟练地进行有余数的除法的口算和笔算，培养儿童的运算能力。 4. 儿童初步学会用有余数的除法解决生活中的简单问题，初步感受数学与生活的联系，继续掌握解决问题的基本思路和基本方法。 校本要求： 1. 通过分一分活动，感受到平均分物体时，余数存在的客观性和余数的产生过程，理解余数的意义，概括出余数比除数小这个结论。 2. 在操作活动中，全面经历理解新知识的过程，掌握新知识的结论，强化知识表象。

单元	上 学 期	下 学 期
第七单元	共同要求： 1. 在具体的生活情境中,借助钟面认识时间单位"分",知道 1 小时 = 60 分钟。 2. 结合直观演示和操作,知道在钟面上分针走 1"小格"是 1 分钟,初步认识几时几分(5 分 5 分地数),会读写几时几分和几时半。 3. 会运用时间的有关知识解决一些简单的实际问题。 校本要求： 1. 通过观察钟表时针和分针的走动规律,得出 1 小时=60 分钟。 2. 通过动手拨一拨,观察时针和分针的位置,会认读钟表的时间。	共同要求： 1. 儿童经历数数的过程,体验数的产生和作用,能在现实情境中感受大数的意义。 2. 儿童能够正确地认、读、写万以内的数、理解各数位上的数字表示的意义,并知道这些数是由几个千、几个百、几个十和几个一组成的。掌握万以内数的顺序,会比较万以内数的大小,能用符号和词语描述万以内数的大小。 3. 儿童会用万以内的数表示日常生活中的事物,能进行简单的估计和交流。同时,会在算盘上表示出万以内的数。 4. 结合现实素材使儿童认识近似数,能结合具体情境体会使用近似数的意义,进一步形成数感。 5. 儿童能进行整百、整千数加、减法的口算,会在实际情境中选择恰当的方法进行简单的估算,体会估算在生活中的作用,积累解决问题的基本经验。 6. 儿童在认数的过程中,建立新旧知识之间的联系,进一步感受十进位制思想,感受数学的简洁。同时,儿童体验自主探究获得成功的喜悦,进一步激发儿童学习数学的兴趣。 校本要求： 1. 借助计数器,利用知识迁移,从一般到特殊,探究并归纳出万以内数的读、写法。 2. 在讨论交流中,重视培养归纳推理能力,进一步培养数感。
第八单元	共同要求： 1. 通过操作、观察、猜测等活动,儿童了解发现最简单事物的排列数和组合数的基本思路、基本方法,初步培养	共同要求： 1. 通过掂一掂、估一估、称一称等活动,儿童认识质量单位克和千克,知道 1 千克=1 000 克,会进行简单的单位换算。

单元	上 学 期	下 学 期
第八单元	儿童有序、全面地思考问题的意识,初步体会排列与组合的概念。 2. 在发现最简单事物的排列数和组合数的过程中,培养儿童初步的观察、分析、推理能力,以及恰当地进行数学表达的能力。 3. 儿童初步感受排列与组合的思想方法在日常生活中的应用,初步感受数学与生活的联系。 校本要求: 1. 通过生活中的排队和握手实践活动,区分排列和组合。 2. 培养分析问题的能力,并根据问题选择合适的方法解决。	2. 儿童初步了解天平和常用的用"千克"作单位的秤,知道用秤称物体的方法,能够进行简单的计算。 3. 在初步建立 1 克和 1 千克的观念的基础上,会以此为标准估量物体的质量,并能解决些简单的实际问题;同时体会学习质量单位的必要性,进一步培养儿童的数感。 校本要求: 1. 通过充分的掂量、感知,以及由此所产生的一些事例,初步建立较轻质量观念。 2. 通过趣味性的掂量、猜测活动,估一估质量相同但体积不同的物体的质量,充分地体验、感悟形成 1 千克的质量观念。
第九单元		共同要求: 1. 通过观察、猜测等活动,儿童借助生活中简单的事件初步理解逻辑推理的含义,并能按一定方式整理信息,进行推理;经历简单推理的过程,初步获得一些简单推理的经验。 2. 通过游戏,儿童用推理解决一些简单的数学问题,儿童感受推理的作用,初步培养儿童有序、全面地思考问题的意识。 3. 通过观察、猜测、解决问题等活动,培养儿童初步的观察、分析、推理和解决问题的能力,以及有条理地阐述自己推理过程的数学表达能力。 校本要求: 1. 能根据不同标准从数列中找出不同的数、能根据数排列的规律写出下一个数、能创造有规律的数列。 2. 通过寻找创造规律,培养学生观察能力、思维能力与创造能力。

第三节 给予儿童丰富的数学智慧

　　义务教育阶段的数学课程是培养儿童素质的基础课程。我校"和智数学"课程框架依托基础课程的学科特点，在此基础上拓展开发儿童的个性化延伸课程，主要满足儿童的个性化数学发展需求，让儿童经历动手实践、数学思考、自主探索与合作交流的学习过程，培养儿童的应用意识和创新意识。

一、学科课程结构

　　《义务教育数学课程标准（2022年版）》关于数学课程包含"数与代数""图形与几何""统计与概率""综合与实践"。因此，我校的"和智数学"课程分为"和数智取""和图智新""和析智解""和践智趣"四大类别。（见图2-1）

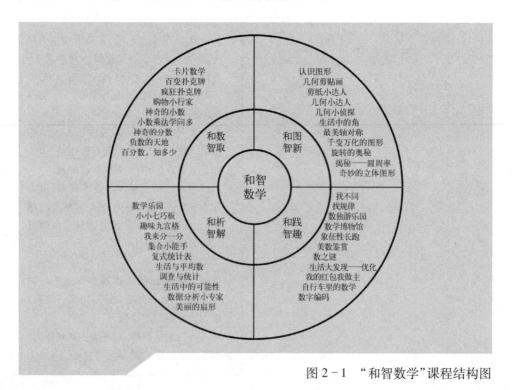

图2-1 "和智数学"课程结构图

图 2-1 中,各板块课程具体描述如下:

(一) 和数智取

内容为数的运算或与运算相关联的趣味游戏。开设的课程有"卡片数学""百变扑克牌""疯狂扑克牌""购物小行家""神奇的小数""小数乘法学问多""神奇的分数""负数的天地""百分数,知多少"等。"数与代数"是小学数学基础课程的重要领域,开设与"数与代数"相关联的个性化延伸课程,旨在建立儿童的数感,加强儿童的运算能力,激发儿童学习数学的兴趣与潜能。有助于巩固儿童的运算算理与方法,寻求合理简洁的运算途径解决问题。

(二) 和图智新

内容为拼搭图形、创造图形,以及设计创造空间模型。开设的课程有"认识图形""几何剪贴画""剪纸小达人""几何小达人""几何小侦探""生活中的角""最美轴对称""千变万化的图形""旋转的奥秘""揭秘——圆周率""奇妙的立体图形"等。"图形与几何"是小学数学基础课程的重要领域,开设与"图形与几何"相关联的个性化延伸课程,注重让儿童经历拼搭图形的过程,体会图形之间的联系与变化,发展儿童的空间思维;在活动中增强动手操作的能力,发展初步的创新意识,感受图形之美。

(三) 和析智解

内容为数据的收集、整理、观察、分析、比较的过程,感受简单的随机事件或其结果发生的可能性以及事件的统计结果。开设的课程有"数学乐园""小小七巧板""趣味九宫格""我来分一分""集合小能手""复式统计表""生活与平均数""调查与统计""生活中的可能性""数据分析小专家""美丽的扇形"等。"统计与概率"是小学数学基础课程的重要领域,开设与"统计与概率"相关联的个性化延伸课程,注重发展儿童的数据分析观念,经历在实际问题中收集和处理数据、利用数据分析问题、获取信息的过程,掌握数据收集、整理和分析的方法,能对数据进行归类,体验数据中蕴涵的信息。

(四) 和践智趣

内容为创设生活情境,解决生活中真实存在的问题。开设的课程有"找不同""找规律""数独游乐园""数学博物馆""象征性长跑""数之谜""数字编码""美数鉴赏""生活大发现——优化"和"我的红包我做主""自行车里的数学"等。"综合与实践"是小学数学基础课程的重要领域,开设与"综合与实践"相关联的个性化延伸课程,在于培养儿童运用有关的知识与方法解决实际生活中的问题,让儿童感受生活中处处有数学。

二、学科课程设置

依据《义务教育数学课程标准(2022 年版)》,一——六年级数学拓展课程设置如下。(见表 2－2)

表 2－2　拓展课程表

	数与代数	图形与几何	统计与概率	综合与实践
一年级上学期	卡片数学(上)	认识图形(1)	数学乐园	找不同
一年级下学期	卡片数学(下)	认识图形(2)	小小七巧板	找规律
二年级上学期	百变扑克牌(上)	几何剪贴画	趣味九宫格	数独游乐园
二年级下学期	百变扑克牌(下)	剪纸小达人	我来分一分	数学博物馆
三年级上学期	疯狂扑克牌(上)	几何小达人	集合小能手	数字编码
三年级下学期	疯狂扑克牌(下)	几何小侦探	复式统计表	数学博物馆
四年级上学期	购物小行家	生活中的角	调查与统计	美数鉴赏
四年级下学期	神奇的小数	最美轴对称	生活与平均数	象征性长跑
五年级上学期	小数乘法学问多	千变万化的图形	生活中的可能性	数之谜
五年级下学期	神奇的分数	旋转的奥妙	数据分析小专家(上)	生活大发现——优化
六年级上学期	负数的天地	揭秘——圆周率	美丽的扇形	我的红包我做主
六年级下学期	百分数,知多少	奇妙的立体图形	数学分析小专家(下)	自行车里的数学

第四节　带领儿童进入趣智的数学海洋

教学活动是师生积极参与、交往互动、共同发展的过程。结合学科性质、课程目标方面的要求,我校从构建"和智课堂"、建设"和智课程"、创设"和智数学节"、开展"和智赛事"、推行"和智学习"几个方面实施课程。

一、构建"和智课堂",促进教学相长

"和智课堂"是我校遵循教育规律和儿童成长规律,注重科学精神和人文精神的融合,努力把科小学子培养成全面发展的现代少年的课堂。"和智课堂"力图体现"智慧、合作、快乐、成长"的阳光课堂文化核心,坚守"智从趣生,趣由智始、智趣共生"的学科理念,兼顾"趣味性、科学性、过程性、发展性、创新性",让儿童在智慧中聪颖,在趣味中成长。

(一)"和智课堂"的建设要义与操作

教学活动是师生积极参与、交往互动、共同发展的过程。"和智课堂"的数学教学应根据具体的教学内容,注意使儿童在获得间接经验的同时也能够有机会获得直接经验,即从儿童实际出发,创设有助于儿童自主学习的问题情境,引导儿童通过实践、思考、探索、交流等,获得数学的基础知识、基本技能、基本思想、基本活动经验,促使儿童主动地、富有个性地学习,不断增强发现问题、提出问题、分析问题和解决问题的能力。

在"和智课堂"教学活动中,教师要把基本理念转化为自己的教学行为,处理好教师讲授与儿童自主学习的关系,注重启发儿童积极思考;发扬教学民主,当好儿童数学活动的组织者、引导者、合作者;激发儿童的学习潜能,鼓励儿童大胆创新与实践;创造性地使用教材,积极开发、利用各种教学资源,为儿童提供丰富多彩的学习素材;关注儿童的个体差异,有效地实施有差异的教学,使每个儿童都得到充分的发展;合理地运用现代信息技术,有效地使用计算机和有关软件,提高教学的效率。

1. 创设情境,激发兴趣

情境教学是教学内容的生动化、形象化,在教学实践中,教师可运用多媒体教学,巧妙地创设可行有效的情境,使儿童的思维在好奇心的牵引下发展和上升。如可充分发挥图像、声音、数据、动画和视频等效果,可把课上活,激发儿童的学习兴趣,优化数学教学过程,为儿童创设符合心理特征的教学情境,加深对所学内容的理解,拓展学习的空间,培养儿童的观察能力和思维能力,让儿童在数学活动中,学会思考、学会科学发现的方法,不断开发儿童创造潜能,从而提高课堂教学的效率。

2. 合作交流,做课堂的主人

合作交流是课堂教学中的重要环节之一,最能体现儿童在学习活动中的主体地位,调动儿童的主动性,所以教师应该因势利导,让儿童积极主动地参与到整个教学过程中。儿童根据教师创设的情境,结合新知与同伴交流互动,在交互的对话中,互相质疑,共享集体思维成果,体验交流之趣,达到对所学内容比较全面、正确的理解,完成对所学知识的建构。

3. 分享研讨,发现智慧

在合作交流之后,儿童将交流的经验成果在全班进行展示分享,质疑补充、生生互动,体验到智慧共享之乐。在分享的过程中,对儿童所反映的情感、态度、策略等方面进行及时的评价,鼓励儿童自我纠正、自我提高。

4. 拓展延伸,教学相长

这是对师生学习成效的延展,也是对教学目标的监测与评价,更是将学习内容的扩展与应用,它真正体现了师生的教学相长,共同成长。以儿童的生成作为"蓝本",在独立建构的基础上,思维相互碰撞,逐步对知识进行完善。通过交流展示,在师生的思辨中逐渐明晰、建构知识网络。

(二)"和智课堂"的评价要求

"和智课堂"注重提高儿童的学习兴趣,重视儿童的主动参与、可持续发展和创新能力的培养,通过资源整合、有效互动来激活课堂,让儿童真正地融入课堂,自主学习,不断创新,成为学习的主人。"和智课堂"在学校课程目标的前提下设计教学活动评价表。(见表2-3)

表 2-3　"和智课堂"教学活动评价表

教师：	学科：		课题：		单位：	
评价项目	评 价 要 素				得 分	
教学目标 （16分）	知识技能的设定符合课程标准,凸现学科特点。（4）					
	过程与方法的预设切合儿童实际,利于教学活动开展。（4）					
	情感目标符合课标要求,切合儿童实际。（4）					
	面向全体儿童,课堂气氛民主和谐,课堂交流充分。（4）					
教学内容 （12分）	关注学科知识基础性的同时,挖掘学科知识的趣味性。（4）					
	教学内容符合儿童发展水平,紧密联系生活实际和儿童经验。（4）					
	把握教材编写意图,突出重点、突破难点。（4）					
教学过程 （20分）	课堂容量适中,教学活动紧扣目标开展。（4）					
	使用教材和教学设计具有灵活性、多样性、开放性。（4）					
	善于设疑导思,激发儿童积极的求知欲和探究欲,指导学习方法。（4）					
	充分保证儿童思考、自主探究、合作交流和练习的时间。（4）					
	课堂反馈及时,激励评价恰当。（4）					
儿童学习效果 （20分）	对学习感兴趣,参与教学活动积极主动。（4）					
	在探究学习的过程中能自主收集信息、分析信息,发现、提出问题,形成自己的见解并有效表达。（4）					
	在学习中,能对老师和同学提出的观点大胆质疑,提出不同意见。（4）					
	学习过程中能运用所掌握的学习方法解决问题。（4）					
	小组合作、交流积极有效。（4）					

评价项目	评 价 要 素	得分
课堂教学效果（20分）	教学目标达成度高，儿童掌握了必要的基础知识与技能。（5）	
	师生互动、生生互动，儿童与教材进行有效"对话"，效果显著。（5）	
	儿童在各自的基础上都获得了知识的进一步提升。（5）	
	儿童在不同程度上获得喜悦、成功的积极情感体验。（5）	
教师素养（12分）	课件美观实用，操作使用熟练。（3）	
	教态自然亲切，举止大方端庄，有感染力。（3）	
	语言规范准确、简洁流利，表达通俗生动。（3）	
	板书字迹工整，布局合理，重点突出。（3）	
总得分		
主要优点与不足		

"和智课堂"的评价细则如下。（见表 2-4）

表 2-4　"和智课堂"评价表

课题		执教人		评课人		班级	
维度	得分	A		B	C	D	
		85—100		75—84	60—74	少量达到或未达到	
趣味性30分		1. 创设课堂情境。立足儿童已有的经验基础和学习内容，挖掘各种教学资源，创设生动有趣的教学情境，使抽象的数学知识具体化，激发儿童的学习兴趣和内在动机。 2. 设计趣味性练习。通过竞赛、游戏等新奇有趣的练习方式，可以增强儿童练习的浓厚兴趣，提高儿童学习积极性和能动性，寓教于乐。 3. 运用激励性的教学语言。在教学过程中，注重运用激励性评价，善于发现儿童的闪光点并给予激励，帮助儿童获得成功，激发儿童的学习主动性。					

主体性原则 20分	1. 活动自主。儿童自主"发现问题，提出问题，分析问题，探究问题"，儿童自己动脑、动口、动手去探究和领悟。 2. 赏识激励。关注学习过程，课堂评价及时、准确、丰富，以激励、欣赏为主。 3. 启发诱导。以"启发"为核心，"诱导"为辅助，让儿童主动参与教学活动，开启儿童的创造性思维和主观能动性，使儿童做到触类旁通。
参与度 20分	1. 积极参与。在学习过程中儿童积极、投入，课堂气氛活跃。 2. 乐思善述。儿童的思维有广度和深度，勇于表达自己的见解，乐于听取别人的意见，敢于质疑别人的观点。 3. 互帮互学。能有效进行小组合作学习、交流。
发展性 20分	1. 知行合一。注重知识与能力的综合、过程与技能的转化、体验与品质的过渡。 2. 目标达成。体现"教—学—评"的一致性。学习目标达成度高。 3. 智趣共生。体现"智从趣生，趣由智始、智趣共生"的学科理念。
创新性 10分	恰当运用电子白板等多媒体和先进理念，教师创教、儿童创学，课堂中有创新点。

二、建设"和智课程"，让数学素养逐步提升

儿童的核心素养是整个学校课程的灵魂，统领学校课程规划和建设的各个要素，开展一场学科核心素养的改革势在必行。数学学科核心素养，是指核心素养数学学科的具体化，它强调的不是知识和技能，而是获取知识的能力，这有助于实现从学科中心转向对人的全面发展的关注，为育人模式、评价方式的转型奠定了基础，指明了方向，可以说，这将是素质教育发展历程中的一个重要节点，意义深远。因此，提升数学素养，有系统地构建我校的精彩课堂、精彩教研、精彩评价以及精彩课程，是我校建设"和智课程"的方向。

（一）"和智课程"建设要义与操作

以国家统编教材为原点，在基础课程之上，依据我校师生的实际情况和学习需求，"和智课程"按照"1+X"形式组建数学学科课程群，创造性地开发了数与代数、几何图形、数据分析课程三大类的拓展课程。这不仅激发儿童的兴趣爱好和学习潜能，促进

儿童对基础课程的学习效能提升,而且丰富了我校数学课程体系,也为数学课程实施活动的顺利开展提供了重要的依据。

1. 数学文化素养

数学文化是文化的重要组成部分,是一种先进文化,反映数学本身以及数学与其他文化之间的联系。数学文化在基础教育中占重要地位,有助于激发数学学习兴趣,启发数学精神及思想。普及推广数学文化,可以开阔儿童的视野,促进儿童更好地理解数学本质,促进儿童的整体认知结构的形成与发展。在课程实施过程中,设置与数学文化素养有关的环节,如课前 3 分钟儿童讲述数学家故事,充分利用数学家的榜样作用,学习数学家们的数学精神、思想方法;也可以开展数学节活动,观看数学文化影片、数学文化演出;还可以通过数学文化长廊展示:数学史、数学家的故事、数学古题、数学海报等,在操作实践、思考交流中,初步感知数学知识、数学内容、思想方法和语言。数学文化的普及推广,有利于儿童数学素养的提高。

2. 数学知识素养

数学知识对发展儿童的数学能力具有重要作用,是掌握基本技能,积累基本数学思想方法,培养创新实践能力,形成儿童数学素养的阶梯或载体。教授数学知识可以通过以下几方面:利用校园、班级文化资源,如开展"游园活动",带领儿童参观校园,从校园环境中发现一些数学问题,启发儿童的思考,以直观具体形象初步感知数学抽象知识,同时进行热爱国旗、热爱校园、爱护花草树木等思想品德教育。生活游戏、活动带入课堂,可以把课本的知识转化成"玩"的活动,也可以将日常生活或科普读物中的游戏和儿童一起玩,符合小学的教学理念"在学中玩,玩中学"。

3. 拓展联系其他学科

数学是一门基础学科,与其他学科有密切的联系。从其他学科中挖掘可以利用的资源,提升儿童的素质,拓展学科视野。如在教"轴对称图形"时,可以让儿童从汉字、字母、交通标志中找轴对称图形。又如在教"百分数的认识"时,可以根据以下三个成语"十拿九稳,百发百中,百里挑一"说出百分数,拓展学科间的联系,有利于发展儿童思维活跃度。教师要引导儿童积极思考,拓展数学与其他学科的联系,感受到学科间的融合,最终实现数学教育与科学、人文教育的优化整合。

(二)"和智课程"的评价要求

"和智课程"直指数学核心素养,以儿童现有水平为基础,创造"最近发展区",符合儿童发展需要。通过有效持续的评价，儿童能在知识、品质、能力、个性等方面得到比较和谐、全面、可持续的发展，使儿童的发展有更广阔的空间。

"和智课程"的评价主要注重儿童学习水平的评价，包括教师评价和儿童自评互评两大部分。评价每学期期末进行一次，评价表儿童每人一份，评价完后交由教导处保存。"和智课程"将在学校课程目标的前提下设计评价表。（见表2－5）

表2－5 "和智课程"评价表

_____学年_____学期_____年级　　　　　儿童姓名：_____

评价内容	评价等级											
	自评				互评				教师评			
	A	B	C	D	A	B	C	D	A	B	C	D
学习兴趣与态度												
学习方法与思维习惯的养成												
课堂参与活跃度												
在活动中所获得的体验												
创新精神和实践能力发展情况												
学习收获或成果												
教师综合评价等级												

说明：1. 评价等级中自评、互评、教师评，分别在相应等级栏内打"√"。2. 总评等级分别为A、B、C、D，由教师填写。3. 一年级儿童由于水平有限，可由教师评价。

三、创设"和智数学节"，让数学学习趣味化

华罗庚说过："就数学本身而言，是壮丽多彩、千姿百态、引人入胜的。"数学与我

们的生活息息相关,购物、买卖、比较等日常活动中随时都能用到数学,它并不是高高在上的学科。

(一)"和智数学节"的建设要义与操作

我们要让儿童体会到数学的简单美、实用美、有趣美,了解数学的价值,激发学习数学的兴趣,增强学好数学的信心,养成良好的数学学习习惯。因此,"和智数学节"针对儿童每个阶段的学习任务和特点开设不同类型的趣味数学活动。通过渗透数学文化、设计数学游戏、创造数学图形、收集数学故事、创编数学歌谣等数学活动解放儿童的大脑和双手,培养他们的创造性,提高收集整理的水平,激发师生研习数学的兴趣,以此展示数学学习风采。

(二)"和智数学节"的活动设计

"动手实践,自主探索,合作交流"是儿童学习数学的重要方式。儿童的学习数学活动应当是一个生动活泼的、主动的和富有个性的过程——这是新课标指出的学习数学需要着重注意的几个问题。"和智数学节"依据教材内容,结合年级儿童的认知程度,以年级为单位开展各项趣味活动。

我们先拟出数学节的构成部分、实施计划、评价方法等,采用以年级为小单位、家校合作的方式进行。"和智数学节"的活动设计主要内容如表2-6所示。

表2-6 "和智数学节"主要内容表

数学文化	设计数学节口号、节徽	通过"数学节口号、节徽"征集活动,集儿童的奇思妙想,渲染数学文化。
	课前三分钟	利用课前三分钟老师或儿童讲一些数学史、数学家的故事,以及一些数学趣闻,创设数学歌谣等活动,体会数学内容隐含的文化价值。
	数学手抄报	儿童创作数学手抄报,每班评比出优秀作品,张贴在教室外墙上,供大家学习欣赏。
数学游戏	一年级:我拼我快乐、看我七十二变	"我拼我快乐"是根据一年级课程设置的七巧板拼画比赛;"看我七十二变"的魔尺游戏,学生看着魔尺在手下千变万化,自豪感和自信感油然而生。

数学游戏	二年级：数字谜题（四宫数独、六宫数独）	数独,每个数字只能出现一次的数字谜题,全面考察儿童的观察能力和推理能力,虽然盘面只有9个数字,但是数字排列的方式变幻莫测。
	三年级：数字谜题（九宫数独）	三年级的数独游戏是九宫数独,是四宫数独、六宫数独的进阶。看着他们在九宫格盘面上尽情指点江山,少年之气率性潇洒。
	四年级：24点PK游戏	24点游戏集口算和笔算为一体,主要考察儿童对速算定律的熟练程度和运用程度。
	五年级：小魔方,大世界	魔方游戏,不仅仅考察动手能力,更是考察空间思维能力和动脑能力。通过老师的指导,发挥每个儿童的个性特点,增强他们的兴趣,真正融入魔方世界里。
	六年级：数字华容道	数字华容道,就是在一个n阶数字阵里,只有一个空格,位置打乱,让重新按顺序排好。这个游戏充满竞技性和趣味性,在玩的过程中,儿童会慢慢发现游戏规律。

（三）"和智数学节"的评价要求

"和智数学节"评价是保证活动课程正常进行的必要手段,活动课程要规范化、科学化,真正促进儿童的发展,就必须构建合理的评价体系,让孩子感受到数学好玩,儿童玩好数学。评价本着发展性、适宜性、个性化的原则,采用作品展示、主题汇报等方法及时进行。（见表2-7）

表2-7　"和智数学节"活动评价表

活动类型			量化评价			得分
	评　价　标　准		A	B	C	
活动设计	活动基本理念	以提高儿童数学核心素养为目标。				
		重视儿童学习习惯和学习策略的培养。				
		尊重和关爱儿童,面向全体儿童。				

		评 价 标 准	A	B	C	
活动设计	活动设计	在活动过程中发展儿童的思维创造能力。				
		强调教师的指导、师生交流和信息反馈。				
		重视培养儿童积极向上的情感态度和价值观,注重培养创新精神。				
		恰当运用信息化手段和资源。				
	活动目标达成	儿童参与度高,预设教学目标能有效达成。				

四、开展"和智赛事",以赛促学

儿童要获得适应社会生活和进一步发展所必需的数学的基础知识、基本技能、基本思想、基本活动经验。开展"和智赛事",旨在提高儿童分析问题和解决问题的水平,增强归纳推理的逻辑思维能力和探索实践的创新能力。一方面进一步拓展儿童的数学知识面,使儿童在竞赛中体会到学习数学的成功喜悦,激发儿童学习数学的兴趣;另一方面,通过竞赛了解小学数学教学中存在的问题和薄弱环节,为今后的数学教学收集一些有价值的参考依据。

(一)"和智赛事"的定义与实施

"和智赛事"是青少年的一种智力竞赛。通过开展的各种数学竞赛,培养儿童对数学的兴趣,激励儿童为实现中华民族伟大复兴学好数学的积极性。对学有余力的儿童,充分发展他们的数学才能,着重培养儿童的运算能力、逻辑思维能力和空间想象能力,使儿童逐步学会分析、综合、归纳、演绎、概括、抽象、类比等重要的思想方法。同时,通过"和智赛事"培养儿童的独立思考和自学的能力。具体做法如下。

(1)确定主题——竞赛项目。数学竞赛活动由低年级到高年级从浅入深,儿童自主或在老师指导下选择一个适合该年龄段孩子的,能做且"值得"做的研究问题或竞赛项目,制作竞赛计划、竞赛流程、评价方式以及奖励制度,等等。

（2）活动施行——真实记录。本环节由儿童完成,做好要做的事情,可以选择独立完成,也可以与别的同学组成小组,以小组的形式参加竞赛,这是竞赛的实施过程,类似于完成一个比赛项目。

（3）竞赛总结——收获、反思。在数学竞赛中,儿童和老师均要反思自己的比赛历程,梳理自己的比赛收获,结合比赛项目提出合理化建议或畅想。

（二）"和智赛事"的评价要求

"和智赛事"在丰富校园文化、培养儿童兴趣、发挥儿童特长、拓展儿童素质等方面发挥着越来越重要的作用,我校将"和智赛事"建设作为培养儿童综合素质的重要途径,坚持评价方式多样化、评价标准人性化、评价主体多元化,采取形成性评价和终结性评价相结合的评价方式。（见表2-8）

表2-8 "和智赛事"评价表

姓名			活动时间				
主要内容					量化评价		得分
		评 价 标 准			A	B	C	
比赛活动开展前准备	赛事基本理念	以提高儿童数学学习兴趣,增强儿童学习自信心为目标。						
		重视儿童学习习惯和学习策略的培养。						
		尊重和关爱儿童,尊重儿童的个性发展。						
	赛事活动设计	贴近学情,符合课标,创造性使用教材,合理开发教学资源。						
		有效的教学活动设计,强调全体师生参与。						
		重视培养儿童小组合作,团队协作的观念,感受团队的力量。						

		评　价　标　准	A	B	C	
比赛活动开展前准备	赛事目标达成	儿童大方自信,挑战趣味疑难。				
	教师基本技能	教姿教态亲切自然,课堂活动开展有序。				
		有效调控课堂,注重师生沟通交流。				
		课堂活动设计贴合主题,具有趣味性和创新性。				

五、推行"和智学习",强化数学学习习惯

培根说过:"习惯是一种强大的力量,它可以主宰人的一生。"好的习惯将会让人终身受益。在小学数学教学中我们要重视儿童良好学习习惯的养成,这样才能更加利于儿童知识的掌握、能力的培养,才能引导儿童展开富有成效的学习,为儿童今后的学习与成才打下坚实的基础。

(一)"和智学习"的建设要义与操作

培养儿童良好的学习习惯是一项重要任务。要让儿童养成认真勤奋、独立思考、合作交流、反思质疑等学习习惯,形成坚持真理、修正错误、严谨求实的科学态度。儿童的学习习惯直接决定了学习的效果。

1. 数学常规学习习惯

从低年级起培养儿童常规学习习惯,课前预习:教师根据儿童的能力及教材特点恰当地提出要求,指导儿童认真预习。在指导儿童预习时要注意由浅入深、循序渐进。先给儿童提供知觉的范例或基本模式,再循序渐进。课堂认真听讲:课堂教学中教师要组织好教学,重视儿童观察力的培养,培养儿童专心听讲、独立思考的习惯,教学中教师要善于创设儿童思考的情境和氛围,激发起儿童思考的兴趣,锻炼儿童思维能力。课后复习:课后及时复习能加深和巩固对新学知识的理解和记忆,系统地掌握新知识,并且达到灵活应用的目的。引导儿童按时完成作业,每课知识及时回顾,每单元进行知识梳理,每章节进行知识归纳总结,形成知识网络,达到对知识和方法的整体把握。

2. 质疑问难，敢于提问

学起于思，思起于疑。教师努力创设一个和谐宽松的环境，使儿童敢于向老师提问，哪怕提出的问题不尽合理，甚至是异想天开的，教师也不要加以指责，而是要鼓励他们多思、多问，保护他们好问的积极性和热情。儿童提出的问题，通过大家讨论得到解决，会极大促进儿童获取数学知识的主动性和自觉性，从而培养他们独立学习的能力。

3. 学会阅读，才能学好数学

在数学教学中让儿童读书，要边读边思考，逐步学会学习。在指导阅读的开始阶段，儿童不知道从何入手，这就需要教师的引导。由儿童阅读书中的内容，根据自己的理解作出回答。这些回答无论对错，还是比较恰当的都是儿童认真思考的结果，老师应予以鼓励。阅读训练进行一个阶段后，就要求儿童边读边记下重点或不理解的地方，边读边思考规律或方法是怎样形成的、为什么要这样解题，等等。这样，儿童根据自己的能力需要去看、听、想、说，新知识在不知不觉中被掌握，课堂教学轻松、开放，儿童的参与积极主动，同时又学会了读书。

（二）"和智学习"的评价要求

习惯的培养则更是一个长期的过程，小学生自学能力较差，因此，教师应先帮助他们养成良好的学习习惯。"和智学习"是在长时间内逐渐形成且不易改变的。作为教师应不厌其烦、耐心地培养他们的学习习惯。（见表2-9）

表2-9 "和智学习"评价表

评价项目	评价内容及标准	优秀	良好	合格
常规学习习惯（儿童评价）	课前预习。			
	课堂专心听讲。			
	课后复习巩固知识。			
学习策略习惯（教师评价）	善于观察的能力。			
	认真审题。			
	质疑问难，勇于提问。			
	善于反思检查。			

评价项目	评价内容及标准	优秀	良好	合格
课外表现(家长评价)	按时完成作业(作业质量)。			
	数学阅读习惯。			

　　总之,综上所述,"和智数学"课程实施,通过生活化的内容加深儿童对数学知识的理解,提升儿童解决实际问题的综合水平,从而提升儿童的数学核心素养。

第三章

4I 英语：让儿童大胆自信地说英语

语言是交流的工具，英语作为全球使用最广泛的语言之一，是世界上最重要的交流工具。学习英语不仅可以更好地了解世界，学习先进的科学文化知识，还能拓展国际视野，传播中国文化。"4I 英语"提倡让儿童对英语产生持久的兴趣（Interest），在英语学习和实践活动的参与（Involve）中习得语言，使儿童逐步形成独立思考（Independent thinking）和综合语言运用能力，促进创新（Innovation）思维品质发展，让儿童大胆自信说英语用英语，为儿童的终身发展奠定基础。

广州市黄埔区科学城小学英语组,现有英语教师12人,其中小学高级教师1人,一级教师4人,二级教师3人。教研组有广州市百千万名师培养对象1人,广州市小学英语骨干教师2人,黄埔区十佳教师2人,黄埔区优秀教师5人。科学城小学英语教研组依据《义务教育英语课程标准(2022年版)》,推进我校英语学科课程建设,取得了显著的效果。

第一节　让儿童产生英语学习的兴趣

一、学科价值观

英语是当今世界经济、政治、科技、文化等活动中广泛使用的语言,已成为国际交往和文化科技交流的重要工具,成为中国了解世界和世界了解中国的桥梁。青少年肩负着未来发展的重任,学习英语可以更好地帮助他们了解世界,学习先进的科学文化知识,促进思维发展,丰富认知方式,传播中国文化,增进他们与各国青少年的相互沟通和理解,为升学、接受职业教育以及就业等奠定良好的发展基础。学习英语还能帮助儿童形成开放、包容的性格,发展跨文化交流的意识和能力,形成正确的人生观、价值观和良好的人文素养,为其未来参与知识创新和科技创新储备能力,为未来更好地适应世界多极化、经济全球化以及信息化奠定基础。

《义务教育英语课程标准(2022年版)》对英语学科的性质做了如下界定:义务教育英语课程体现工具性和人文性的统一,具有基础性、实践性和综合性特征。学习和运用英语有助于学生了解不同文化,比较文化异同,汲取文化精华,逐步形成跨文化沟通与交流的意识和能力,学会客观、理性看待世界,树立国际视野,涵养家国情怀,坚定文化自信,形成正确的世界观、人生观和价值观,为学生终身学习、适应未来社会发展奠定基础。[1]

经实践得出,工具性和人文性统一的英语课程需要通过英语学习和英语实践活动的参与(Involve),培养儿童学习英语的持久兴趣(Interest),使儿童逐步掌握英语知识和技能,提高其独立思考(Independent thinking)和实际运用的水平,促进创新(Innovation)思维品质发展,锻炼意志,陶冶情操,发展个性,为儿童的终身发展奠定基础。这就逐渐形成了我校英语学科核心理念。

---

[1] 中华人民共和国教育部.义务教育英语课程标准(2022年版)[S].北京:北京师范大学出版社,2022:1.

二、学科课程理念

基于《义务教育英语课程标准(2022 年版)》以及英语学科的特点,结合我校英语学科实际情况,提出我校英语学科的核心理念:"4I 英语",利用循序渐进的课程形式,以兴趣鼓励学生通过参与和独立思考,快乐地内化知识,历练能力,让儿童对英语学习产生持久的兴趣。具体诠释为以下 4 个以英文字母 I 开头的单词构筑的意义。

(一) Interest 兴趣

爱恩斯坦说过:"兴趣是最好的老师。"这句话十分扼要地说明了培养兴趣在儿童学习中的重要性。一个成功的英语老师要在教学中有意识地培养儿童对英语的持久兴趣,激励他们乐学、善学、学而忘我、乐此不疲。因此,课堂教学手段必须不断更新,用灵活多样的教学方法,持续增强儿童对英语学习的兴趣,组织儿童进行广泛的语言实践活动。

(二) Involve 参与

参与可以让儿童对所学知识形成真正的理解。我们应该"为理解而教"(teaching for understanding)。我校各年级依托教学,通过丰富多样的阶梯状课程形式,如:专题课堂、读者剧场、网络视频等为儿童提供丰富的语料,开展多样化的浸润式教学(Infusion Approach),为儿童创设真实和鲜活的语言学习环境,让儿童在参与体验中理解语言、感悟语言、习得语言。

(三) Independent Thinking 独立思考

《义务教育英语课程标准(2022 年版)》提出要提高学生的学习能力,要求学生能够树立正确的英语学习目标,保持学习兴趣,主动参与语言实践活动,学会反思和评价学习进展,调整学习方式。[1] 学习知识并不是由老师强加给孩子,而是由孩子通过独立思考从而自然习得。教学中我们通过激发孩子的好奇心及探究精神,启发、引导他们积极、广泛、自主地学习知识。通过独立思考,让孩子反思学习的过程,感受由学习成果带来的自主学习的成就感,促进孩子心智发展,最终提高综合人文素养。

---

[1] 中华人民共和国教育部.义务教育英语课程标准(2022 年版)[S].北京:北京师范大学出版社,2022:6.

（四）Innovation 创新

创新思维是指人类为了满足自身的需要，不断拓展对客观世界及其自身的认知与行为的思维过程。而在英语学习中，创新思维是指孩子为了学好英语，努力去寻找和把握英语这门语言的内在规律，并且在学习的过程中不断对所学的知识进行有机整合，从而形成对英语学习的新的认知的思维过程。要提高英语学习的效率，首先要在学习方法上求新、求变，以期不断地达到新的量和质的变化。首先应该着力于培养他们的发散思维和求同思维，发散思维和求同思维是创新思维的基石。因此，在教学中引导他们学会同中求异、异中求同，把知识优化整合，把外在的知识通过独立思考有效地内化，做到活学活用。

总之，"4I 英语"课程要求教师在教学过程中要注意激发儿童学习的持久兴趣，顺应儿童兴趣来设计阶梯状的课程，创设鲜活情境，开展浸润式教学，通过资源整合、有效互动来激活课堂，让儿童真正地参与课堂，并养成自主学习、独立思考、不断创新的能力，学会通过自我反思把所学知识优化整合，有效内化，让儿童对英语学习产生持久的兴趣，从而自主习得新的知识，真正成为学习的主人。

第二节　让儿童发展英语运用的能力

在义务教育阶段开设英语课程对青少年的未来发展具有重要意义。《义务教育英语课程标准（2022 年版）》指出，学习和运用英语有助于学生了解不同文化，比较文化异同，汲取文化精华，逐步形成跨文化沟通与交流的意识和能力，学会客观、理性看待世界，树立国际视野，涵养家国情怀，坚定文化自信，形成正确的世界观、人生观和价值观，为学生终身学习、适应未来社会发展奠定基础。[1]

基于对英语课程的认识，我校"4I 英语"课程体系利用循序渐进的课程形式，以兴

1　中华人民共和国教育部.义务教育英语课程标准（2022 年版）[S].北京：北京师范大学出版社，2022：1.

趣鼓励学生通过参与和独立思考、快乐地内化知识,形成和发展综合语言运用能力,分别从语言知识、语言技能、学习策略、文化意识、情感态度和学习策略六个方面,结合学校实际情况制定以下目标。

一、学科课程总体目标

《义务教育英语课程标准(2022年版)》中指出,义务教育阶段英语课程的总目标包括以下几个方面。(1)发展语言能力。能够在感知、体验、积累和运用等语言实践活动中,认识英语与汉语的异同,逐步形成语言意识,积累语言经验,进行有意义的沟通与交流。(2)培育文化意识。能够了解不同国家的优秀文明成果,比较中外文化的异同,发展跨文化沟通与交流的能力,形成健康向上的审美情趣和正确的价值观;加深对中华文化的理解和认同,树立国际视野,坚定文化自信。(3)提升思维品质。能够在语言学习中发展思维,在思维发展中推进语言学习;初步从多角度观察和认识世界、看待事物,有理有据、有条理地表达观点;逐步发展逻辑思维、辩证思维和创新思维,使思维体现一定的敏捷性、灵活性、创造性、批判性和深刻性。(4)提高学习能力。能够树立正确的英语学习目标,保持学习兴趣,主动参与语言实践活动;在学习中注意倾听、乐于交流、大胆尝试;学会自主探究,合作互助;学会反思和评价学习进展,调整学习方式;学会自我管理,提高学习效率,做到乐学善学。[1] 语言能力指运用语言和非语言知识以及各种策略,参与特定情境下相关主题的语言活动时表现出来的语言理解和表达能力。英语语言能力的提高有助于学生提升文化意识、思维品质和学习能力,发展跨文化沟通与交流的能力。文化意识指对中外文化的理解和对优秀文化的鉴赏,是学生在新时代表现出的跨文化认知、态度和行为选择。文化意识的培育有助于学生增强家国情怀和人类命运共同体意识,涵养品格,提升文明素养和社会责任感。思维品质指人的思维个性特征,反映学生在理解、分析、比较、推断、批判、评价、创造等方面的层次和水平。思维品质的提升有助于学生学会发现问题、分析问题和解决问题,对事物作出正确的价值判断。学习能力指积极运用和主动调适英语学习策略、拓展英语学习渠道、努力提升英语学习效率的意识和能力。学习能力的发展有助于学生掌握科学

---

1 中华人民共和国教育部.义务教育英语课程标准(2022年版)[S].北京:北京师范大学出版社,2022:5-6.

的学习方法,养成良好的终身学习习惯。[1] 因此,基于《义务教育英语课程标准(2022年版)》的目标要求和核心素养对学生的不同维度的要求,我校英语组以儿童为本,以增强儿童语言运用能力和发展儿童的思维能力为指导思想,以自然拼读(phonics)和高频词(sight words)教学为辅助,来培养和发展儿童的综合语言运用能力,即从语言知识、语言技能、学习策略、文化意识、情感态度和学习策略六个目标来分层实现。

二、学科课程年级目标

根据《义务教育英语课程标准(2022年版)》的要求,结合我校英语学科课程总目标和各年级的学情,我们设计英语课程年级目标。这里,我们以三年级为例。(见表3-1)

表3-1 "4I英语"三年级课程目标表

		上 学 期		下 学 期
三年级	Module 1	共同要求: 1. 能够听说认读 22 个单词,能够熟练运用句子: Hello/Hi. Good morning/afternoon/evening. —How are you? —Fine. Goodbye/Bye. Good night. 2. 能用 Hello/Hi. Good morning/afternoon/evening. How are you? —Fine. Goodbye/Bye. Good night.来打招呼。 3. 能在情景中理解对话内容,并有礼貌地打招呼。 4. 能掌握 Aa—Hh 八个大小写字母的读和写。 校本要求: 1. 掌握 ay,ai 组合的发音,并能够拼读	Module 1	共同要求: 1. 能够听说认读 21 个单词,能够熟练运用句子:What colour is it? —It's … What colour do you like? —I like(red) Let's … Good idea./Great. 2. 能用 What colour is it? —It's … What colour do you like? —I like(red) Let's … Good idea./Great. 来表达自己的喜好的颜色。 3. 通过本节课的学习,激发学生的学习兴趣和参与课堂活动的积极性,养成良好的学习习惯。

1 中华人民共和国教育部.义务教育英语课程标准(2022 年版)[S].北京:北京师范大学出版社,2022:4-5.

		上　学　期		下　学　期
三年级	Module 1	和听音写出以下单词：bay，day，say，pay，may，way，rain，nail，mail，sail，tail，gain； 2．掌握并运用 sight words：good，and，this，is，after，me，say，how，are，you； 3．解码拼读绘本：Wait，wait.	Module 1	4．学习字母 a b c d "a—e" 的发音规律。 校本要求： 1．掌握 ar 组合的发音，并能够拼读和听音写出以下单词：car，bar，arm，farm，card，dark，park，star，part； 2．解码拼读绘本："Party Shark".
	Module 2	共同要求： 1．能够听说认读23个单词，能够熟练运用句子：What's your name? —My name is … I'm … This is . …my … Nice to meet you. Let's be friends. 2．能用 What's your name? —My name is … I'm … This is . …my … Nice to meet you. Let's be friends.来介绍自己和询问对方名字、介绍第三方。 3．进一步巩固打招呼、问候和向别人介绍自己朋友、家人的句型。 4．能掌握 Ii—Qq 九个大小写字母的读和写。 校本要求： 1．掌握 ee，ea 组合的发音，并能够拼读和听音写出以下单词：bee，feet，seed，jeep，feed，keep，meet，eat，sea，leaf，meat，heat，read； 2．掌握并运用 sight words：be，my，to，too，new，meet，that，funny，from； 3．解码拼读绘本："The green family goes out""A pea in the sea".	Module 2	共同要求： 1．能够听说认读15个单词，能够熟练运用句子：Where is the …? —Is it …? —It is … 2．能够运用 Where is the …? Is it …? It is … 进行情景交际活动，向其他同学询问物体的位置。 3．在情境中学生能有礼貌地询问物体位置，在情景交际活动中相互合作。 4．学习字母掌握字母 e，ee，f，g，h 的发音规律。 校本要求： 1．掌握 ir，ur 组合的发音，并能够拼读和听音写出以下单词：sir，bird，girl，stir，shirt，skirt，fur，burn，turn，nurse，purse，purple； 2．解码拼读绘本："Purple Purse".

		上 学 期	下 学 期
三年级	Module 3	共同要求： 1. 能够听说认读 26 个单词，能够熟练运用句子：Wash/Clean/Touch … Don't … Let's … 2. 能用 Wash/Clean/Touch … Don't … Let's … 在熟知的语言交际情景中正确理解新词含义，并能在一定情境下，有效进行新旧知识的融合，进行口语表达。 3. 培养学生从小养成良好的行为意识。 4. 能掌握 Rr—Zz 九个大小写字母的读和写。 校本要求： 1. 掌握 igh，ie 组合的发音，并能够拼读和听音写出以下单词：light，night，high，right，sigh，pie，tie，lie； 2. 掌握并运用 sight words：wash，clean，use，will，so，play，not，no.	共同要求： 1. 能够听说认读 24 个单词，能够熟练运用句子：How old are you? I'm two/three/… Happy birthday! Thank you. May I have your telephone number? 2. 能够运用 How old are you? 来询问年龄，并用 I'm two/three/… 回答。能用 May I have your telephone number? 来询问对方电话号码，并用 Yes, it's … 来回答。 3. 在情境中学生能有礼貌地询问年龄和电话，在情景交际活动中相互合作。 4. 学习字母掌握字母 i j k l m n "i—e"的发音规律。 校本要求： 1. 掌握 er，or 组合的发音，并能够拼读和听音写出以下单词：her，herb，jerk，term，teacher，sister，for，fork，pork，corn，horn； 2. 解码拼读绘本："The tiger and the rooster""Horton's Horn".
	Module 4	共同要求： 1. 能够听说认读 38 个单词，能够熟练运用句子： This/That（man）is my/your（father）. He's/She's my … Who's this/that …? That's my … Is he/she …? —No, he/she isn't	共同要求： 1. 能够听说认读 16 个单词，能够熟练运用句子：I want/like … Do we have …? May I have …? 2. 能够运用 I want/like … Do we have …? May I have …?

		上 学 期		下 学 期
三年级	Module 4	2. 能用句型 Who's he/she？He's/She's 来准确的询问和回答家庭成员。 3. 培养学生从小养成家庭意识。 4. 能掌握 Aa—Hh 八个字母在单词中的拼读。 校本要求： 1. 掌握 oa,ow 组合的发音,并能够拼读和听音写出以下单词: boat, road, soap, coat, goal, goat, bow, row, snow, low,slow,yellow,pillow; 2. 掌握并运用 sight words: of, that, yes, he, who, it, me, she, no, so, thank, old, pretty; 3. 解码拼读绘本:" Coats on sale" "Yellow Pillow".	Module 4	表达对水果的喜欢,以及水果等名词的复数形式。 3. 学生能在情景交际活动中相互合作,学生了解水果饮食文化。 4. 学习字母掌握字母 o"o—e"p q r s t 的发音规律。 校本要求： 1. 掌握 ou,ow 组合的发音,并能够拼读和听音写出以下单词: mouse, house, round, sound,count,cloud,how,cow, now,down,town,brown; 2. 解码拼读绘本:" A Round House".
	Module 5	共同要求： 1. 能够听说认读 16 个单词,能够熟练运用句子: Is it a …? —Yes, it is/No, it isn't. Jiamin's dog. I have …/It has … 2. 能用 Is it …? Yes, it is./No, it isn't. 等句子在活动中交流、对话,并能正确使用名词所有格对玩具进行描述。 3. 引导学生养成爱护动物的良好习惯。 4. 能掌握 Ii—Qq 九个字母在单词中的拼读。 校本要求： 1. 掌握 ue,ui 组合的发音,并能够拼读和听音写出以下单词: blue, glue, clue,Tuesday,suit,fruit; 2. 掌握并运用 sight words: show, please, have.	Module 5	共同要求： 1. 听说认读 16 个单词,能够熟练运用句子:Who's this …? There is a … How many … are there …? 2. 能够运用句型:How many … are there? 进行替换练习。用 Who are they? 问. They are my… . 来回答。 3. 学生能在情景交际活动中相互合作,学习了解家人以及修饰家人的形容词。 4. 学习字母掌握字母 u"u—e"v w x y z 的发音规律。 校本要求： 掌握 oi,oy 组合的发音,并能够拼读和听音写出以下单词: boil, coin, soil, join, point, boy, toy,joy.

		上 学 期		下 学 期
三年级	Module 6	共同要求: 1. 能够听说认读 29 个单词,能够熟练运用句子: Do you have …? —Yes, I do/No, I don't. My I have …? Put your … on/in/under the … Sorry/Thank you. Here you are. 2. 能够用有关学习用品的单词以及句型 Do you have …? /Yes, I do./No, I don't.还有礼貌接递物品的用语 May I use …? /Sorry./Here you are./Thank you.以及发出和接收指令的用语 Put your toys in/on/under the . …/OK。还有描述物品的方位的句型 … is/are in/on/under the … 能用 Is it …? Yes, it is./No, it isn't.等句子在活动中交流、对话,并能正确使用名词所有格对玩具进行描述。 3. 培养学生学会小组合作、与他人交流的能力;培养学生互相帮助、礼貌递送物品的习惯。 4. 能掌握 Rr—Zz 九个字母在单词中的拼读。 校本要求: 1. 掌握 ew,oo 组合的发音,并能够拼读和听音写出以下单词: new, dew, moon, zoo, boot, food, cool, room, roof, pool; 2. 掌握并运用 sight words: do, may, here, put, on, in, the, under; 3. 解码拼读绘本:"Hello, moon"。	Module 6	共同要求: 1. 认读 24 词,能够熟练运用句子: Are there any …? Yes, there are./No, there aren't. 2. 能用 Are there any …? Yes, there are./No, there aren't.这个句型进行口语交际。 3. 在讨论中善于表达自己的想法,也尊重别人的意见,培养学生爱护动物的思想感情。 4. 学习字母掌握字母 a e i o u y 的发音规律。 校本要求: 1. 掌握 oo,all 组合的发音,并能够拼读和听音写出以下单词: good, wood, book, cook, look, foot, wool, ball, wall, tall; 2. 解码拼读绘本:"No book, just cook"。

第三节 让儿童走进多彩的英语世界

基于"4I英语"的学科理念和课程目标,我们建立了丰富的学科课程体系。

一、学科课程结构

《义务教育英语课程标准(2022年版)》指出,英语课程内容由主题、语篇、语言知识、文化知识、语言技能和学习策略等要素构成。围绕这些要素,通过学习理解、应用实践、迁移创新等活动,推动学生核心素养在义务教育全程中持续发展。[1] 英语课程承担着培养儿童基本英语素养和发展学生思维能力的任务,即儿童通过英语课程掌握基本的英语语言知识,发展基本的英语听、说、读、写技能,初步形成用英语与他人交流的能力,进一步促进思维能力的发展,为今后继续学习英语和用英语学习其他相关科学文化知识奠定基础,同时结合英语学科核心素养以及我校英语学科特色,我校的"4I英语"学科课程设置分为"视听说课程、阅读课程、习作课程和语言实践课程"四大类,让儿童在参与体验中习得语言。(见图3-1)

图3-1中,各板块课程具体表述如下:

(一)视听说课程

它是落实培养儿童视听说能力的活动课程,旨在创设英语语言交际的语境和环境,通过师生和生生之间的交流,培养儿童的口语表达能力。在英语学习中,听说训练是最基本的能力训练。通过自然拼读法、歌曲韵律歌谣和经典美文朗读的训练,让儿童了解掌握简单的拼读规律,了解英语语音知识,形成良好的语音语调。听说课程重在通过生动有趣的活动和有效的教学方法,以激发儿童善听乐说的兴趣,鼓励儿童大胆自信地说,以丰富多样的学习方式,让儿童在情境交际中,掌握听说的技能,感受英语听说的魅力。

---

[1] 中华人民共和国教育部.义务教育英语课程标准(2022年版)[S].北京:北京师范大学出版社,2022:12.

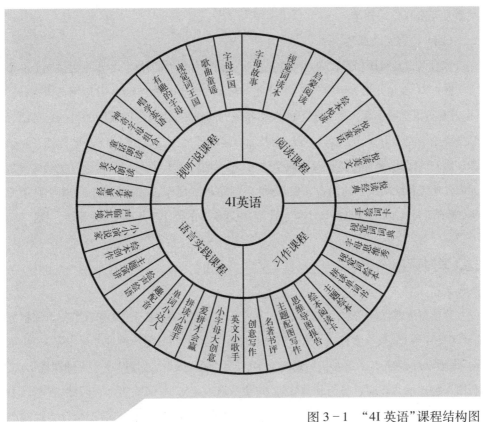

图 3-1 "4I 英语"课程结构图

(二)阅读课程

它是落实引导儿童通过大量的阅读获取信息,积累语言,增长见闻,认识世界,并激发儿童去创作写作的学习主题活动。阅读课程通过给儿童提供丰富的主题文本材料,如绘本、故事书、科普文本等,激发儿童的阅读兴趣,在阅读的过程中掌握阅读的策略和方法,培养思维能力、增长见识、认识世界的同时享受阅读的快乐。

(三)习作课程

它是利用以读促写的模式来开展的英语学习活动。习作课程以丰富多彩的习作学习方式和学习活动开启儿童的习作之旅,旨在要求儿童通过大量的听说和阅读活动,结合教材或者所听所读的相关材料来开展习作训练。同时,重视儿童的观察、感受和体验,鼓励儿童多观察、多思考、敢表达,注重真实的表达和语言的运用,利用多种活动激发儿童写作的热情。

（四）语言实践课程

综合语言实践课程旨在通过综合英语听说读写各方面的技能，为儿童提供充分的语言实践机会，鼓励儿童大胆参与表达，让儿童在实践活动中学会英语，并运用英语进行交际，其在英语学习中起到激发学习的兴趣和动力的作用，达到学以致用的目的。英语教学主要是培养学生听、说、读、写等技能及综合运用的能力，而这些技能是彼此相互影响和制约的。因此，我们应该把英语教学作为一个系统工程。我校的综合语言实践课程是面向各年级各层次孩子的语言实践活动，包括字母画创作、字母思维秀、英文小歌手比赛、视觉词词典制作、我是拼读小能手比赛、主题绘本的创作等不同形式的活动主题。

二、学科课程设置

我校英语课程遵循教育教学规律和儿童认知发展水平，基于《义务教育英语课程标准（2022 年版）》、英语学科核心素养以及我校英语学科特色，稳步推进并逐步完善"4I 英语"课程设置，为儿童的终身发展助力。"4I 英语"课程设置，通过循序渐进的课程形式，利用兴趣鼓励儿童通过参与和独立思考，快乐地内化知识，历练能力。因此，在基础类的英语课程之上，我们根据儿童学习需求，基于听说、阅读、习作和语言综合实践四个部分开发了丰富的拓展课程。从听、说、读、写技能出发，结合语言、综合实践活动自主研发，依据儿童的阶段年龄特征，利用韵律歌谣作语音启蒙，以自然拼读为主线，培养儿童解码拼读单词能力，通过主题绘本阅读，增强阅读能力，拓展儿童知识面和国际视野，达到提高儿童语言综合运用水平的目的。具体课程设置框架如表 3-2 所示。

表 3-2 "4I 英语"课程群课程设置表

年级 类别 课程		视听说课程	阅读课程	习作课程	语言实践课程
一年级	上学期	字母王国	字母故事	手绘词卡	英文小歌手
		I can sing	视觉词读本		

年级\课程类别		视听说课程	阅读课程	习作课程	语言实践课程
一年级	下学期	视觉词王国 I can say	启蒙阅读 我爱读故事	我的第一本/ 视觉词词典	小字母,大创意
二年级	上学期	有趣的字母 唱学英语	主题阅读 分级阅读	字母思维秀	英文小歌手
	下学期	每日拼读 英文诵读	拼读故事会 视觉词绘本	视觉词小绘本	爱拼才会赢
三年级	上学期	神奇的字母组合	绘本"悦"读——身体主题	我的第一本拼读单词书	我是拼读小能手
	下学期	日有所诵	绘本"悦"读——动物主题	绘本阅读卡	我是单词小达人
四年级	上学期	漫游童话世界	"悦"读童话	自制主题绘本	趣配音
	下学期	畅听寓言	"悦"读寓言	我的成长日记	绘声绘语
五年级	上学期	美文朗读	"悦"读美文	思维导图阅读报告	主题演讲
	下学期	诗歌朗读	品读名著	主题绘写	爱阅读,有创意
六年级	上学期	中国经典诵读	"悦"读经典——中国篇	名著书评	声临其境
	下学期	世界名著诵读	"悦"读经典——世界篇	创意写作	我是小小演说家

第四节　让儿童自信展示英语的风采

　　根据《义务教育英语课程标准(2022年版)》,义务教育阶段的英语课程实施应坚持育人为本,加强单元教学的整体性,深入开展语篇研读,秉持英语学习活动观组织和实施教学,引导学生乐学善学,推动"教—学—评"一体化设计与实施,提升信息技术使用效益。[1]

学科课程评价是英语课程的重要组成部分,《义务教育英语课程标准(2022年版)》提出如下建议:教学评价应贯穿英语课程教与学的全过程,包括课堂评价、作业评价、单元评价和期末评价等;教学评价应以学生核心素养的全面发展为出发点和落脚点;教学评价应充分发挥学生的主体作用;教学评价应采用多种评价方式和手段,体现多渠道、多视角、多层次、多方式的特点;教学评价应充分关注学生的持续发展;教学评价应充分关注学生的个体差异。[2]

为了增强英语学习兴趣,培养孩子的独立思考、团队合作、新颖创新、终身学习的能力,"4I英语"课程遵照高趣味性、高人文性、高实用性、高参与性的原则进行设计。我校将国家课程与螺旋式上升的特色英语课程相融合,培养儿童用英语学英语、用英语获得知识、用英语获得能力的素养,让儿童大胆自信用英语。

一、建构"4I课堂",彰显英语课堂主张

"4I课堂"利用班级授课制和小组合作学习的形式,对孩子进行同质分组,利用孩子的优点,在小组内发挥积极作用。在"4I课堂"中,教师使用直观教具引导启发孩子理解基础词汇;通过创设主题情景,引导孩子结合生活实际进行对话,使孩子掌握知识和发挥英语学科能力同步进行。根据每个单元或模块的主题,教师善于结合相关内容进行思想性教育。基于此,我校建设符合英语学科实际的"4I课堂",主要包括基本要求和评价要求两个方面。

"4I课堂"注重通过课堂活动培养学生的兴趣和对课堂的高度参与,发挥学生独立思考、沟通、合作和创新的能力。

1. 兴趣(Interest)式教学

孔子说:"知之者不如好之者,好之者不如乐之者。"兴趣是良好的学习内驱力。

1 中华人民共和国教育部.义务教育英语课程标准(2022年版)[S].北京:北京师范大学出版社,2022:47-52.

2 中华人民共和国教育部.义务教育英语课程标准(2022年版)[S].北京:北京师范大学出版社,2022:53-54.

在"4I课堂"中,教师创设有趣的情境和丰富的课堂活动,使学生在愉悦的体验中习得英语、使用英语。如,在进行 Fruit(水果)主题相关的绘本阅读课中,教师会使用趣味视频激发兴趣,在绘本阅读结束后,通过 Make a fruit salad 的活动,既统合整节课的重点内容,又切合孩子的兴趣和需求。

2. 参与(Involve)式教学

高参与度是评价课堂的最为关键的标准之一。在激发孩子的英语学习兴趣的前提下,教师在课堂设计上,会囊括大量的输入和输出练习,主要从全班、小组、个人三个层次进行,尽可能增加课堂上每个学生的参与度。比如一年级的拼读课上,在学习单字母发音时,教师先进行全班输入,进而全班输出。再安排小组活动,而后选择个别小组输出,最后挑选个别孩子输出。自信的孩子爱参与,爱参与的孩子更自信!

3. 独立思考(Independent thinking)式教学

独立思考是一种重要的思维能力。在"4I课堂"中,老师通过提问的方式引导孩子进行独立思考,鼓励孩子自信表达所思所想。如在绘本阅读课上,教师通过对插图的"图片漫游"(Picture walk)引导孩子观察图片,理解故事和预测故事走向。虽然观察的是同一页插图,不同的孩子却有不同的理解。教师给予孩子独立思考的时间和空间,引导孩子从不同方面进行思考,能够逐步而有效地提高孩子独立思考的水平。

4. 创新(Innovation)式教学

"4I课堂"通过引导孩子掌握自然拼读法和阅读技巧,培养阅读兴趣和良好的阅读习惯,培养孩子学会阅读(Learn to read),通过阅读获得知识(read to learn)的能力。在阅读的过程中进行思维训练,发展独立思考、与人沟通、团队合作和学会学习的重要能力,为培养创新能力打下坚实的基础。

二、建设"4I课程",丰富英语课程体系

"4I课程"以英语学科为中心,强调儿童作为学习者的基本需要,发展其英语学科的知识结构,注重培养儿童的听、说、读、写的能力以及学习策略。

"4I课程"以培养孩子语言技能、语言知识、情感态度、学习策略和文化意识为总的课程目标,以低年段(一、二年级)、中年段(三、四年级)、高年段(五、六年级)为划分标准,低年段注重孩子英语兴趣培养,中年段注重培养英语基础,培养阅读习惯,高年

段注重英语语言运用和能力的发展。在基础课程之上，依据我校师生的实际情况和学习需求，创造性地开发了视听说课程、阅读课程、习作课程和语言实践课程四大类拓展课程。这不仅丰富了我校英语课程体系，也为英语课程的顺利实施提供了重要的依据。

采用"1+X"课程建设路径，"4I课程"的实施以目标为统领，实现内容整合。根据国家课程实施的要求，结合实际教学需要，创造性地使用教材，合理利用各种教学资源，提高学习效率，组织生动有趣的课外活动，拓展学习渠道。我校英语课程在一、二年级使用广州版《英语口语》教材，三至六年级使用教育部审定的英语教材。为了培养孩子终身学习的能力，我校英语课堂增加了绘本阅读课程，以自然拼读法（Phonics）、高频词（Sight words）和绘本阅读为主要特色内容，螺旋式上升，渗透到一至六年级的英语课程中。在一、二年级的英语课堂上，利用课堂前十分钟对26个字母的单音发音和高频词进行渗透，再设计有趣的游戏巩固所学内容。三、四年级孩子处于低年段过渡到高年段的特殊时期，课堂上除了巩固自然拼读法和高频词，还增加了绘本阅读课程，目的是深化拼读意识，强化拼读技能，培养自主解码绘本和看图猜意的能力。五、六年级已经具有扎实的自然拼读法基础和拼读意识，积累了一定量的高频词，能够开展主题专题阅读，对英语课程里同主题的内容进行补充和延伸，巩固知识运用，深化知识面，培养文本阅读技巧。

"4I课程"借助活动，强调参与和体验。我校英语课程教学模式以活动课形式为主，在基础性课程中嵌入短课时活动课程，如在一、二年级口语课中开展玩转视觉词、唱学英语等短课时活动课程，三至六年级在基础性课程之上，增加赏美悦读和绘声绘语活动课程，丰富孩子的学习体验，让孩子在活动中学习和感悟，体现了"教、学、做"的统一。通过开展"自制高频词卡""自制绘本""经典故事话剧"等一系列活动，拓展孩子的学习渠道和提高学习积极性。

三、倡导"4I学习"，推进英语学习方式变革

"4I学习"要求儿童作为学习的主体，发挥其自身主观能动性，主动参与，探索学习。在"4I学习"中，教师引导孩子认真"听"。语言学习要培养良好的语感，首先要进行大量正确输入。"4I学习"中，从低年级到高年级，分阶段分层次进行大量听

力输入"磨耳朵";中年级在启蒙的同时,增加了输入量;高年级侧重于开阔视野,增加知识量,增加故事的长度和难度。课堂上教师会提前布置若干问题,让孩子带着疑问听,以此引导孩子做到"认真听"。"认真听"还包括课堂上孩子要认真听指令和安排。"4I学习"通过设定一系列指令,维持课堂秩序,引导孩子遵守纪律和参与课堂。

在"4I学习"中,教师鼓励学生自信"说"。英语学习初期,孩子会经历"语言学习的沉默期"。但是经过大量听力输入后,孩子在教师的鼓励下,会顺其自然地想要"说"。这时教师会引导孩子模仿跟读句子进行输出。刚突破沉默期的孩子的口语输出可能会出现语法错误或发音问题,教师要有容错之心,引导孩子再模仿一次,而不会直接指出孩子的错误。中、高年级的英语课堂上会出现更多的小组形式的对话练习,用"一带一"的形式让孩子在活动中自我成长。同时,"4I学习"还设置了诗歌朗诵、短剧表演的活动,鼓励孩子自信地说。

在"4I学习"中,教师指导学生"悦读"。在互联网时代,信息量爆炸,如何在短时间内获取所需要的信息,就是我们想要培养的"阅读能力"。从低年级开始进行自然拼读法(Phonics)和高频词(Sight word)的学习,让孩子从音标中解放出来,使孩子掌握阅读的工具;从低年级开始进行绘本阅读启蒙,强化自主解码拼读能力,引导孩子形成绘本阅读的整体观念;从高年级开始,孩子会阅读更多不同体裁和主题的绘本,深化知识面,掌握阅读技巧,通过制作读书报告反馈读书的收获。

在"4I学习"中,教师教会学生"写"。"写"是思维的高度整合。为了培养学生良好的书写写作素养,从低年级开始,"4I课堂"中设置了字母书写活动,引导学生正确掌握字母的形、音和书写笔顺;中、高年级学生的课程中设置了"我的第一本视觉词词典"制作、自制绘本比赛等活动,引导学生书写英文语句、短文。

四、开展"4I活动",展示英语学习风采

"4I活动"作为课外活动,是英语课堂教学的必要补充,以教师为主导,孩子自主自愿选择参加。"4I活动"内容和组织形式灵活多样,一般以小组活动或个人活动为基本形式,统一协调校内校外资源,确保孩子的全面发展,提高教学效率,提供巩固和运用知识的平台。

为了增强孩子对英语学习的兴趣,激发孩子的创造力,针对每个阶段的学习任务和特点,我们设计了不同类型的"4I 活动",展示英语学习的风采。(见表 3-3)

表 3-3 "4I 活动"表

参与对象	"4I 活动"类型
一、二年级学生	"字母画""字母思维秀"作品展评
二、三年级学生	"我的第一本视觉词词典"作品展评、英语小歌手比赛
一至六年级学生	"英文书写达人"展评
三至六年级学生	单词拼读比赛、诗歌朗诵、短剧表演
三至六年级学生	"主题绘本制作"作品展评
五、六年级学生	"绘本阅读报告"作品展评

五、创办"4I 社团",点燃英语学习兴趣

兴趣是儿童学习的内驱力,让儿童对英语学习产生持久的兴趣是学好英语的关键。英语学习若缺乏语言环境和实践机会,将会导致一部分孩子慢慢对英语学习失去兴趣,影响学习的效率和效果。教师应立足于教材,重视课外延伸和语言实践活动。课外语言实践活动是课堂教学的辅助形式。"4I 社团"是英语语言综合运用课程的重要组成部分,是孩子运用语言交际,以及展示自己的平台。

为了培养儿童学习英语的兴趣和素养,激发他们学习积极性,增强自信,丰富课余生活,学校开设了"Happy Drama Club"戏剧表演社团和"Happy English"英语沙龙。"Happy Drama Club"的课程目标有三方面:第一,配合学校英语日常课程和绘本课程的推进,通过丰富有趣的课程活动,为孩子提供英语学习与实践的场景和机会。第二,提升孩子的英语素养和表演水平,培养孩子的自信心。第三,在校内营造浓郁的英语文化氛围,打造英语课程的特色。

"Happy English"英语沙龙社团主要针对低年段孩子开设,目标是培养孩子英语学

习兴趣和简单的语言运用能力,通过大量的专项和综合性语言实践活动,初步形成简单英语运用能力。"Happy English"英语沙龙社团活动内容主要包括:歌曲童谣;主题性口语对话;主题绘本拓展阅读。

总之,基于英语学科的特点和英语学科核心素养,我校英语组经过反复研讨,合力制定出具有特色的"4I英语"课程群,利用循序渐进的课程形式,利用兴趣鼓励学生通过参与和独立思考、快乐地内化知识,历练能力。作为教师,我们不仅要传授知识,还要传播快乐,为能够让教师与学生在轻松愉悦的氛围中一起体验学习的快乐而努力。

第四章

和真道法：让本真点亮童年

道德与法治以正确的价值观引导孩子形成良好的道德修养和法治观念，为孩子全面发展，成为担当民族复兴大任的时代新人打下牢固的思想根基。道德与法治培养孩子的多元智能发展，孩子在道德与法治的学习中发展个体身心和谐、人际和谐、群体与社会的和谐、人与自然的和谐，让孩子用科学的精神验证已知，探索未知，追求真善美，分清是非善恶。帮助孩子在社会问题面前作出正确的价值判断和选择，形成良好的道德修养、法治修养、人格修养，促进孩子身心健康成长，成为全面发展的社会主义建设者和接班人，是"和真道法"的价值追求。

广州市黄埔区科学城小学道德与法治组,现有教师 40 人,中小学高级教师 2 人,中小学一级教师 8 人,中小学二级教师 19 人。我校道德与法治教研组,秉承"让本真点亮童年"的和真道法课程理念,以道德与法治教研组为单位开展教学和课题研究,开展各种形式的听课、评课、磨课活动,定期组织教研会议、公开课观摩、师徒结对、教师基本功展示等集体学习活动,使道德与法治组的教师发挥各自的优点,汲取他人的长处,不断丰富自己的教学经验,提高教学水平。根据《义务教育道德与法治课程标准(2022 年版)》等文件精神,结合我校"为人和,为学真"的办学理念,推进了道德与法治学科课程建设方案,取得了可喜的成效。

第一节 引导孩子做真人求真知

一、学科性质

良好的道德行为是为人的根基，是公民的重要素质。在社会快速发展的今天，国家要培育和践行社会主义核心价值观，推进社会公德、职业道德、家庭美德、个人道德与法治建设，深化群众性精神文明的创建活动，着力培养担当民族复兴大任的时代新人。加强社会道德建设，需要大力推进道德教育和法治教育，才能推动社会文明进步。

青少年处于价值观形成和确立的时期，抓好这一时期的价值观养成十分重要，道德与法治课程是义务教育阶段立德树人的关键性课程。《义务教育道德与法治课程标准（2022年版）》指出："道德与法治课程立足于发展学生核心素养，以引导学生学习和掌握道德与法律的基本规范，提升思想政治素质、道德修养、法治素养和人格修养为主旨，坚持学科逻辑与生活逻辑统一，主题学习与学生生活相结合。"[1]提高思想道德意识，形成思想道德素质，是素质教育的首要任务，而道德与法治课程是完成这一任务的主载体和主渠道。

我校在开展道德与法治课程中坚持"和真教育"，"和真教育"是关注全人的教育。"和真"是指对人以和对事以真，从普遍意义的教育上讲，"和"更多讲究的是个人内在的人格修养和精神追求，体现的是人文关怀，追求品格素质的修炼，而"真"把重点放在提高个人的知识水平和培养个人的理性思维，体现的是科学精神，追求的是真理，"和""真"这两者结合互补，才能称其为真正的教育，全面的教育。

基于上述，"和真道法"就是旨在培养孩子良好的思想道德与法治素养，培养孩子的多元智能发展，引导孩子做真人、求真知，给予孩子一个"真趣童年"，促进孩子成长。

---

1 中华人民共和国教育部.义务教育道德与法治课程标准（2022年版）[S].北京：北京师范大学出版社，2022：3.

二、学科课程理念

"和真道法"是一门以"和"为纲的学科。"和"文化是中国文化的精髓,是中国传统思想文化中最富生命力的文化内核和因子。在道德与法治教学工作中,加强对"和"思想的研究和推广,在师生对话关系和谐共通的基础上创新教学方法和形式,发展孩子个体身心和谐、人际和谐、群体与社会和谐,人与自然的和谐,科学理解和正确弘扬中华"和"文化。

"和真道法"是一门追求以"真"为境的学科。道德与法治课程丰富的人文内涵对孩子精神世界的影响是广泛而深刻的,应该重视道德与法治课程对孩子思想情感所起的熏陶感染作用。"和真道法"要求教师用认真、较真的态度对待教育,要求孩子用科学的精神验证已知,探索未知,培养孩子以科学精神追求真善美,让孩子求真知,分清是非善恶,锻造良好的品格。

"和真道法"是一门以学生为本的学科。孩子是教育的主要对象,孩子具有主体性、主动性和创造性。在道德与法治教学工作中,我们要立足孩子身心发展的特点,尊重孩子在课堂中的主体地位,调动孩子的积极性和主动性,发挥孩子的潜能,促使孩子乐学、好学,营造生动有意味的道德与法治课堂氛围。

总之,我们秉承"让本真点亮童年"的课程理念,建构"和真道德与法治",从孩子身心发展的特点出发,真正发挥道德与法治课堂的多重功能,促进孩子健康成长。

第二节　滋养孩子品格成长之匙

《义务教育道德与法治课程标准(2022年版)》指出:"道德与法治课程是义务教育阶段的思政课,旨在提升学生思想政治素质、道德修养、法治素养和人格修养等。"[1]为了更

1　中华人民共和国教育部.义务教育道德与法治课程标准(2022年版)[S].北京:北京师范大学出版社,2022:1.

好地提高孩子的思想道德素质、法治素养、人格修养等，根据我校"为人和，为学真"的办学理念，设置道德与法治学科课程目标，让道德与法治课程成为滋养孩子品格成长之匙。

一、学科课程总体目标

依据《义务教育道德与法治课程标准（2022年版）》提出的"道德与法治课程要培养的核心素养，主要包括政治认同、道德修养、法治观念、健全人格、责任意识"[1]，将"和真道法"课程总体目标分为政治认同、道德修养、法治观念、健全人格、责任意识五个方面的目标。

政治认同

"和真道法"以"和"为本，以"真"为追求。在对中华优秀传统"和"文化精髓的学习上，追求真挚的热爱祖国、中华民族、中华文化、中国共产党、中国特色社会主义的情感，树立真实的奋斗志向，以实际行动践行和弘扬社会主义价值观。

（1）加强思想政治教育。"和真道法"始终坚持中国共产党的核心领导地位，高举中国特色社会主义的光辉旗帜，引领孩子们思想的方向。

（2）树立正确的价值观。"和真"教育理念和社会主义核心价值观紧密联系，结合当代的人物榜样，引导孩子坚定共产主义的远大理想，增加对中华民族价值的认同，增强对中华文化的自信。

（3）培养家国情怀。以个体之"小和"串接家庭之"大和"，以家庭之"小和"串接社会之"大和"。以小见大，足见"小和"之重要性。对"和"教育的坚持，是为了激发孩子真诚的爱家、爱乡、爱城、爱国的情感，充分认识到自己也是这"大和"中的一员，以实际行动去铸牢中华民族共同体意识，增强实现中华民族伟大复兴的使命感。

道德修养

"和真道法"着眼于学生品德的发展，正确价值观的形成和行为养成的落实，促进

1　中华人民共和国教育部.义务教育道德与法治课程标准（2022年版）[S].北京：北京师范大学出版社,2022：5.

学生明理养性,提升个人道德修养。

(1)个人品德。在"和真"教育理念的指导下,帮助孩子们养成良好的生活习惯和卫生习惯,引导孩子们掌握基本交往礼仪,本着对人以"和"的宗旨,真诚友好地与人相处合作。

(2)家庭美德。"真于行"旨在教导孩子们能孝敬父母,尊重师长,学会感恩,以实际行动做家庭好成员。

(3)社会公德。始终坚持培养孩子们爱护家庭、学校和公共环境,爱护公物,遵守公共秩序的意识,并能力所能及地去帮助他人,做一名好公民。

(4)职业道德。培养孩子爱劳动的习惯,树立正确的劳动观,懂得尊重各行各业劳动者,对事认真,主动学习并参加一些力所能及的劳动。

法治观念

"和真道法"的"法治素养"就是在孩子内心深处播下"法"的意识,并在知行合一的实践中不断向上向真发展,不断提升思想道德素质与法治素养。法治观念主要表现为:

(1)普及宪法常识。使孩子初步了解公民的基本权利和义务、重要法治理念与原则,初步了解个人成长和参与社会生活必须的基本法律常识。

(2)培养守法用法思维和习惯。让孩子了解以民法典为代表的、与日常生活,以及未成年人保护密切相关的法律法规,让孩子感知生活中的法律、身边的法律,培育孩子的法治观念、规则意识和遵纪守法的行为习惯,养成守法用法的意识。

(3)学会自我保护。立足学生发展需求,力求将珍爱生命、规避危险等安全意识、安全知识及自我保护的方法内化到观念和行为中,让孩子远离危害,保障生命安全,健康成长。

健全人格

"和真道法"旨在帮助学生建立以"和真"为价值指向的完备的自我认知体系、积极健康的生活品质和生活态度。健全人格具有以下多方面的表现:

(1)自信,自尊,自爱。能够客观积极地认识自己,肯定自身优点,拥有积极向上的人生态度,具备坚强乐观的心理素质。能够正确认识自身消极情绪并主动寻求自我调节。

（2）理智包容，热爱和平。以开放的心态包容外界的观点，以理智的情绪面对外界的意见。君子和而不同，学会多角度思考问题。

（3）诚信做人，友爱互助，真诚热情，真诚负责地做事，具有互助精神。

（4）学会快乐学习。倡导在学习中发现乐趣，适应变化，迎接挑战，不怕失败，百折不挠，健康快乐地学习。

责任意识

"和真道法"在"和"文化之上，引导孩子们认识作为社会、家庭和学校的一员，学会正确处理人与社会，人与自然、人与人之间的关系，积极承担自己的责任，构建和谐的社会关系。

（1）社会责任感。激发孩子的爱国情怀和民族精神，树立维护国家安全和统一的价值观。能心系国家，关心社会，树立为国家和社会奉献的意识，培养当志愿者的服务意识，组织孩子积极参与社区服务活动，践行绿色环保理念。

（2）家庭责任感。让孩子感知家庭中的每个人都是不可缺少的，家人之间要相互陪伴、相互关心、相互支持。并能够以自己的方式表达对父母、长辈的爱和尊敬，乐意为父母长辈做自己力所能及的事情。认识到作为家庭中一员的责任，学会自理，承担力所能及的家务。

（3）学生角色责任感。让孩子懂得遵守纪律，尊敬老师，热爱集体，团结合作。使孩子学会对自己负责，自尊、自立、自律、自主、自强，生活上会自理、学习上有追求。认真学习各科文化知识，上课专心听讲，独立完成作业，刻苦钻研，战胜困难。

总之，我校将秉承"让本真点亮童年"的课程理念，围绕以上五个课程目标，发展孩子的学科核心素养，培养"和真少年"。

二、学科课程年段目标

根据道德与法治课程总目标、国家统编教材教师教学用书，结合我校的道德与法治学科课程理念以及四年级的具体学情，现将道德与法治学科课程年级目标设置如下。（见表4－1）

表4-1 "和真道法"四年级课程目标表

四年级	上　册	下　册
第一单元	与班级共成长 共同要求: 1. 强化集体意识,关心班集体建设,热爱自己的班级。 2. 了解班规的作用,了解班规的制定过程,自觉接受班规的约束,具有班级规则意识。 3. 学会尊重和欣赏其他集体,能公正地对待班级之间的竞争和冲突。 校本要求: 1. 回忆三年的集体生活,感受自己在集体中的成长与快乐,发现班级中的优点以及存在的不足。 2. 培养孩子的民主意识和公民意识,明白班规可根据情况的变化进行完善和修订。 3. 认识班级之间合作的意义,要善于去发现其他班的特点和长处,用欣赏的眼光看待别的班集体。	同伴与交往 共同要求: 1. 让孩子感受友谊的美好,珍惜同学之间的友谊。 2. 让孩子有守信的意识,做到对别人对自己守信。 3. 在产生矛盾时,能多从自己身上找原因,学会尊重、理解、善待他人。 校本要求: 1. 学会结交朋友并维护友情,不做有损友谊的事。 2. 了解说话算数的重要意义,从小就养成诚实守信的好品质。 3. 与伙伴相处时,能多为别人着想,做到严于律己、宽以待人。
第二单元	为父母分担 共同要求: 1. 了解父母的辛劳,学会体谅父母。管好自己,不给父母添麻烦。 2. 主动承担力所能及的家务劳动,学习做家务的方法,培养热爱劳动、不依赖别人的好习惯。 3. 体会自己在家庭中的重要性,培养家庭责任意识,乐于为家庭做出贡献。 校本要求: 1. 管好自己,少给父母添麻烦,以实际行动体贴父母。 2. 掌握一些做日常家务劳动的技能,学会自己的事情自己做。 3. 主动关心、支持、陪伴家人,为家庭事务出主意。	做聪明的消费者 共同要求: 1. 掌握购物的相关知识,学习比较商品价格的能力。 2. 帮助孩子树立正确的消费观念,把钱花在合适的地方。 3. 学会在生活中反对浪费,避免浪费。 校本要求: 1. 学习识别商品包装信息,了解购物过程中的学问,感受购物的乐趣。 2. 了解花钱应该有计划,学会为家庭分忧,不向父母提不合理的要求。 3. 观察生活中的浪费现象,了解浪费造成的危害,尽量避免浪费。

四年级	上　　册	下　　册
第三单元	信息万花筒 共同要求： 1. 了解电视媒介的意义与作用，反思调整自身看电视的行为，养成健康看电视的习惯。 2. 认识网络与人们生活的关系，学习网络世界的规则，正确对待网络游戏。 3. 认识广告的特性，能够有意识地辨别和筛选广告信息，不被广告牵着走。 校本要求： 1. 认识过度看电视会对身体、心理造成影响，反思并合理调整自己看电视的习惯。 2. 能够遵守网络文明公约，学会在网络中安全、文明地生活，学会辨析网络游戏的利弊。 3. 知道什么是广告，学会识别广告，警惕虚假广告，不盲目相信广告。	美好生活哪里来 共同要求： 1. 懂得农业是人类衣食之源、生存之本的道理，认识到农业与生活的密切关系。 2. 了解粮食的生产过程，体会粮食来之不易。 3. 了解不同行业的劳动者与人们生活的关系，知道我们的生活离不开社会，离不开大家的劳动。 校本要求： 1. 认识五谷，知道农业包括种植业、畜牧业、林业、水产业和副业等。 2. 了解家乡农作物的生产情况，增强对农作物生长及农业生产时令性规律的认识。 3. 学会尊重并感谢不同行业的劳动者，珍惜他们的劳动成果。
第四单元	让生活多一些绿色 共同要求： 1. 了解常见的环境污染、垃圾和气候变暖问题。 2. 知道常见的应对环境问题的措施，树立环保意识。 3. 能够参与力所能及的环保活动，选择绿色的生活方式。 校本要求： 1. 引导孩子认识塑料给人们生活带来的方便，同时理解不正确使用塑料会给我们的生活带来"白色污染"。 2. 引导孩子学会"变废为宝"的生活方式。 3. 引导孩子关注地球变暖的问题，体会"低碳生活"的意义。	感受家乡文化 关心家乡发展 共同要求： 1. 感受风俗与人们生活的密切关系。 2. 了解我国著名的民间艺术，关注当地的民间艺术。 3. 了解和感受家乡的发展变化。 校本要求： 1. 了解和体会风俗所蕴含的意义，理性对待风俗的演变。 2. 体会民间艺术对人们生活的意义，体会民间艺人的聪明才智。 3. 树立为家乡发展做贡献的志向。

第三节　让课堂流动孩子的童真童趣

　　我校道德与法治课程分为基础性课程和拓展性课程。基础性课程主要以国家统编教材为教学媒介全面有效实施国家课程,主要培养孩子终身发展和适应未来社会所需的共同基础。拓展性课程是结合我校"为人和,为学真"的办学理念,指向发展孩子以"品性和、身心健、求知真、兴趣广"的核心素养。我校道德与法治课程的设置尊重孩子的个性,根据不同年级设计以孩子为中心的丰富多彩的活动,力求使孩子真正进入课程,让课堂流动着孩子的童真童趣。

一、学科课程结构

　　《义务教育道德与法治课程标准(2022 年版)》提出,道德与法治"课程具有政治性、思想性和综合性、实践性"[1]"道德与法治课程要培养的核心素养,主要包括政治认同、道德修养、法治观念、健全人格、责任意识。"[2]基于以上认识,我校"和真道法"课程体系分为"和真美德""和真法治""和真健康""和真实践"四大板块。(见图 4-1)

　　图 4-1 中,各板块课程具体表述如下:

(一)和真美德

　　内容为激发孩子们热爱祖国、中华民族文化、中国共产党、中国特色社会主义的情感和遵守道德规范的主题教育活动。它旨在提升孩子的家国情怀、个人品德、家庭美德、社会公德、职业道德,使孩子形成对社会和集体生活的正确态度,学会关心,学会爱,学会负责任,发展良好的道德行为,为孩子成为热爱祖国、热爱家乡,做有道德有责任感的公民打下基础,弘扬中华民族的传统美德。

1　中华人民共和国教育部.义务教育道德与法治课程标准(2022 年版)〔S〕.北京:北京师范大学出版社,2022:1.

2　中华人民共和国教育部.义务教育道德与法治课程标准(2022 年版)〔S〕.北京:北京师范大学出版社,2022:5.

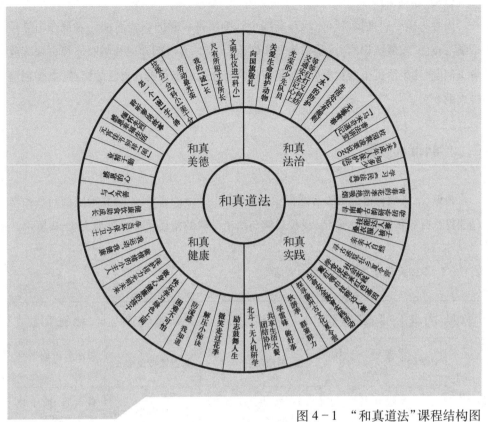

图4-1 "和真道法"课程结构图

（二）和真法治

内容为宪法和法律知识，生命安全和自我保护知识，它旨在树立宪法法律至上、法律面前人人平等、权利与义务相统一等法治观念，了解与日常生活以及未成年人保护密切相关的法律法规，让孩子们养成守法用法意识和行为习惯，具备自我保护的方法。

（三）和真健康

内容为卫生保健知识，还有树立自尊自信、积极向上、勇于挑战、友爱互助等心理健康的主题教育活动，它旨在使孩子从小知道珍爱生命，获得基本的卫生保健意识、积极的思想品质、健康的生活态度，为孩子一生身心健康的发展打下基础。

（四）和真实践

内容为孩子们直接参与体验并发展个性的丰富多彩的实践活动。它旨在引导孩子学习技能，发展认识能力、动手能力和创造力，利用自己的知识和聪明才智去探究或解决问题，让生活更丰富更美好，在此过程中充分地展现并提升自己的智慧，享受创造带来的欢乐。

二、学科课程设置

根据《义务教育道德与法治课程标准(2022年版)》的要求，结合我校道德与法治学科课程总目标和各年级的学情，我校道德与法治学科的拓展课程设置如表4-2所示。

表4-2 "和真道法"拓展课程设置表

学期/内容		和真美德	和真法治	和真健康	和真实践
一年级	上学期	文明礼仪进"科小"	向国旗敬礼	健康饮食助成长	寻南粤古韵研学活动
	下学期	尺有所短，寸有所长	关爱生命，保护动物	争当环保小卫士	叠衣服、被子技能达人赛
二年级	上学期	我的"诚"长	光荣的少先队员	我运动，我健康	亲亲大自然
	下学期	劳动最光荣	交通安全记心上，等等红灯又何妨	做情绪的小主人	寻古迹览壮乡夏令营
三年级	上学期	垃圾分一分，"科小"美十分	"水"的防护	保护视力，光明未来	学党史传承红色基因社会实践
	下学期	怎一个"谢"字了得	生活处处有规则	做身心健康的孩子	戴红领巾技能达人赛
四年级	上学期	聆听萝岗故事	无毒青春	快乐学习，绿色上网	生命安全教育实践活动
	下学期	缅怀先烈，感恩幸福生活	"马米奇遇记"普法讲堂	困难不可怕	探寻徽州古文化夏令营

学期/内容		和真美德	和真法治	和真健康	和真实践
五年级	上学期	元宵佳节别样"闹"	校园欺凌要说 NO	防流感,我知道	秋游季:群策群力
	下学期	业精于勤	《未成年人保护法》知多少	解压小秘诀	学雷锋,做好事
六年级	上学期	感恩的心	学习《民法典》	微笑走过花季	团结协作,共享生活大餐
	下学期	与人为善	青春的花季,拒绝吸烟	励志鼓舞人生	北斗＋无人机研学

第四节　带领孩子领悟道德与法治之美

道德与法治是一门综合性课程,让孩子通过课程学习,将思想政治素质、道德修养、法治素养、人格修养等核心素养内化于心,外化于行。"和真道法"教的是知识,育的是思想,学的是方法,习的是品质。"和真道法"从落实"和真课堂"、打造"和真课程"、举办"和真节日"、开启"和真之旅"和繁荣"和真社团"这五方面入手,在务实求"真"中引导孩子领悟道德与法治之美,践行"让本真点亮童年"的理念。

一、落实"和真课堂",打牢道德与法治学习基础

"和真课堂"是纯朴而真实的学习过程,课堂探求文本之心,追寻孩子之心,体悟教者之心。课堂剥去热闹的外衣,讲究纯朴、自然、务实、求真,它是孩子真实学习的缩影。

(一)"和真课堂"的实践与操作

"和真课堂"让我们不断审问道德与法治的本来面貌。在教学目标设定时,在教学内容选定时,在教学环节确定时,在教学方法制定时,在教学语言敲定时,都应去伪存真,

引导孩子扎实地体会纯朴的品德,自然地感受真实的品德,从容地思考纯朴的自己,自由地表达真实的自己。所以"明朗""自然""从容""自由"就是"和真课堂"的核心。

"和真课堂"拥有明朗的课堂目标。课堂目标既是教师教的目标也是孩子学的目标,课堂的预设和完成主导着一节课的方向和走向。从课堂过程看目标是一课之灵魂,明朗的目标本色而不浮夸,体现了"和真课堂"的理念;从课堂效果看目标是一课之准绳,明朗的目标简明而不繁复,体现了"和真课堂"的特点。

"和真课堂"体现自然的学习过程。课堂学习过程也是教师的教学环节,孩子的学习环节,自然的学习过程犹如一幅优美的山水画,一气呵成,极富生命力。自然的学习过程和谐有效让课堂扎实落地;环环相扣的学习环节让课堂紧凑严密;深度的学习内容让师生回味无穷。

"和真课堂"萦绕从容的文化氛围。课堂文化充盈于课堂之内,渗透于师生之间,是课堂的重要养分。从容的文化氛围是一种润物无声的教育智慧,充满了对生命的点化、润泽与关怀,从容的文化氛围体现了恰如其分的课堂和谐,体现了对教育的尊重、理解与情怀。

"和真课堂"呈现自由的教和学的方法。教学是教师创造性的传递,不能用一种方法限制其成长;学习是孩子个性化的体验,不能用一种思维禁锢其发展。"和真课堂"自由的教和学的方法不仅体现了教师教学的智慧和创造,还体现了孩子学习的探索和创新。

(二)"和真课堂"的评价

"和真课堂"的"和"是以孩子的认知水平为基础,遵循语言发展的客观规律;"真"是在孩子的真实自主合作探究中,自然流露与作者的情感交流。"和真课堂"评价细则如表4-3所示。

表4-3 "和真课堂"评价细目表

类别	指标	标 准 解 读	分值	得分
课堂目标	明朗	1. 学习目标紧扣课标和学段要求,体现文体特点,切合学情,简单、明了。	10分	
		2. 学习目标表述能将"三维目标"有机渗透融合,具体、明确,可操作、可检测。	10分	

类别	指标	标 准 解 读	分值	得分
思路环节	自然	1. 主线清晰,重难点突出;结构合理,循序渐进。	10分	
		2. 能够根据内容分配时间,单位时间效率高。	5分	
		3. 课堂立足道德与法治学科素养,教学内容丰富。	5分	
交流气氛	从容	1. 将课堂自主权还给孩子,倡导个性化、多样化学习,实行自主学习、合作探究、多元互动、和谐共生的多种学习方式。	5分	
		2. 教师努力创造探究学习的条件:激发孩子探究的欲望,设计发散性和探究性的问题,留足探究问题的空间,给孩子足够的自主学习时间和互动的交流时间。	5分	
		3. 教师善于引导、鼓励孩子质疑,培养孩子的质疑能力。孩子在课堂中敢于质疑,并表现出一定的质疑能力。	5分	
		4. 学习目标问题化,以明确的学习任务作为启动和组织孩子学习活动的操作把手,激发孩子探究新知的热情。	5分	
教学方法	自由	1. 最大限度地了解孩子学习中遇到的问题,并对问题进行梳理归纳,聚焦问题,用问题促进、指导孩子探究,孩子自主探究时间充分。	10分	
		2. 教师参与孩子探究活动,能兼顾各个层面的孩子。	10分	
		3. 孩子参与展示交流时,态度积极,参与面广,参与度深。	10分	
		4. 孩子在自学和展示的过程中,体现合作、探究、实践、质疑等学习方式;孩子能够恰当评价;教师进行适时引导,关注有效生成,使问题获得解决。	10分	
本课的亮点:		独特感受:		合计:

二、打造"和真课程",丰富道德与法治拓展课程

"和真课程"以"1+X"的模式建设,它是在基础课程之上,根据学情、师情、校情创造性研发的多个拓展课程。"1+X"课程模式是国家课程校本化的实施,它丰富了"和真道法"课程群的内容。课程的丰富性是课程群发展的基础,但课程群的质量就取决于课程的精致性,我们要建设高质量的"和真课程"。

(一)"和真课程"的实践与操作

"和真课程"的创建直指道德与法治学科核心素养,使其成为人生中重要的痕迹和标识。"和真课程"以孩子发展需求为出发点体现其内在逻辑,相互呼应,环环相扣。

"和真课程"立足目标,整合基础课程。纵观小学道德与法治教材的编写以单篇呈现,以往老师们逐篇讲解缺乏结构性,"和真课程"以整合的方式对丰富的课程资源进行再选择、再重组、再创造,改变"教教材"的老旧模式,形成"用教材教"的理念。有统一的目标,相同的主题,因时而教,因地制宜。

"和真课程"借助活动,发展嵌入课程。嵌入类课程具有形式多样、时间灵活等特点。我们采取"短平快"的实施模式,在晨读、午读、课前5分钟等时间开展活动嵌入实施短小课程;利用"活动周"的实施模式,在周四下午和周末时间举办活动嵌入实施深度课程。我们以孩子的活动为主要课程形式,体现"教、学、做"的统一。

"和真课程"自主选择,促进选修课程。走班式的自主选择课程充分体现了孩子学习的主体性,以兴趣为导向将选择权交给孩子。"和真道法"以丰富的课程门类,优良的课程品质吸引孩子,着力适应每一个孩子的全面发展,提升每一位老师的专业素养。每周四下午两节课的课时,为走班的孩子提供了时间和空间上的保证。

(二)"和真课程"的评价

结合"和真课程"的实践和操作可以判断,优秀课程要具备目标意识、统整促进;活动体验、高效实施;自主发展、体现魅力等特点。

第一,"和真课程"需要具有目标意识,能够将零散的道德与法治学习材料进行统整。"和真课程"的实施,是素质教育的一个重要体现。孩子在"和真道法"课程中整合道德与法治知识、了解道德与法治体系,有利于促进个性发展、能力提升。

第二,"和真课程"重视活动体验,能够高效实施课程。"和真课程"的开发重视孩

子的生活体验,在实施中更加重视孩子的活动体验,让孩子在高效的课程活动中发展道德与法治核心素养。

第三,"和真课程"提倡自主发展,体现课程独特的魅力。课程的发展要在实施过程中形成特色,教师在课程中及时反思与总结,可以提高课程品质,累积典型教学案例,加强课程教学研究等。根据以上认识,"和真课程"评价细目如表4-4所示。

表4-4 "和真课程"评价细目表

项目	评　价　内　容	评价形式	评价等级 (优良中下)
理念	能开发挖掘有意义的课程内容,满足孩子兴趣发展的需求,促进孩子互助、共进、交往,内容有可学性、迁移性等,并能及时修正。	看活动方案、学期活动小结等	
设计	制定以活动为主要实施方法的课程纲要,并根据课程纲要制订一份课程实施计划。	看活动记载本中的课程纲要	
实施	1. 能根据教学计划,精心准备,坚持因材施教,认真指导。 2. 课程实施能满足孩子的兴趣发展需求,重视发展孩子的个性特长,能开发出适合孩子特点和利于孩子发展的道德与法治课程,重视培养孩子的实践能力和创造能力,受到孩子喜爱。	看活动记录、孩子问卷调查、随机访谈、孩子活动感受记录	
评价	按照课程要求制订出个性化的评价方案,组织好对孩子的发展评价,认真做好评价工作。	看评价方案、孩子成果展示	
反思	能够根据课程纲要的设计、课程实施和课程评价中的各个环节进行思考,形成有效经验和建议,并积极完善课程。	个别访谈、查看反思	

三、举办"和真节日",树立道德与法治精神仪式

"和真节日"具有丰富的文化内涵。通过"和真节日"课程系统的传递,使节日文

化可感可触,生动形象。我们利用传统、国际、特色节日结合"和真节日"的课程,引导孩子关注生活,增强生活仪式感,扩宽"和真道法"的外延,丰富"和真道法"的内涵。

(一)"和真节日"的实践与操作

每个节日,都是一个美妙的故事,是一份特别的情趣,是一种浓厚的氛围。孩子对节日的期盼和传统习俗的仪式感,从一定意义上渲染且提升了人类美好生活的精神境界。

"和真节日"是传递爱意的节日。好的教学既是对孩子诚挚的款待,又处处洋溢着美好的童真童趣,同样也是孩子个体与他人传递爱的过程。让孩子度过"和真节日",增强了道德与法治学习的凝聚力,提升了整体文化氛围,为亲子共学提供了契机。

"和真节日"是充满创意的节日。它从节日的独特设计视角出发给孩子以启发,用别开生面的节日度过方式给童年留下美好的记忆。

"和真节日"是充盈情趣的节日。它为孩子营造了有特殊教育功能的情趣氛围。这氛围是一种具有超级魅力的文化气场,它滋养着孩子内心,促进孩子发展。

我们每年创设"和真节日",积极营造浓厚的道德与法治学习氛围,以不同的主题激发孩子对"和真节日"的热情。"和真节日"课程安排如表4-5所示。

表4-5 "和真节日"课程安排表

时间	传统节日				特色节日		
	年级	节日	课程	实施	年级	课程	实施
1月	一至六年级	元旦	一年之始	我的新年祝福	二年级下学期	厨师节	1. 制作创意水果拼盘 2. 学做一道菜
2月		春节、元宵节	古老的节日	1. 写对联、说年俗 2. 猜灯谜	三年级上学期	植物节	1. 了解植物生长过程 2. 体验植物种植过程
3月		妇女节	美的节日	妈妈我爱你	三年级下学期	动物节	1. 了解国家保护动物 2. 寻找"动物关爱天使"

时间	传统节日				特色节日		
	年级	节日	课程	实施	年级	课程	实施
4月	一至六年级	植树节、清明节	我和小树寄托哀思	1. 我和小树一起成长 2. 瞻仰烈士陵园，缅怀先祖	四年级上学期	好家风节	1. 树立好家风 2. 寻找"好家风"
5月		劳动节	最光荣的人	记录我身边的劳动者	四年级下学期	榜样父母节	"榜样家长"进校园宣讲活动
6月		儿童节	可爱的你我他	"我的节日我最闪亮"展示表演	五年级上学期	环保节	1. 了解垃圾分类知识 2. 争当"环保小卫士"
7月		建党节	红领巾向太阳	1. 阅读革命故事 2. 讲革命故事	五年级下学期	法治节	1. 制作法治手抄报 2. 法律知识竞赛
8月		建军节	绿之风采	军人的故事	六年级上学期	朋友节	我和好友摄影大赛
9月		教师节	老师您好	我给老师说句心里话	六年级下学期	毕业节	1. 制作小学纪念册 2. 最美毕业留影
10月		国庆节	祖国妈妈我爱你	1. 学唱《我和我的祖国》 2. 爱国故事比赛	一年级上学期	礼貌节	1. 了解基本文明礼仪 2. "文明之星"大赛
11月		亲亲尊尊	感恩有你	学唱手语歌《感恩的心》	一年级下学期	红领巾节	1. 了解红领巾及其佩戴知识 2. 寻找"最美红领巾"
12月		冬至	暖心团圆	学包饺子	二年级上学期	家务节	1. 体检各项家务 2. "自理小能手"大赛

（二）"和真节日"的评价

"和真节日"课程评价是保证节日课程活动正常进行的必要手段,节日课程活动要规范化、科学化,真正促进孩子的发展,就必须构建合理的评价体系,对节日课程活动的评价应遵循发展性、适宜性、类别性的原则,采用观摩谈话、案例分析等方法及时进行。根据以上认识,"和真节日"评价细目如表4-6所示。

表4-6 "和真节日"评价细目表

项目	评 价 标 准	等级(优良中下)	亮点	建议
主题	鲜明、新颖、有明确的指向性。			
	时代感强,体现当代学生形象的要求。			
内容	活动内容新颖,符合孩子的年龄特征。			
	活动环节典型,有说服力和感染力。			
	结合实际,贴近孩子生活和社会现实。			
形式	寓教于乐,有利于孩子个性特长的展示。			
	层次分明,结构完整紧凑。			
	丰富多样,孩子喜闻乐见。			
	环境营造得体,较好地烘托节日主题。			
过程	孩子热情参与,主体作用发挥好。			
	循序渐进,激发孩子爱祖国、爱生活、爱他人的热情。反映了孩子的认识特点和情感发生规律。			
	教师促进孩子有方,指导有度。			
效果	孩子积极体验,深刻感悟,激起情感共鸣。			
	孩子精神振奋,思想境界得到提升。			

四、开启"和真之旅",拓宽道德与法治实践天地

"和真之旅"通过组织孩子们参加社会实践,让孩子在多元的环境中亲近自然、感受历史、体验人文,感受道德与法治无处不在、无时不有,在充满真、善、美的环境中陶冶情操、健康成长。

(一)"和真之旅"的实践与操作

陶行知先生的"生活即教育"启发着我们,让孩子们在生活实践中进行道德与法治的学习,提升孩子们的综合素养。

"和真之旅"关注生活,形成道德与法治意识。生活是孩子道德与法治学习的源泉,只有将道德与法治实践和生活结合起来,道德与法治学习才有源头活水,才有施展才华之地。迈开脚步,行走在"纯真之旅"中,生活的道德与法治处处是蓝本、是教材。在关注生活的基础上,道德与法治无处不在。

"和真之旅"感悟生活,激发道德与法治思维。开启道德与法治学习之旅,就是开启了道德与法治思维之路,让孩子从生活中发现道德与法治、感悟道德与法治、塑造品行,这是实施"和真道法"的有效途径。只有在实实在在的实践中点燃灵感的火花,才能体会道德与法治的魅力;只有在广博坚实的视野中形成思维的溪流,才能展现道德与法治的活力。在"和真之旅"的行走中,使孩子睁开眼睛凝视万物,竖起耳朵倾听万籁,敞开心扉感受万种风情。

"和真之旅"回归生活,演绎精彩道德与法治。道德与法治学习的外延和生活的外延相等,生活中处处有道德与法治。"和真之旅"就是在生活中激发孩子展现其道德与法治素养的平台;"和真之旅"就是在意识上促进教师形成其大课程观的源泉。"和真之旅"真真切切实现着学科的大视野和大格局,充分凸显了生活是课程之源的宗旨。"和真之旅"课程活动安排如表4-7所示。

表4-7 "和真之旅"课程活动安排表

时间	地　　点	参与人员	课　　程
1月	广州出版社	三年级学生	书的诞生
2月	黄埔古港	——六年级学生	重走丝绸之路

时　间	地　　　点	参与人员	课　　程
3 月	中山纪念堂	五年级学生	走进革命
4 月	广州起义烈士陵园	四年级学生	缅怀英雄
5 月	南沙湿地公园	一—六年级学生	走进大自然
6 月	广州报社	三—六年级学生	报纸的家
7 月	黄埔军校	四年级学生	铭记历史
8 月	陈家祠	六年级学生	祠堂文化
9 月	广州鲁迅纪念馆	六年级学生	鲁迅人生
10 月	广州塔	三年级学生	走进新时代
11 月	广东省博物院	五年级学生	感受历史
1—12 月	广州动物园	一—六年级学生	动物是朋友
3.7.10. 12 月	白云山景区、越秀公园、大夫山森林公园、天河公园、海珠湖公园等	一—六年级学生	触摸四季

道德与法治教研组将每学期、每月初统一设置各年级进行研学旅行的方案上报学校。经学校课程委员会批准分批进行集体、小组、亲子活动。

(二)"和真之旅"的评价

"和真之旅"强调评价的激励性,鼓励孩子发挥自己的个性特长,施展自己的才能,努力形成激励广大孩子积极进取、勇于创新的氛围。"和真之旅"采用多种方式评价,如对书面材料的评价与对孩子的口头报告、活动、展示的评价相结合;教师评价与孩子的自评、互评相结合;小组的评价与组内个人的评价相结合等。"和真之旅"的评价在孩子自我评价的基础上,尽可能采用集体讨论和交流的形式,将个人和小组的经验及成果展示出来,并鼓励相互之间充分发表意见和评论。根据以上认识,"和真之旅"评价细目如表4-8所示。

表4-8 "和真之旅"评价细目表

评价项目	评价要点	评价标准	效果(优秀、良好、一般、较差)
目的内容20分	1. 目标明确	符合培养4种意识、4种能力、发展个性	
	2. 内容实用	1. 贴近生活,丰富孩子的直接经验 2. 贴近孩子,丰富孩子的间接经验	
	3. 内容综合	1. 引入多种信息 2. 运用道德与法治学科知识	
	4. 深浅适当	难易适当	
方式方法15分	1. 组织形式	1. 走出校园实践感悟 2. 具体组织形式得当	
	2. 孩子活动方法	1. 方法得当 2. 多法结合	
活动过程30分	1. 活动要素	1. 具备基本出行要素 2. 有机组合家校配合要素	
	2. 活动步骤	1. 活动准备 2. 活动展开、研究、实践 3. 活动评价总结	
活动效果35分	1. 孩子自主性	孩子在教师的指导下自主思考、设计操作和解决问题	
	2. 孩子创造性	1. 思路设计新颖 2. 方式方法多样 3. 有一定的活动成果	

五、繁荣"和真社团",点燃道德与法治学习兴趣

"和真社团"是道德与法治学习实践的重要组成部分,是孩子交流道德与法治学习的空间、展示自我的平台。

（一）"和真社团"的实践与操作

"和真社团"不仅有基础类和多样的必修类课程,也提供了丰富的选修类课程,充分尊重孩子的选择权。

"和真社团"门类丰富,思路开阔。我们以"让每一位孩子每学期至少参加一个和真道法社团"为建设目标,引导孩子广泛参与各类社团活动,力争让每一个孩子都能较好地掌握一样道德与法治专项特长。我们组织专门机构负责"和真社团",定期组织学习研究,协调校内外、课内外关系,保证方案正常实施。

"和真社团"责任到位,师生见长。各项道德与法治活动均设立具体的负责教师,由学校根据教师道德与法治的专业、特长和爱好,在自愿的基础上统筹调配,每个课程配置两位教师,一位教师负责具体的教学活动安排、备课等教学任务;一位教师负责孩子的召集、考勤并协助授课教师完成教学活动,以此对孩子进行针对性教学。

"和真社团"时间固定,自主选择。我们把"和真社团"的全部活动安排在每周固定活动时间,便于教师的统一安排,也有利于学校形成浓厚的道德与法治社团氛围。根据课程内容不同,面向不同年级招募孩子,可以跨越年级,每个社团人数尽量不超过45人,以保证学习效果。我们充分利用学校现有功能室及教室,真正做到物尽其极,物尽其用。

"和真社团"气氛浓厚,活动丰富。我们尊重孩子学习道德与法治的主体性,极大地激发孩子学习道德与法治的兴趣,在社团活动中使孩子感受到角色的转化,体验成功的喜悦,使孩子得到全面的发展。"和真社团"课程安排如表4-9所示。

表4-9 "和真社团"课程安排表

时　间	地　点	参加人员	课程名称
周四下午	一年级1班教室	一年级学生	自然贴画社
周四下午	二年级1班教室	二年级学生	垃圾分类社
周一下午	三年级1班教室	三年级学生	环境保护社
周二下午	四年级1班教室	四年级学生	国粹体验社
周三下午	五年级1班教室	五年级学生	家乡研究社
周五下午	六年级1班教室	六年级学生	法治学习社

（二）"和真社团"的评价

"和真社团"在丰富校园文化，培养孩子兴趣，发挥孩子特长，拓展孩子素质等方面发挥着越来越重要的作用。"和真社团"以其更大的活动空间，更丰富的活动内容，更灵活的活动方式，深受孩子的喜爱。因此，我校将"和真社团"建设作为培养孩子综合素质的重要途径，随着各个社团规模不断扩大，社团活动日益丰富，社团作用不断增强，"和真社团"成为我校发展的一个"新亮点"。"和真社团"评价参照如下标准：

第一，活动记录认真完整。活动方案制定丰富多彩，规范细致，可操作性强，活动过程较详细，学期结束有活动反思或小结。

第二，教师充分履行指导的职责。社团活动过程中，教师能进行有效的指导，帮助孩子发展特长。

第三，注重文化建设。社团活动文明有序，体现社团主题的特色。

第四，学生成果展示。学期结束时，社团能以个性的方式展示社团活动成果。

第五，满意度调查。通过调查问卷、访问、谈话等形式了解孩子对社团活动满意程度，满意率超过60%为合格，75%为良好，85%为优秀。

我们以"让本真点亮童年"的理念为中心，用"和真课堂""和真课程""和真节日""和真之旅""和真社团"构画了"和真道法"的实施路径，最终发展孩子的道德与法治核心素养，实现"和真道法"为孩子的全面发展、终身发展助力。学校将从价值促进、组织建设、专业研修、制度保证、评价导航、资源设施六个方面入手，做好课程的管理和保障，使"和真道法"能够扎实落地，生根发芽。

综上所述，"和真道法"是我校师生共同的价值追求，我们把"为人和，为学真"贯彻到孩子的教育与教师的专业成长道路中，帮助孩子树立正确的世界观、人生观和价值观，促进孩子身心健康发展，营造积极向上的校风，帮助老师构建自主创新的生活化课堂，让孩子在轻松活泼的活动中，放松身心，体会"和"与"真"，强化道德与法治对生活的导向作用。

第五章

和创科学：让我们打开世界奥秘的大门

科学是基础性的学科，孩子们可以在学科学中收获科学知识；科学是有趣的学科，孩子们可以在学科学中感受科学的奇妙；科学是实践性的学科，孩子们可以在科学实践中获取真知。我们一起走进科学，感受科学的魅力，打开世界奥秘的大门。

广州市黄埔区科学城小学科学组共有 4 名专职科学教师,这支队伍年轻但有激情,在研究科学教材教法、创新科学课堂的实践中提出了"和创科学"的学科理念。依据教育部《关于全面深化课程改革落实立德树人根本任务的意见》《义务教育小学科学课程标准(2022 年版)》等文件,我们不断推进科学学科课程建设,取得了可喜的成效。

第一节　寻找和创科学的钥匙

一、学科性质

《义务教育科学课程标准(2022年版)》指出,义务教育科学课程是一门体现科学本质的综合性基础课程,具有实践性。[1] 根据研究对象不同,可将科学分为物理学、化学、生物学、天文学、地球科学等分支。针对孩子身边的现象,从物质科学、生命科学、地球和宇宙科学、技术与工程四个领域综合呈现科学知识和科学方法,注重孩子的全面发展,提高孩子的科学素养,以应对未来社会的挑战。

因此,我们注重培养孩子的探究能力、创新意识、科学态度和科学精神。选取课程内容时,加强与现代社会、科技发展的联系,并培养孩子的社会责任感和正确的世界观。

二、学科课程理念

为了让孩子能在学习科学知识的过程中,感受科学科技给人类生活带来的方便,感受科学科技给人来生活带来的惊喜,我校老师不断进行教学实践和教学调整,提出了"和创科学"的学科课程理念。"和创科学"提倡从生活出发,引导孩子树立学习科学的意识,激发孩子学习科学的兴趣,培养孩子独立解决科学问题的能力。我们提倡人人学科学,让每一个孩子感受到学习科学的乐趣。

(一)"和创科学"是人人都需要学习的科学

小学科学课程对于培养孩子的科学素养、创新精神和实践能力具有重要的价值,每个孩子都要学好科学。"和创课堂"面向全体孩子,适应孩子个性发展的需求,使他们获得良好的科学教育。人人学科学,能有更多的孩子接触到科学,还能扩大研究科

1　中华人民共和国教育部.义务教育科学课程标准(2022年版)[S].北京:北京师范大学出版社,2022:1.

学的范围,促进科学的发展,造福人类的生活。

（二）"和创科学"是探究式学习的科学

小学科学课程的学习方法是多种多样的,探究式学习是孩子学习科学的重要方式。所以"和创科学"提出突出创设学习环境,为孩子提供更多自主选择的学习空间和充分的探究式学习机会;强调做中学和学中思,通过合作与探究,逐步培养孩子提出科学问题的能力、收集和处理信息的能力、获取新知识的能力、分析问题和解决问题的能力。

（三）"和创科学"是增加学习趣味的科学

孩子对周围世界具有强烈的好奇心和求知欲,这种好奇心和求知欲是推动孩子科学学习的内在动力,对其终身发展具有重要的作用。"和创科学"将科学本质、科学思想、科学知识、科学方法等学习内容镶嵌在儿童喜闻乐见的科学主题中,创设愉快的教学氛围,保护孩子的好奇心和求知欲,激发孩子学习科学的兴趣,引导孩子主动探究,积累生活经验,增强课程的意义性和趣味性。

第二节　用心雕刻科学的殿堂

一、学科课程总体目标

《义务教育科学课程标准（2022 年版）》指出,小学科学课程的总目标是培养学生的核心素养,为学生的终身发展奠定基础。学生通过科学课程的学习,掌握基本的科学知识,形成初步的科学观念;掌握基本的思维方法,具有初步的科学思维能力;掌握基本的科学方法,具有初步的探究实践能力;树立基本的科学态度,具有正确的价值观和社会责任感。[1]　总目标分别从"科学知识""科学思维""探究实践""态度责任"四个

---

[1] 中华人民共和国教育部.义务教育科学课程标准（2022 年版）[S].北京：北京师范大学出版社,2022：6 - 7.

方面具体阐述。

（一）科学知识目标

（1）了解物质的基本性质和基本运动形式，认识物体的运动、力的作用、能量、能量的不同形式及其相互转换。

（2）了解生物体的主要特征，知道生物体的生命活动周期；认识人体和健康，以及生物体与环境的相互作用。

（3）了解太阳系和一些星座；认识地球的面貌，了解地球的运动；认识人类与环境的关系，知道地球是人类应当珍惜的家园。

（4）了解技术是人类能力的延伸，技术是改变世界的力量，技术推动着人类社会的发展和文明进程。

（二）科学探究目标

（1）了解科学探究是获取科学知识的主要途径，是通过多种方法寻找证据、运用创造性思维和逻辑推理解决问题并通过评价与交流等方式达成共识的过程。

（2）知道科学探究需要围绕已提出和聚焦的问题设计研究方案，通过收集和分析信息获取证据，经过推理得出结论，并通过有效表达与他人交流自己的探究结果和观点；能运用科学探究的方法解决比较简单的日常生活问题。

（3）初步了解分析、综合、比较、分类、抽象、概括、推理、类比等思维方法，发展学习能力、思维能力、实践能力和创新能力，以及运用科学语言与他人交流和沟通的能力。

（4）初步了解通过科学探究达成共识的科学知识在一定阶段是正确的，但是随着新证据的增加，会不断完善，甚至会发展变化。

（三）科学态度目标

（1）对自然现象保持好奇心和探究热情，乐于参加观察实验、制作、调查等科学活动，并能在活动中克服困难完成预定的任务。

（2）具有基于证据和推理发表自己见解的意识；乐于倾听不同的意见和理解别人的想法，不迷信权威；实事求是地修正与完善自己的观点。

（3）在科学学习中运用批判性思维大胆质疑，善于从不同角度思考问题，追求创新。

（4）在科学探究活动中主动与他人合作，积极参与交流和讨论，尊重他人的情感和态度。

（四）科学、技术、社会与环境目标

（1）初步了解所学的科学知识在日常生活中的应用。

（2）初步了解人类活动对自然环境、生活条件及社会变迁的影响；了解社会需求是推动科学技术发展的动力；了解科学技术已成为社会与经济发展的重要推动力量。

（3）初步了解在科学技术的研究与应用中，需要考虑伦理和道德的价值取向；热爱自然，珍爱生命，具有保护环境的意识和社会责任感。

二、学科课程年段目标

小学科学课程的学习周期比较长，课程的设计要符合学生的年龄特点与认知规律。基于孩子的年龄特与认知规律，根据《义务教育科学课程标准（2022 年版）》、各年级《科学教师教学用书》以及校本课程，现以五年级为例，设置学科课程目标如表 5－1 所示。

表 5－1 "和创科学"五年级课程目标表[1]

上学期	第一单元（生物与环境）	共同要求： 1. 知道动植物对环境有基本的需要，动植物会对它们需要的环境进行选择，不同的生物对环境有着自己特有的需要。所有的生物都会引起它们所生存的环境的变化。动植物之间存在着非常复杂的关系，生物与生物之间是相互依存、相互作用、相互影响的。在一定范围内的生物必须和谐共处，生态平衡受到破坏，生物的生存就会受到威胁。 2. 通过文字、图画和讨论表达自己的想法，观察种子的发芽、绿豆的生长，进行蚯蚓选择环境条件的实验，增加对生物与环境关系的理解。 3. 获得生物生存需要一定的环境条件的认识，形成积极对待生物的态度，认识到保护环境的重要性。 校本要求： 1. 通过对种子发芽和种子生长的观察研究，认识植物与无生命环境的关系。

---

[1] 郁波.义务教育课程标准实验教材科学教师教学用书.五年级.上下册［M］.北京：教育科学出版社，2003：6.

114

	第 一 单元（生物与环境）	2. 了解动物是会根据自身生存的需要对环境条件进行选择的。 3. 通过建造生态瓶和模拟实验，认识在一定区域内生活的生物需要一个和谐、平衡的生态环境。
上学期	第 二 单元（光）	共同要求： 1. 探究影子产生的条件：光源、挡光物体和屏。光是直线传播的，挡光物体会有影子。观察影子、光源、物体之间的关系，在光的照射下物体影子的长短、方向、大小和光源的位置、方向、距离有关。 2. 用日影观察记录一天中物体影子的变化，需找变化规律：阳光下物体的影子会随着太阳位置的高低和方向的改变而改变。 3. 通过对比实验探究阳光的强弱、材料的属性、物体受阳光照射的角度和物体升温的快慢，设计制作简易太阳能热水器。 4. 认识光的反射原理在生产生活中的广泛运用。制作简易潜望镜。 5. 认识到认真观察、实验、实事求是记录观察数据的重要性，认识到自然事物之间的变化是有联系、有规律的。 校本要求： 1. 知道影子的形成条件。 2. 知道光的传播方式。 3. 知道太阳能是一种清洁、节能、安全的能源，人们正在大力开发和利用太阳能。
	第 三 单元（地球表面及其变化）	共同要求： 1. 认识地球表面有河流、海洋、山脉、高原等多种多样的地形地貌，通过查阅资料，了解地球内部的运动是如何引起地形变化的，火山和地震的成因，以及风力、海浪、冰川等对地表的侵蚀和沉积作用。 2. 按要求进行实验操作，风化作用和生物作用会使岩石最终变成土壤，通过实验观察、探究雨水对土地的侵蚀、对河流的影响，以及土壤的成分。 3. 用文字、图画符号记录实验结果，模拟实验降雨量的大小、土地坡度的大小、有无植物覆盖等影响土地被侵蚀的程度。 4. 人类活动也会改变地表形态，这种改变有时会加剧自然灾害的影响，对自然现象和实验结果作出自己的解释，在小组内交流结果和想法。认识到土壤对生命以及人类生活生产的重要意义。 校本要求： 1. 知道描述地形的科学词汇，山地、平原、高原等。 2. 知道地形不会保持不变。 3. 对自然现象和实验结果作出自己的解释，在小组内交流结果和想法。

上学期	第四单元（运动和力）	共同要求： 1. 用简单材料制作橡皮筋测力计,模拟滚珠轴承,学习物体运动的不同形式,如滑动、滚动和反冲运动。运用已有知识和经验大胆想象,创造性制作小车并进行比赛。 2. 使用弹簧测力计测量力的大小,常见的力有重力、弹力、反冲力和摩擦力,力的单位是"牛"。 3. 用简单器材做拉力大小与车快慢的简单对比实验,橡皮筋的圈数与小车行驶距离有关的实验,学习改变物体的静止或运动状态必须有力的作用。 4. 经历推测、设计实验、检验推测的过程,并做实验记录,探究摩擦力大小与接触面的光滑程度、运动物体的重量、运动方式的关系,得出摩擦力有时有利、有时有害的结论。 5. 勤于思考,大胆解释,乐意用科学知识分析日常事物。 校本要求： 1. 了解物体运动状态的改变是因为受了力的作用,力是运动状态改变的原因。 2. 认识各种不同的力。
下学期	第一单元（沉和浮）	共同要求： 1. 按一定要求进行简单的设计和制作,学习用控制变量法探索物体浮沉的原因：与构成它们的材料和液体的性质有关。 2. 学会用弹簧称测量物体在水中受到的浮力,解释物体在水中的沉浮现象：比同体积的液体重的物体,在液体中下沉,比同体积的液体轻的物体上浮。用画示意图的方法,表示浮力和重力的关系。 3. 经历观察方法的实际改进、通过实验获得数据并转化为证据的过程,培养逻辑思维能力,对观察研究结果进行简单的整理、分析和概括,形成科学概念。 4. 体验科学探究的乐趣,保持和发展探究周围事物的兴趣和好奇心,认识到科学和技术紧密相连,为人类的发展做出了巨大的贡献。 校本要求： 1. 知道物体在水中有沉有浮,判断物体沉浮有一定的标准。 2. 对物体的沉浮作出预测,并用实验验证,做好记录。 3. 知道物体在水中都受到浮力的作用,物体浸入水中的体积越大,受到的浮力也越大。
	第二单元（时间）	共同要求： 1. 感受"时间"有时是指某一时刻,有时则表示一个时间间隔(即时长)。 2. 学习辨别和控制实验中的可变因素,预测和测试怎样改变一个可变因素从而印证实验结果,解释结果及总结可变因素是如何改变、影响实验结果的。

下学期	第二单元（时间）	3. 计时工具准确性的提高要靠设计、材料等的改进,通过阅读和研究科学资料以获取更多的信息,设计、制作和改进"太阳钟""水钟"和"摆钟"等简易计时器。 4. 初步意识到事物是运动变化的,事物的运动变化是有一定规律的,初步体验到科学、技术与人们生活的紧密联系。 校本要求: 1. 观察和记录有关太阳运动变化周期的信息。 2. 发展探究时间以及计时工具的兴趣。 3. 初步意识到事物是运动变化的,事物的运动变化是有一定规律的。
	第 三 单元（热和燃烧）	共同要求: 1. 热是一种能量的形式,热能够从物体温度较高的一端向温度较低的一端传递,从温度高的物体向温度低的物体传递,直到两者温度相同。热可以通过多种方式进行传递,不同物质传递热的本领是不同的。 2. 物体由冷变热或由热变冷的过程中会发生体积的变化,这可以通过我们的感官感觉到或通过一定的装置和实验被观察到。 3. 大多数的固体、液体和气体都具有受热时体积膨胀,遇冷时体积缩小的性质。 4. 尝试用模型解释微观现象。学习正确使用酒精灯、温度计等仪器开展观察实验活动。 校本要求: 1. 发展探究热现象的兴趣。 2. 初步意识到事物遵循普遍规律,但也有特殊性。
	第四单元（地球的运动）	共同要求: 1. 地球在自转和公转;证据不仅来自人造地球卫星的观测,还有来自观察或实验的多种现象。 地球自转的方向是逆时针（自西向东),周期为 24 小时,地球围绕地轴自转,地轴是倾斜的;与地球自转相关联的现象有:昼夜现象,不同地区迎来黎明的时间不同,看上去北极星不动等。 2. 恒星周年视差是历史上证明地球公转的关键性证据。公转过程中,地轴倾斜方向保持不变,因此形成了四季和极昼极夜现象。 3. 对地球的运动进行较系统、持续和细致的探究。通过观察、模拟实验、收集资料等多种途径和方法,收集有关的证据。对获得的证据进行批判性选择和思维加工,最终形成解释。如解释有多种可能性,需进一步探求证据。利用文字、图表、图画等方式描述观察、实验和测量的结果,并且能对观察结果进行分析。 校本要求: 1. 初步了解人类认识地球及其运动的历史。 2. 知道昼夜交替和一年四季的成因。

第三节　丰富孩子的科学世界

　　我校"和创科学"课程框架架构依托基础课程的学科特点,注重培养孩子的兴趣、探究能力和创新意识,以及科学态度、科学精神。加强课程内容与孩子生活、现代社会和科技发展的联系,关注技术应用带来的社会进步和问题,培养孩子的社会责任感和正确的世界观。针对孩子身边的现象,从小学科学课程内容的四大跨学科概念(物质与能量、系统与模型、稳定与变化、结构与功能)中[1]提炼出物质世界、生命王国、宇宙奥秘、我是工程师四方面的内容。

一、学科课程结构

　　《义务教育科学课程标准(2022年版)》针对孩子身边的现象,在小学科学课程标准中划分物质科学、生命科学、地球和宇宙科学、技术与工程四个领域。因此,我校设置了包含"物质世界""生命王国""宇宙奥秘""我是工程师"的课程内容,详见图5-1。

　　(一) 物质世界

　　孩子每时每刻都在接触各种各样的物质,感受自然界和人类生活中所发生的,丰富多彩的物质的运动和变化。本领域内容的学习将有助于增强孩子探究物质世界奥秘的好奇心,使孩子感受到物质世界促进社会进步,提高人类生活质量的重要作用。

　　(二) 生命王国

　　生命世界包括动物和植物等多种生物类群,生物的生存都需要一定条件,如营养物质、合适的温度、水和空气等。本领域的学习,有助于激发孩子了解自然和认识自然界的兴趣,帮助孩子初步形成生物体的结构与功能、局部与整体、多样性与共同性相统

1　中华人民共和国教育部.义务教育科学课程标准(2022年版)[S].北京:北京师范大学出版社,2022:16.

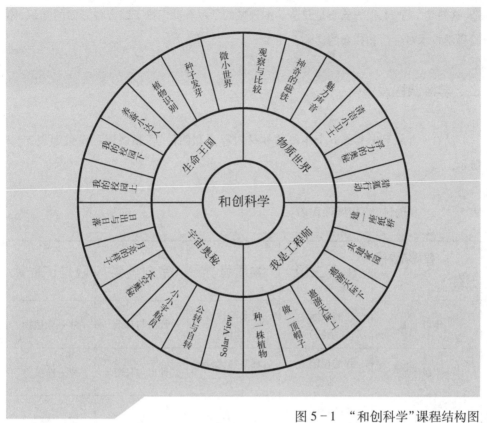

图 5－1 "和创科学"课程结构图

一的观点,增进热爱大自然、爱护生物的情感。

（三）宇宙奥秘

地球与宇宙中的有关现象、事物和规律,具有时间和空间的复杂性,需要对它们运用实地观察、长期观测、建筑模型、模拟实验、逻辑推理等方法进行研究。本领域的学习有助于学生激发对地球和宇宙的探究热情,发挥空间想象、模型思维、逻辑推理等能力,初步建立科学的宇宙观和自然观,以及人地协调的可持续发展观。

（四）我是工程师

人类观察自然、研究各种现象产生和变化的原因,而产生科学,科学的核心是发现;对科学加以巧妙利用以适应环境、改善生活而产生技术,技术的核心是发明;人类为实现自己的需要,对已有的物质材料和生活环境加以系统性的开发、生产、加工、建造,这便是工程,工程的核心是建造。本领域的学习有助于孩子综合各方面的知识,体验科学技术对生活和社会的影响。

二、学科课程设置

结合一年级到六年级6个年段的教材内容,"和创科学"拓展课程设置如表5-2所示。

表5-2 "和创科学"拓展课程表

智慧城课程 年级	生命王国	物质世界	宇宙奥秘	我是工程师
一年级上册	我的校园上 (植物)	观察与比较 (物体)	日出与日落	种一株植物
一年级下册	我的校园上 (动物)	观察与比较 (身体)	日出与日落	种一株植物
二年级上册	我的校园下 (小鱼塘)	我们的水壶	地球的样子	做一顶帽子
二年级下册	我的校园下 (大草坪)	神奇的磁铁	月亮的样子	磁铁玩具
三年级上册	养蚕小达人	魅力声音	太阳系探秘	遨游天际上
三年级下册	养鱼小达人	乐器的秘密	银河系探秘	遨游天际上
四年级上册	植物识别	清洁小卫士	小小宇航员	遨游天际下
四年级下册	动物识别	清洁小卫士	小小宇航员	遨游天际下
五年级上册	种子发芽	水中土豆	自转	共建家园
五年级下册	植物生长	醋中鸡蛋	公转	机器人拼装
六年级上册	放大镜的世界	猎狐行动	Solar View	一架纸飞机
六年级下册	显微镜的世界	猎狐行动	Solar View	一座纸桥

第四节　打开世界奥秘的大门

小学科学课程目标从根本上来说,是通过科学学习活动来全面提升小孩子的科学素养。概括而言,科学素养包括基本的科学知识,科学学习的基本方法和技能,科学学习兴趣与基本的科学研究能力等,这些素养的形成依赖于一定的科学学习活动。具体说来,这些学习活动包括:实验操作类,作品制作类,观察活动类,资料收集类等。尽管从表面上看这些活动各不相同,或者是说在具体的教学过程中需要采用不同的教学方法,但是这几种不同的科学学习活动却有着内在的一致性,即致力于提高孩子发现问题、分析问题与解决问题的水平。在我校的课程中,包括了五大课程实施途径。

一、构建"和创课堂",促进教学相长

提倡人人学科学,首要的就是规范校内的科学课程。"和创课堂"是我校遵循教育规律和孩子成长规律,注重科学精神和人文精神的融合,努力把科小学子培养成全面发展的现代少年。

(一)"和创课堂"的实施

1. 创设优良的科学学习环境

我们有意识、有计划地完善校内的科学课教学环境,创设出既与学习对象密切联系,又能有学习真实感的环境,充分调动孩子的感官,激发孩子的好奇心、求知欲,引导孩子全身心地投入到科学学习活动中来。如:创设多彩的自然环境,积极利用校园的绿化,创设四季变化的自然景观,使师生一进校门就能感受到大自然变化的气息。

2. 创设情境,激发兴趣

情境教学使教学内容生动化、形象化,在教学实践中,教师可运用多媒体教学,巧妙地创设可行有效的情境,使孩子的思维在好奇心的牵引下发展和上升。丰富的多媒体资源使复杂的现象变为简单的理解,微观和宏观的世界变得直观易懂,很大程度上增强了孩子学习的兴趣。多媒体资源包括图像、声音、数据、动画、视频等。

3. 规定科学实验室的使用规范

孩子学习科学的环境主要是在科学实验室中,实验室的环境能直接影响孩子学习的心理:(1)科学实验室的地理位置处于学校安静的一角为佳,能防止外界的影响;(2)实验用的物品材料在给孩子之前不要吸引孩子注意,摆放在孩子不容易看见的地方;(3)常用的材料也应以易接近性为目的摆放,位置离孩子不能太远。

4. 小组合作学习,共享成果

在合作交流之后,孩子将交流的经验成果在全班进行展示分享,体验到智慧共享之乐。在分享的过程中,对孩子所反映的情感、态度、策略等方面进行及时的评价,鼓励孩子自我纠正,自我提高。

(二)"和创课堂"评价标准

"和创课堂"按照表5-3评价标准进行评价,根据各个评价目标的完成情况进行评分,总分90分以上为优秀,80—90为良好,70—80为中等,70以下则要继续改进。

表5-3 "和创课堂"评价标准

评价目标			评 价 要 求	分值
教学目标			1. 知识目标必须符合课程标准、教材的要求和孩子接受能力,深浅合适,容量适中,切合实际,针对性强。 2. 突出能力目标,有创新意识。 3. 面向全体孩子,体现分层次教学思想。	10
教学内容			1. 内容正确,容量适中,由浅入深。 2. 创造性地处理运用教材,引入的教学辅助材料恰到好处。	10
教学过程	课堂结构		1. 结构完整,思路清晰,有改革创新意识。 2. 环节设计合理,意图明确,过渡自然。 3. 时间分配合理。	10
	教与学的关系	"导"作用	1. 组织严密,形式多样,活而不乱。 2. 能充分利用孩子的生活经验和知识储备。 3. 面向全体,提供足够的探究时间与空间,重视教学的延续性。	10
		探究	1. 孩子有强烈的求知、探究欲望。 2. 孩子知识内化明显,掌握一定的学习和解决问题的方法。 3. 不同层次孩子都能感受到成功的快乐,有创新意识与行为。	10

评价 目标	评 价 要 求	分值
教学 方法	方法灵活,形式多样,面向全体孩子,注重科学素养的培养。	10
教学 媒体	1. 选择恰当,效果突出。 2. 操作熟练。	10
教师 素质	1. 思维活跃,勇于创新。 2. 教态亲切、大方,语言精练。 3. 有扎实的专业知识,课堂语言规范、科学,驾驭课堂能力强。	10
教学 效果	1. 孩子积极参与课堂教学,气氛热烈,思维活跃。 2. 树立正确的科学观。	20
总分		

二、开发"和创课程",提升科学素养

根据学校科学学科师资力量,结合教师自身特长,我们依据《义务教育科学课程标准(2022年版)》,以国家统编教材为原点,组建科学学科课程群,这是对基础课程的强化和夯实,是一个主题明晰的内容系列,是采用多样的相对固定的形式与时间的"微课程"。通过这些课程的实施,结合课本知识内容向外拓展相关课外课程,不仅巩固原有知识,还拓宽了孩子的视野,激发孩子的兴趣爱好和学习潜能,促进孩子基础课程的学习效能的提升。

(一)"和创课程"的实施

根据每个学段孩子的年龄层以及课本教学内容编排的不同,我们制定了一系列符合孩子心身发展规律的"和创课程"。

为了全面渗透小学科学课程目标,"和创课程"是在四大领域开展的活动课程。针对孩子身边的现象,从《义务教育科学课程标准(2022年版)》中13个核心概念提炼出物质世界、生命王国、宇宙奥秘、我是工程师四方面的内容。

（二）"和创课程"评价标准

"和创课程"采取学分制评定。评价突出对能力和综合素质的考查,坚持以孩子发展为本,切实体现"和创课程"的实施目的。评价有机结合终结性评价(50分)与过程性评价(50分)。总分90分以上为优秀,80—90分为良好,70—80分为中等,60—70分合格,60分则为不通过。

表5-4 "和创课程"评价表

指 标			分值（分）	考查方法	评价主体	评分
一级指标	二级指标	三级指标				
过程性评价（50分）	出勤（20分）	100%	20	出勤登记表	班干部、指导老师	
		90%	16—18			
		80%	12—16			
		80%	不及格			
	课程学习（30分）	兴趣与参与	6	课堂观察登记表	指导老师、同伴、自己	
		合作与交流	6			
		知识掌握与运用	8	学习情况		
		收集与分析	6	作业		
		反思与计划	4	小组合作评价表		
终结性评价（50分）	知识考查（20分）	课内掌握情况	10	笔试或口试	指导老师	
		课外习得情况	10			
	表现技能（20分）	基本技能掌握情况	5	表现及活动（动手操作、表达与交流、展示等）	指导老师、同伴	
		与人合作的能力	5			
		分析与处理问题的能力	5			
		创新与实践的能力	5			

指　标			分值（分）	考查方法	评价主体	评分
一级指标	二级指标	三级指标				
终结性评价（50分）	情感态度价值观（10分）	对课程的学习兴趣	5	试卷与表现性活动	指导老师	
		参与态度	2			
		社会责任感与使命感	3			

三、举办"和创科技节"，丰富孩子校园生活

"和创科技节"是我校的科学科技重要活动之一。我校举办科技节，以培养孩子的创新精神和实践能力为核心，努力营造浓郁的科学氛围，激发孩子的学习兴趣，发掘孩子的潜能，积极推动校园科技活动的蓬勃开展，让孩子在活动中充分体验学习科学的乐趣，使能力获得进一步发挥，科学文化素养得到进一步提升。

（一）"和创科技节"的实施

学校结合自身教育教学工作实际，通过组织丰富多彩的科技教育和科普活动，进一步激发师生们爱科学、讲科学、用科学的热情，培养孩子的科学精神，进而推进学校素质教育的深入开展，促进孩子科学素养、科技创新的全面提升。

（1）科普教育大讲堂。利用周边企业的力量，每学期给孩子们带来精彩有趣的科普讲座，无人机驾驶知识、人工智能前沿科技、生命科学、少儿编程等。

（2）举办班级主题探究。年级设定大主题，班级设定小主题。鼓励孩子们自由组成合作团队，每项工作细化到人，让孩子们在研学探究的过程中实实在在地提高科学素养、学会与人合作。

（3）校内组织进行科普知识竞赛。采取笔试与现场答题相结合，主要考查孩子对科学知识的掌握情况，同时锻炼他们应用科学知识的水平。

（4）科技展区的体验活动。

（二）"和创科技节"评价标准

"和创科技节"评价标准结合主题内容、活动新颖性、活动流程、活动可行性、孩子参与度、科技节意见反馈等六大方面，总分90分以上为优秀，80—90分为良好，70—80分为中等，70分以下则为待改进。

表5-5 "和创科技节"评价标准

评分项目	评 分 标 准			得分
主题内容（30%）	活动符合科学主题，并突出展现了"和创科学"主题的风采。30—25分	活动虽然符合科学主题但"和创科学"的主题不突出。24—15分	活动基本符合科学主题，但凸显不出"和创科学"。14—0分	
活动新颖性（15%）	科技活动形式独出心裁，别具一格。15—12分	科技活动形式较为新颖，比较有创意。11—6分	科技活动形式比较陈旧，不能吸引大众。5—0分	
活动流程（10%）	科技活动时间，外部条件，人员安排合理详细，活动经费适当。应急方案考虑周全。10—8分	科技活动时间，外部条件，人员安排比较合理；活动经费相对适当。应急方案考虑比较周全。7—5分	科技活动时间，外部条件，人员安排不合理；活动经费铺张，应急方案较少。4—0分	
活动可行性（20%）	活动开展可行性强，在可以控制范围内。20—16分	活动开展可行性一般，开展有一定的困难。15—8分	活动开展困难，可行性较低。7—0分	
孩子参与度（15%）	科技活动遵循人人学的原则，全体孩子皆能参与活动。15—12分	科技活动有限，大部分孩子能体验活动，一部分孩子未能参加。11—6分	科技活动准备不充足，未能达到预期效果，孩子参与度不高。5—0分	

评分项目	评　分　标　准			得分
科技节意见反馈（10%）	科技节的所有参与者,包括孩子、家长和来宾反馈过程与展示非常新颖、精彩、有趣。 10—8分	参与者反馈过程与展示中规中矩,内容合适合理。 7—5分	参与者反馈过程与展示缺少创新性,内容不足。 4—0分	
总分				

四、开展"和创社团",增加科学趣味

为了丰富孩子的课外生活,坚持"为人和、为学真"的办学理念,加强特色校园建设,进一步培养孩子的兴趣,挖掘孩子的潜能,拓展孩子的素养,增强孩子的学习竞争能力,学校积极组织了一系列具有丰富特色的社团活动。

(一)"和创社团"的活动设置

活动项目结合孩子的身心发展特点,有机结合课内学习内容和当代科技热点。

表 5-6　"和创社团"活动表

	力翰科学	通过有趣的科学秀形式和互动教学,培养孩子的科学素养、动手能力和合作能力。
社团	无人机启蒙	掌握无人机初级基础原理,增强孩子的协调能力和思考能力。
	无线电测向	掌握无线电测向基本技术,提高孩子身体素质特别是耐力素质。
	机器人社团	孩子自己动手搭建简单机器人模型,激发好奇心和挑战心。
	3D 打印建模	让孩子近距离感受最前沿的 3D 打印技术。
	少儿编程	增强孩子逻辑思维能力,培养抽象思维品质。

(二)"和创社团"评价标准

"和创社团"评价标准结合社团简介与特色、师生情况、活动开展及影响、社团影响等四大方面,总分90分以上为优秀,80—90分为良好,70—80分为中等,70分以下则为待改进。

表5-7 "和创社团"评价标准

项　　目		评　分　标　准	分值	评分
社团基本情况	社团简介与特色(10分)	社团主旨健康高远,满足孩子要求	10分	
	师生情况(40分)	社团老师是否专业负责	10分	
		是否每节课点名,确认孩子情况	10分	
		培训是否满足孩子需要	10分	
		有何措施保障孩子安全	10分	
	活动开展及影响(30分)	活动中出现优秀个人、突出事迹	5分	
		是否及时反馈给家长	10分	
		活动质量高,有创新	15分	
	社团影响(20分)	社团形象,受欢迎程度	10分	
		家长评价	10分	
总分(100分)		最终得分:		

五、设计"创客空间",促进"和创科学"

秉承"和真教育"理念,推行以孩子发展为主体,探索符合自主学习、合作学习、探究学习的教育新方式,以"创新开放"为主题,结合"创客教育"的发展契机,把培养孩子的创新能力和实践精神作为学校主要特色发展目标。

(一)"创客空间"的实施

创客空间作为一种学习科学的功能场室,在空间布局上有重要的影响。不同的区域有不同的学习内容和学习方式,以下是"和创科学"下创客实验室的布局。

(1)创客教学学习区。用于大班授课让孩子了解创客精神和创客文化,通过在线学习全球的创客教育情况和创客的发展;用于孩子学习程序的编写,培养孩子的编程思维和编程能力;结合电子硬件,让孩子学习、掌握电子程序实现的方式,了解程序和功能的实现;结合配套的高级创客工具箱,让孩子能够自由活动创意出有电子功能的简单模型作品;用于孩子学习机器人结构以及机器人控制程序,了解更多机器人的实现方式。熟练使用三维设计软件,使作品更趋于产品化。

(2)创意区、展示区。展示目前创客高端的电子作品,让孩子了解创客作品的实现方式以及应用;展示孩子自己的创客作品,培养孩子的成就感和自信心;通过展示区展示产品,开发孩子创新思维能力并且能够分享展示出来;培养孩子团队协作能力,组织并完成一件创客作品的讨论设计工作。

(3)材料区、加工区。让孩子了解制造加工程序;让孩子学会使用加工制作工具;让孩子把自己的创意想法在加工区制作成可以展示的产品,从而达到培养孩子成就感和自信的目的。

(4)拓展区、衍生区。学习机器人创意设计与制作;了解高端智能控制系统、物联网、三维艺术设计;参与高端创客大赛,让孩子设计制作更高端创客作品。

(二)"创客空间"评价标准

创客空间评价标准结合组织规划、师资力量、课程建设、创客成果、环境建设、合作推广等六大方面,总分90分以上为优秀,80—90分为良好,70—80分为中等,70分以下则为待改进。

表5-8 "创客空间"评价标准

一级指标	二级指标	分值	得分方式	指标说明和得分要求	
一、组织规划(10分)	1.组织机构	5	累计加分	学校有推进创客教育专门领导机构和组织体系。 (1)有学校创客教育领导小组得3分; (2)有学校创客教育教研组织并有效开展教研和集体备课活动得2分。	

一级指标	二级指标	分值	得分方式	指标说明和得分要求	
一、组织规划（10分）	2. 发展规划	5	累计加分	立足长远发展,学校有创客教育三年或五年以上发展规划。 (1) 有学校专门创客教育发展规划得2分; (2) 有学校年度创客教育推进工作书面计划得2分; (3) 有学校教研组或学科组方面年度创客教育工作计划得1分。	
二、师资力量（15分）	3. 师资配备	7	等级加分	学校参与创客教育的专兼职教师占学校教师总数的比例。30%、20%、15%、10%以上分别得7分、6分、5分、4分,低于10%不得分。	
	4. 教师培训	8	等级加分	积极参加各级各类组织的创客教育教师培养培训。 参加创客老师培训人数累计为15人次、10人次、5人次以上分别得8分、7分、6分。	
三、课程建设（10分）	5. 课程开发	5	累计加分	学校在创客教育方面课程开发和落实情况。 每开设一个创客教育方面课程得1分,最高得5分。	
	6. 课程覆盖	5	等级加分	创客教育课程在各年级段和班级的落实情况。 创客教育课程覆盖的班级比例为90%、70%、50%、30%分别得5分、4分、3分、2分,低于30%不得分。	
四、创客成果（30分）	7. 孩子参与	10	等级加分	创客教育在全体孩子中的参与情况。 全校孩子平均每周参与创客教育学习时间为3课时、2课时、1课时及以上的分别得10分、8分、6分。	

一级指标	二级指标	分值	得分方式	指标说明和得分要求	
四、创客成果（30分）	8.社团组织	10	累计加分	学校在创客教育社团建设方面落实情况。 （1）每建立一个创客教育相关社团得3分； （2）每开展一次创客教育社团活动得0.5分。	
	9.论文课题	10	等级加分	学校有创客教育方面的课题研究情况。 有国家级、省级、市级、县级、校级创客教育方面的课题或论文分别得10分、8分、6分、4分、2分。	
五、环境建设（25分）	10.空间建设	10	等级加分	学校用于创客教育的专用实践实验活动空间建设情况。 每建设一个专用创客学习空间得4分，最高得10分。	
	11.设施配备	10	累计加分	学校拥有创客教育设备设施情况。 （1）每拥有一套与创客教育密切相关的设施，如3D打印设备、机器人套件、物联网设备、飞行器设备等得2分； （2）每配有一套创客教育工具、实验组合套件得1分； （1）（2）两项累计最高得10分。	
	12.日常管理	5	累计加分	学校对创客教育教学的场所科学管理情况。 （1）有专人负责管理设备器材得3分； （2）学校有计划地向孩子开放场所并有效使用2分。	
六、合作推广（10分）	13.考核评价	3	累计加分	学校建立了多元化评价机制，评价突出灵活多样性，可以是调查报告、小论文，也可以是各级各类竞赛、成果展示、成品制作、汇报演出等形式。	

一级指标	二级指标	分值	得分方式	指标说明和得分要求	
六、合作推广（10分）	14. 宣传推广	4	累计加分	学校对创客教育宣传情况。 学校在市级以上媒体发布学校创客教育开展相关新闻稿件的每有一个得1分，最高得4分。	
	15. 空间开放	3	累计加分	学校创客空间开放使用情况。 学校创客空间有固定时间分别对本校所有师生、其他学校及社会开放使用的相关规定，每有一项得1分，最高得3分。	
总分					

总之，基于科学学科的特点和核心素养，我校科学组经过反复研讨，合力制定出了具有特色的"和创科学"课程群，充分发挥科学的学科优势，用兴趣鼓励孩子动手操作，培养独立思考、团结合作的探究精神，让每个孩子学好科学。

第六章

和韵音乐：在韵律中
感受音乐的美

音乐作为非语义性的艺术，也是最为抽象的艺术。它直接为自身发出声音，"乐由情起"，音乐是最富情感的艺术，最容易激发和调动情感，并能很好地体现个人的修养。和韵音乐以"音乐审美"为核心，不断增强儿童对音乐的兴趣，积累丰富的音乐知识，让孩子从中获得情感体验并完善他们的整体素养。通过音乐本身，儿童能够多感知、多想象、多体验、多创造，这是音乐教育的价值所在。

广州市黄埔区科学城小学音乐组有音乐教师 7 人,师资队伍优良,本科率 100%,结构合理,儿童文艺演出多次荣获国家级、省市级比赛奖项。学校现有 10 多个儿童艺术团队和兴趣小组,大部分儿童能够参与一项或多项艺术活动,参加各类艺术类兴趣小组的儿童占儿童总数比例超过 80%,基本做到"人人有项目,班班有团队"。科学城小学音乐教研组坚持"以美育人"的教育思想,通过音乐教育培养和提高儿童感受美、鉴赏美、表现美、创造美的能力,陶冶情操,发展个性,激发创新意识和能力,使儿童素质全面提升。我们依据《义务教育音乐课程标准(2022 年版)》等文件的精神,推进我校音乐学科课程建设方案,取得显著的成效。

第一节　用音乐陶冶儿童性情

　　音乐是九年义务教育阶段面向全体儿童开展的一门必修课。音乐教育是一项塑造"人"的工程，能在潜移默化中陶冶情操、滋养心灵、健全人格。我校音乐教研组坚持"以美育人"的教育思想，因为音乐课程是实施美育的主要途径，也与我国的教育、文化传统一脉相承，是培养德智体美全面发展的社会主义建设者和接班人的教育方针的有机组成部分。没有美育的教育是不完整的教育，没有经过美育陶冶的人不是全面发展的人。

一、学科性质

　　对于音乐学科课程的性质，《义务教育艺术课程标准（2022 年版）》指出：音乐学科课程内容包括"欣赏""表现""创造"和"联系"4 类艺术实践[1]，涵盖 14 项具体学习内容，分学段设置不同的学习任务，并将学习内容嵌入学习任务中。基础教育阶段的音乐课是人文学科的重要领域，也是实施美育的重要途径之一。

　　音乐课程的价值在于为儿童提供审美体验，陶冶情操，启迪智慧；开发创造性发展潜能，提升创造力；传承民族优秀文化，增进对世界音乐文化丰富性和多样性的认识和理解；促进人际关系交往、情感沟通及和谐社会的构建。

二、学科课程理念

　　我校在《义务教育艺术课程标准（2022 年版）》文件精神的基础上，结合音乐学科开展的实际情况，着眼于开发富于人文色彩的多种音乐课程，提出以"和韵音乐"为学科课程理念。是指在聆听、演唱和表演中发展儿童音乐素养、增强儿童的审美体验，让

1　中华人民共和国教育部.义务教育艺术课程标准（2022 年版）[S].北京：北京师范大学出版社，2022：3.

音乐学习成为实施美育的主要途径。

"和韵音乐"是丰富儿童想象的音乐。创造力是智力的物化，而想象力是创造的前提。音乐教育正是进行创造教育，培养想象力、创造性思维的重要学科，这是因为形象思维能力在音乐学科应用中最为广泛，倾听音乐、歌唱视谱、奏乐舞蹈、作曲等都与想象力有关，因此在音乐教育中注重想象力、创造力的培养是非常重要的。如：唱歌教学是音乐教学的主要内容，在唱歌教学中我们不能只注意培养儿童的音准节奏、音色、演唱技巧，或者在学会后再加上感情处理等方面。例如只简单地说上几句这首歌曲要唱得活泼、欢快等，结果儿童只会模仿教师表情，或者只是机械地笑，随着歌声晃头，实际上他们笑得很勉强，极不自然。原因是没有真正理解音乐的艺术形象，没有经过儿童自己的联想与再创造，这时候教师去启发儿童设置情景，发挥联想是非常必要的。

"和韵音乐"是增强儿童体验情感的音乐。音乐是一种听觉艺术，通过旋律、节奏、和声、力度、速度等基本要素，采用模仿、比喻、象征、暗示等表现手法，由听觉传送给大脑，进而激发艺术想象力，实现对作品的直觉感悟，有助于提升青少年的创造性思维水平。音乐的旋律、节奏及和声作为一种刺激，可以振奋人的精神，产生向心力和凝聚力。音乐产生于劳动，劳动号子就是在传统农业社会中伴随体力劳动并和劳动节奏密切配合的民歌，一方面协调集体劳动节奏，另一方面减轻疲劳、振奋劳动精神，真实地反映劳动状况和劳动者的精神面貌，直接为生产劳动服务，提高劳动效率。音乐具有其他艺术形式所无法取代的功用，因为它直抵人的内心情感，直接作用于人的精神世界。写成于抗日战争时期的《黄河大合唱》，唤醒了民众，振奋了民族自尊心，凝聚民族力量，谱写了中华民族不屈不挠的奋斗史，一路陪伴着中华民族战胜了各种艰难困苦，激励着一代又一代青年为建设更加繁荣强大的祖国而奋斗。在当今时代，音乐活动能激发青少年的参与热情，增强集体意识和责任心。音乐是从人内心深处迸发出的情感体验，是能够深刻而精微地表达人类情感的重要艺术。无论是古典音乐还是流行音乐，都能够净化人的心灵，使人得到情感的宣泄，最终提升人的精神修养。让青少年在现实生活中欣赏音乐、感受音乐、理解音乐，帮助他们提高对音乐质量优劣的辨别水平，抵抗低俗音乐的侵蚀，有助于增强他们的审美情趣和能力，陶冶情操，展开想象力、发挥创造力，促进其他智能的发展和提升，进而促进他们的自由全面发展。

"和韵音乐"是提升儿童审美的音乐。音乐作为一门用声音来表达人类情感、思想和审美的重要文化艺术,对人类社会的发展进步有着不可忽视的影响。音乐从其产生的那一刻起,既是人类抒发情感的重要手段,同时也具有强烈的审美思维的养成和直接服务于生活和生产的社会功利价值。它不仅能提升人的审美素养,还能潜移默化地影响人的情感、趣味、气质、胸襟,激励人的精神,温润人的心灵。从中国的孔子到古希腊的柏拉图,他们都十分强调音乐在陶冶人的情操、净化人的灵魂等方面的社会教化作用。音乐教育作为美育的重要内容,是一种心灵教育、情操教育和审美教育,是青少年素质教育的重要组成部分。加强音乐教育,可以引领青少年树立正确的审美观念、陶冶高尚的道德情操、培育深厚的民族情感、激发想象力和创新意识、拥有开阔的眼光和宽广的胸怀,进而培养造就德智体美全面发展、担当民族复兴大任的时代新人。

第二节　提升儿童的音乐素养

根据《义务教育艺术课程标准(2022年版)》音乐课程和基础音乐教育的总目标,我们将音乐学科定位为:儿童通过音乐课程学习,参与丰富多样的艺术实践活动,探究、发现、领略音乐的艺术魅力,涵养美感、和谐身心、陶冶情操、健全人格。学习并掌握必要的音乐基础知识和基本技能,拓展文化视野,发展音乐听觉与欣赏能力、表现能力和创造能力,形成基本的音乐素养。丰富情感体验,培养良好的审美情趣和积极乐观的生活态度,促进身心的健康发展。

音乐课程目标需在具体的音乐教学中完成和达到,因此,在某一方面、领域和学时的音乐教学中,还有更为明确和具体的音乐教学目标。

一、学科课程总体目标

《义务教育艺术课程标准(2022年版)》提出:艺术课程应围绕核心素养,体现课程性质,反映课程理念,确立课程目标。[1]

《义务教育艺术课程标准(2022年版)》更是明确指出:核心素养是课程育人价值的集中体现,是学生通过课程学习逐步形成的适应个人终身发展和社会发展需要的正确价值观、必备品格和关键能力。艺术课程要培养的核心素养主要包括审美感知、艺术表现、创意实践、文化理解等。

1. 审美感知

审美感知是对自然世界、社会生活和艺术作品中美的特征及其意义与作用的发现、感受、认识和反应能力。审美感知具体指向审美对象富有意味的表现特征,以及艺术活动与作品中的艺术语言、艺术形象、风格意蕴、情感表达等。审美感知的培育,有助于学生发现美、感知美,丰富审美体验,提升审美情趣。

2. 艺术表现

艺术表现是在艺术活动中创造艺术形象、表达思想感情、展现艺术美感的实践能力。艺术表现包括艺术活动中联想和想象的发挥,表现手段与方法的选择,媒介、技术和艺术语言的运用,以及情感的沟通和思想的交流。艺术表现的培育,有助于学生掌握艺术表现的技能,认识艺术与生活的广泛联系,增强形象思维能力,涵养热爱生命和生活的态度。

3. 创意实践

创意实践是综合运用多学科知识,紧密联系现实生活,进行艺术创新和实际应用的能力。创意实践包括营造氛围,激发灵感,对创作的过程和方法进行探究与实验,生成独特的想法并转化为艺术成果。创意实践的培育,有助于学生形成创新意识,提高艺术实践能力和创造能力,增强团队精神。

4. 文化理解

文化理解是对特定文化情境中艺术作品人文内涵的感悟、领会、阐释能力。文化理解包括感悟艺术活动、艺术作品所反映的文化内涵,领会艺术对文化发展的贡献和价值,阐释艺术与文化之间的关系。文化理解的培育,有助于学生在艺术活动中形成正确的历史观、民族观、国家观、文化观,尊重文化多样性,增强文化自信。艺术课程的4个核心素养相辅相成,相得益彰,贯穿艺术学习的全过程。其中,审美感知是艺术学习的基础,艺

1　中华人民共和国教育部.义务教育艺术课程标准(2022年版)〔S〕.北京:北京师范大学出版社,2022:5.

术表现是学生参与艺术活动的必备能力,创意实践是学生创新意识和创造能力的集中体现,文化理解则以正确的价值观引领审美感知、艺术表现和创意实践。[1]

通过义务教育艺术课程的学习,学生应达到以下目标:[2]

（1）感知、发现、体验和欣赏艺术美、自然美、生活美、社会美,提升审美感知能力。

（2）丰富想象力,运用媒介、技术和独特的艺术语言进行表达与交流,运用形象思维创作情景生动、意蕴健康的艺术作品,提高艺术表现能力。

（3）发展创新思维,积极参与创作、表演、展示、制作等艺术实践活动,学会发现并解决问题,提升创意实践能力。

（4）感受和理解我国深厚的文化底蕴和党的百年奋斗重大成就,传承和弘扬中华优秀传统文化、革命文化、社会主义先进文化,坚定文化自信,铸牢中华民族共同体意识。

二、课程目标的三个维度

（一）情感·态度·价值观

（1）丰富情感体验,培养积极乐观的生活态度。音乐学习可以丰富儿童的情感体验,使其情感世界受到潜移默化的感染和熏陶,从而建立起对人类、对自然、对一切美好事物的关爱之情,向往与追求美好未来。

（2）培养音乐兴趣,树立终身学习的愿望。通过各种有效的途径和方式,引导儿童走进音乐。儿童在亲身参与音乐活动的过程中喜爱音乐,掌握音乐的基本知识和基本技能,逐步养成欣赏音乐的良好习惯,为终身热爱音乐奠定基础。

（3）提高音乐审美水平,陶冶高尚情操。通过训练儿童对音乐作品情绪、格调、人文内涵的感受和理解,培养儿童的音乐欣赏能力,使其在真善美的艺术世界里受到高尚情操的陶冶。

（4）培养爱国主义情感,增强集体主义精神。音乐作品中对祖国山河、历史文化和社会发展的赞美和歌颂,可以培养儿童的爱国主义情感;音乐实践活动可以培养儿

1　中华人民共和国教育部.义务教育艺术课程标准(2022年版)[S].北京:北京师范大学出版社,2022:5-6.

2　中华人民共和国教育部.义务教育艺术课程标准(2022年版)[S].北京:北京师范大学出版社,2022:6-7.

童良好的行为习惯。

(5) 尊重艺术,理解世界文化的多样性。尊重艺术家的创造劳动,尊重艺术作品,养成良好的欣赏音乐艺术的习惯。通过系统学习母语音乐文化和不同民族、不同国家、不同时代的作品,感知音乐中的民族风格和情感,了解不同民族的音乐传统,热爱中华民族音乐文化,学习世界其他民族的音乐,理解音乐文化的多样性。

(二)过程与方法

(1) 体验。完整而充分地聆听音乐作品,在音乐体验与感受中享受音乐审美过程的愉悦,体验与理解音乐的感性特征与精神内涵。

(2) 模仿。通过亲身参与演唱、演奏、编创等艺术实践活动,并适当地运用观察、比较和练习等方法进行模仿,积累感性经验,为音乐表现和创造能力的进一步发展奠定基础。

(3) 探究。培养儿童对音乐的好奇心和探究兴趣,重视自主学习的探究过程,使儿童能够积极参与以即兴式自由发挥为主要特点的探究与创作活动。

(4) 合作。在音乐艺术的集体表演形式和实践过程中,能够与他人充分交流、密切合作,不断增强集体意识和协调能力。

(5) 综合。通过以音乐为主线的艺术实践,渗透和运用其他艺术表现形式和相关学科的知识,更好地理解音乐的意义及其在人类艺术活动中的特殊表现形式和独特的价值。

(三)知识与技能

(1) 音乐基础知识。学习并掌握音乐基本要素(如力度、速度、音色、节奏、节拍、旋律、调式、和声等)、常见结构、体裁形式、风格流派和演唱、演奏、识谱、编创等基础知识。

(2) 音乐基本技能。学习演唱、演奏、创作的初步技能,能够自信、自然、有表情地演唱歌曲和演奏课堂乐器,了解音乐创作的基本方法。在音乐听觉感知基础上识读乐谱,在音乐实践活动中运用乐谱。

(3) 音乐历史与相关文化知识。了解中外音乐发展的简要历史和有代表性的音乐家,初步识别不同时代、不同民族的音乐。认识音乐与姊妹艺术的联系,感知不同艺术门类的主要表现手段和艺术形式特征。了解音乐与艺术之外其他学科的联系,扩展音乐文化视野。根据自己的生活经验和已学过的知识,认识音乐的社会功能,理解音乐与社会生活的关系。

三、学科课程年级目标

根据《义务教育艺术课程标准(2022 年版)》的要求,结合我校音乐课程的特点、音

乐学科课程总体目标,设计一至六年级的课程目标。这里以六年级音乐学科课程目标为例。(见表6-1)

表6-1 "和韵音乐"六年级课程目标表

学段 学期	单元	上 学 期	下 学 期
六年级	第一单元	共同要求: 1. 对比聆听,初步感受中国民间乐曲《秧歌舞曲》与小提琴独奏曲《D大调小步舞曲》两首舞曲的不同风格;随《中国少年先锋队队歌》与《草原就是我的家》的音乐做出不同的体态律动,并能从中感受到音乐要素的变化。 2. 能够饶有兴趣地运用音乐要素分析音乐作品,从不同风格的音乐作品中享受音乐所带来的愉悦。 校本要求: 1. 引导儿童欣赏歌曲《小白菜》,体验感受乐曲中音乐作品旋律线条级进下行,每句落音依次下跌,形成带有哭泣性质的音调,深刻地表现了一个旧时农村中失去亲娘而受人虐待、孤苦无依的女孩悲凉凄苦的心情。 2. 在听唱河北民歌《小白菜》和欣赏钢琴曲《节日舞》之后,通过填写表格的形式来感受它们的音乐要素,获得影响音乐风格形成的根本原因——音乐要素的变化。	共同要求: 1. 学唱歌曲《拉起手》《来吧!来踢球》,培养团结友爱、互相尊重的意识。 2. 能用自然的声音、准确的节奏和音调熟唱歌曲《拉起手》《来吧!来踢球》;感受歌曲的节奏、旋律和力度变化;感知歌曲的主歌和副歌;尽量用合唱的形式演唱歌曲《拉起手》的副歌部分。 3. 能用人声、乐器及其他声音材料合作完成课本第12页的"声音的模拟与表现"的创编活动,感受创编活动的乐趣并体会合作的重要性。 校本要求: 1. 学唱歌曲《拉起手》《来吧!来踢球》,熟悉附点八分音符,了解它的时值并在演唱时唱准附点。 2. 通过"手拉手"小伙伴之间的互相帮助和共同进步,使少年儿童真切感受到社会主义大家庭的温暖,从而激发他们对社会主义美好未来的无限向往,从小培养做建设有中国特色社会主义事业合格建设者和接班人的坚定信念。
	第二单元	共同要求: 1. 能体验两首歌曲不同的音乐情绪和意境,感受歌曲的美,激发儿童对祖国宝岛台湾的热爱之情。	共同要求: 1. 能用正确的演唱姿势和呼吸方法有感情地演唱歌曲《龙的传人》,能够欣赏歌曲《国家》并用手语动作表现歌曲。

学期\学段\单元	单元	上　学　期	下　学　期
六年级	第二单元	2. 通过歌曲《月亮月光光》《放纸鹞》的学习,使儿童能探索出影响这两首歌曲风格(节奏、速度、结束音)的因素。并通过两首歌曲的对比、辨别,让儿童能掌握弱起小节的歌曲特征。 校本要求: 1. 能用自然、柔和的声音背唱歌曲《月亮月光光》;能用欢快、弹性的声音演唱歌曲《放纸鹞》,对《月亮月光光》《放纸鹞》这两首歌曲的音乐要素(节奏、旋律、速度、力度、音色、结束音等)进行对比,体验不同的音乐风格、情绪和意境。 2. 掌握八分休止符,通过对比的方式,体验八分休止符在歌曲《放纸鹞》中的作用。	2. 了解创作两首歌曲时的历史背景,能在教师的指导下分析、探究歌曲中的音乐要素对音乐表现的作用。 校本要求: 1. 通过学唱《龙的传人》,感受小调式旋律的色彩特点;通过学唱《我是中国人》,领略京剧西皮腔的韵味。 2. 能在演唱和欣赏活动中感受歌曲中的爱国情怀,增进民族自豪感、自信心,增强对国家的认同感。
	第三单元	共同要求: 1. 欣赏闻名于世的墨西哥"草帽舞"、巴西的"桑巴舞",参与巴西狂欢节,感受拉丁美洲地区的民族风情和音乐文化的特色。 2. 能用活泼的歌声演唱歌曲《当我们在广场上相遇》《哈哩噜》,学会巴西舞的基本舞步并能随着音乐表现,欣赏器乐曲《桑巴舞曲》,即兴表演。 校本要求: 1. 能用活泼的歌声演唱歌曲《我们在广场上相遇》;学会墨西哥舞的基本舞步并能随音乐表现。 2. 能自己学会歌曲《哈哩噜》,并能准确地敲击出长音处的节奏。	共同要求: 1. 欣赏《黄河大合唱》第一乐章《黄河船夫曲》、第四乐章《黄水谣》,听唱第七乐章《保卫黄河》,感受这部作品的磅礴气势,初步了解作品创作的时代背景,激发孩子的民族自豪感与爱国主义情怀。 2. 熟记第一乐章《黄河船夫曲》的音乐要素,感知音乐所呈现的音乐形象;熟练感知《黄水谣》的音乐主题,区分歌曲的基本段落;试用二部轮唱的形式有感情地演唱歌曲《保卫黄河》。 3. 了解《黄河大合唱》的创作背景和词曲作者;能清楚八个乐章的标题及独唱、齐唱、混声合唱等演唱形式。

学段 学期	单元	上　学　期	下　学　期
六年级	第三单元	3. 了解拉丁美洲音乐的风格特点，认识拉丁美洲音乐中几种常见的打击乐器，复习巩固拉丁美洲的典型的节奏——切分节奏，并能随《桑巴舞曲》用打击乐器参与乐曲的表演。	校本要求： 1. 能听记相关主题，并用二部轮唱的形式演唱歌典《保卫黄河》。 2. 喜爱本单元所选的赞颂中华文明又富于民族特点的曲目，在演唱和欣赏活动中表达爱国之情。
	第四单元	共同要求： 1. 能用不同的速度、力度、情感和表情学会演唱歌曲《歌唱二小放牛郎》，表现不同的音乐形象。 2. 能够合作完成歌曲《歌唱二小放牛郎》的简单表演。 3. 能积极参加以上音乐活动，激发对抗日英雄的崇敬和缅怀之情，增强民族自尊心和爱国主义情怀。 校本要求： 1. 通过学唱、欣赏歌（乐）曲，让儿童在听觉上获得美的享受，提高他们欣赏音乐的能力，培养他们的艺术综合素养。 2. 了解德国作曲家门德尔松及其代表作品。用甜美的歌声演唱歌曲《乘着歌声的翅膀》，感受618拍在歌曲中的作用。 3. 了解挪威作曲家格里格及其代表作品。欣赏管弦乐曲《朝景》，视唱乐曲的主题旋律，感受乐曲的音乐情绪，并能听出乐曲的三个部分。 4. 学唱、欣赏歌曲《歌唱二小放牛郎》，让儿童了解叙事歌曲；通过力度、速度及演唱形式的处理表现歌曲；启发儿童珍惜现在的学习、生活，激发他们的爱国情怀。	共同要求： 1. 欣赏乐曲《溜冰圆舞曲》，了解舞曲的基本特点。 2. 欣赏管弦乐曲《马刀舞曲》，能听辨出弦乐组、木管组和铜管组演奏的音乐片段，并模仿相应乐器演奏的姿势。 3. 尊重艺术，理解世界文化的多样性。尊重艺术家的创造劳动，尊重艺术作品，养成良好的欣赏音乐艺术的习惯。学习世界其他民族的音乐，理解音乐文化的多样性。 校本要求： 1. 了解舞曲及其常见的拍子形式；了解圆舞曲的音乐特点。 2. 欣赏管弦乐曲《溜冰圆舞曲》，会唱并熟记第一圆舞曲 A、B 主题；能画出第二圆舞曲主题 A 的旋律线；能听辨出第三圆舞曲主题 A 旋律的乐器家族；能听辨演奏第四圆舞曲的乐器音色。

学段学期	单元	上 学 期	下 学 期
六年级	第五单元	共同要求： 1. 引导儿童以坚定、热烈的情绪，明亮而富有弹性的歌声演唱，赞美海鸥的刚强意志和勇敢精神。 2. 通过欣赏《少年先锋岗》片段，体会主旋律和副旋律在歌曲中的演唱作用。 3. 通过欣赏《洪湖水，浪打浪》片段，感受旋律进行的特点，初步了解旋律的表现方式和作用。 校本要求： 1. 了解主旋律和副旋律的相关知识，感受副旋律的音乐特征及其作用。 2. 学习歌曲《海鸥》，能唱准歌曲中的主旋律和副旋律，并能进行二声部合唱。 3. 学习《少年先锋岗》（片段）和《洪湖水，浪打浪》（片段），掌握判断副旋律的方法。	共同要求： 1. 通过学唱两首合唱歌曲，进一步增强合唱意识，能对合唱这一演唱形式产生兴趣。 2. 能用自然的声音、准确的节奏和音调，有表情地演唱歌曲《七色光之歌》和《八只小鹅》，并参与二声部合唱。 3. 巩固复习歌曲中的休止符、附点、切分节奏，感受这些节奏赋予歌曲的动感；比较两首歌曲的音乐要素，感受歌曲不同的音乐风格。 校本要求： 1. 用二声部合唱的形式演唱歌曲《七色光之歌》和《八只小鹅》。 2. 让儿童能用和谐、均衡的声音有表情的演唱二声部的合唱曲，感受歌曲欢快活泼的旋律及歌曲所表现的朝气蓬勃的生活。
	第六单元	共同要求： 1. 能听赏并跟唱《斑鸠调》，感受江西民歌的音乐特点。并尝试二声部合唱。 2. 能听赏新西兰毛利人民歌——器乐曲《碰鼻歌》，感受异国的音乐气氛与情绪。 校本要求： 1. 初步了解、感受动漫音乐，享受动漫音乐带来的愉悦。 2. 能够用轻快、活泼、跳跃的声音听唱《斑鸠调》，能准确演唱歌曲的	共同要求： 1. 初步了解《卖布谣》《长城谣》《卢沟谣》这3首歌曲创作时的历史背景，体会歌曲所表达的内容，激发孩子对祖国的热爱之情。 2. 能用不同的情绪及正确的演唱方法学唱歌曲《卖布谣》，听唱歌曲《卢沟谣》；能感知歌曲《卖布谣》的音乐主题，区分歌曲的基本段落；能随音乐轻声哼唱或默唱歌曲《卢沟谣》；能听辨歌曲《长城

学段学期	单元	上　学　期	下　学　期
	第六单元	第一乐段。 3. 欣赏《碰鼻歌》，了解毛利人见面以碰鼻的方式问候对方的风俗习惯。引导儿童边欣赏边表现音乐。能随吉他演奏的旋律击拍视唱《碰鼻歌》曲谱。	谣》中不同的乐句,体验音乐情绪的变化。 校本要求: 1. 学会用不同的情绪演唱歌曲,感知 5/4 拍子。 2. 通过学唱、欣赏歌曲,感受 3 首不同时代的歌谣反映出的社会历史状况,以及表达的不同情感,体会音乐与社会历史的关系,同时激发孩子的爱国主义情怀,勉励孩子要努力学习,珍惜今天的美好生活。
六年级	第七单元	共同要求: 1. 通过对 3 种民族弹拨乐器的了解及其代表曲目的欣赏,让儿童感受民族弹拨乐的美妙音色,激发学生对民族音乐的喜爱。 2. 聆听古琴曲《梅花三弄》、古筝曲《渔舟唱晚》和箜篌曲《春江花月夜》3 首民族乐曲,感受 3 首民族弹拨乐表现的意境,熟悉主题音乐,了解古琴、古筝、箜篌这 3 种民族弹拨乐器的音色特点及演奏技法。 校本要求: 1. 了解我国古老的弹拨乐器——古琴,感受其古朴、深远的音色;欣赏古曲《梅花三弄》,熟悉音乐主题,感受主题在乐曲中的变化。 2. 了解弹拨乐器——古筝,感受其丰富的音乐表现力;欣赏乐曲《渔	共同要求: 1. 能认识常见的西洋乐器并听辨其音色;初步了解西洋管弦乐队的组成,以及乐队中四大乐器组的分布位置。 2. 欣赏管弦乐曲《卡门序曲》: ① 了解各主题的主奏乐器。 ② 会拍主题 A 的节奏。 ③ 能用指定节奏为主题 B 伴奏。 ④ 能哼唱 C 部分的主题旋律。 3. 能主动参与音乐实践活动,并与他人进行音乐交流。 校本要求: 1. 认识西洋管弦乐队中的四大乐器组;欣赏管弦乐曲《卡门序曲》,了解各音乐主题的主奏乐器。 2. 本课通过欣赏管弦乐曲,进一步了解西洋管弦乐队的编制,感受它的音域、音色以及表现力等,在

学段学期	单元	上 学 期	下 学 期
六年级	第七单元	舟唱晚》,熟悉各部分音乐主题,想象乐曲各部分所表现的内容。 3. 了解古老的弹拨乐器——箜篌,感受其柔美清澈的音色;欣赏古曲《春江花月夜》,熟悉音乐主题,帮助儿童了解"鱼咬尾"的音乐创作手法,并在乐曲中找出"鱼咬尾"的音乐句式。	提高孩子音乐审美水平的同时拉近孩子与管弦乐曲的距离,增进孩子对管弦乐曲的兴趣。
	第八单元	共同要求: 1. 能用轻松活泼的情绪演唱《童年》和《乡间的小路》,初步了解台湾校园民谣,表达心中对生活、对祖国的热爱。 2. 通过我的创造,能用自己的音乐方式开展采集与创造活动。 校本要求: 1. 通过校园歌曲《童年》《乡间的小路》的学习,抒发儿童对学习生活、校园、同学、老师和美好生活的无限热爱及眷恋之情。 2. 学唱歌曲《童年》,指导儿童用轻快活泼的声音表现歌曲,并背唱歌曲。学唱歌曲《乡间的小路》,指导儿童用不同的声音、情绪演唱歌曲,表现出走在乡间小路悠闲自得的情绪及赞美乡间田园风光的美好。 3. 复习音乐知识:弱起、切分节奏、八分休止符、三连音,能在歌曲中正确演唱。	共同要求: 1. 能对歌曲《我的肯塔基故乡》和管弦乐曲《图画展览会》产生兴趣,养成良好的欣赏音乐的习惯。 2. 能有感情地演唱歌曲《我的肯塔基故乡》,感知歌曲的乐句并能听辨出旋律中的变化与重复。 3. 能哼唱《图画展览会》中的3首乐曲的主题旋律;能够体验并简单描述3首乐曲中音乐要素(节奏、旋律、音色、力度、速度等)的变化。 4. 能够初步了解美国作曲家福斯特和俄国作曲家穆索尔斯基。 校本要求: 1. 学唱歌曲《我的肯塔基故乡》;感受《图画展览会》中3首乐曲音乐要素的变化。 2. 通过音乐情境的学习,激发儿童对音乐的好奇心和探究愿望,发展儿童的创造性思维。

学段\学期	单元	上 学 期	下 学 期
六年级	第九单元	共同要求： 1. 通过学唱歌曲，能对我国的民族民间音乐产生兴趣，并乐于了解其音乐文化。 2. 通过学习歌曲《盼红军》激发我们对红军战士的赞美与歌颂。 3. 能用优美的歌声演唱歌曲《盼红军》《金瓶似的小山》和《孟姜女哭长城》，了解五声调式。 校本要求： 1. 能用优美、圆润的歌声演唱四川民歌《盼红军》；用欢快的情绪演唱藏族民歌《金瓶似的小山》；用婉转、流畅的歌声演唱江苏民歌《孟姜女哭长城》。 2. 感受3首民歌不同的风格特点，掌握歌曲中多次出现的切分节奏、装饰音记号；初步了解民族调式中的五声调式，能找出3首民歌的主音，并能排列出音阶。	共同要求： 1. 能理解歌曲中的前奏、间奏、尾奏的概念。 2. 能听歌曲《黄河颂》《黄水谣》《唱支山歌给党听》中的前奏、间奏尾奏，并能用体态和色彩做出相应反应。 3. 尝试描述前奏、间奏、尾奏在歌曲中所起到的作用。 校本要求： 1. 能够区分出歌曲中的前奏、间奏、尾奏，并能用体态和色彩做出相应反应。 2. 让孩子更好地理解歌曲中的前奏、间奏、尾奏对准确地表现歌曲的内容、情感、音高、速度等所起到的预示和辅助作用，懂得歌曲中的前奏、间奏、尾奏也是歌曲重要的组成部分。
	第十单元	共同要求： 1. 了解民族弹拨乐器琵琶的演奏手法。 2. 通过欣赏琵琶曲《十面埋伏》，了解琵琶音色并熟悉乐曲各主题。 校本要求： 1. 了解我国民族弹拨乐器琵琶，感受琵琶的音色特点及其丰富的表现力，激发儿童对民族音乐的喜爱。 2. 欣赏琵琶曲《十面埋伏》，了解楚汉垓下战争的故事，了解琵琶的	共同要求： 1. 了解奥地利作曲家舒伯特的生平。 2. 能够用正确的演唱姿势、呼吸方法，有表情地演唱歌曲《野玫瑰》；能够唱准变化音，了解变化音以及速度的变化在歌曲中所起的作用；能够认识歌曲中渐强渐弱等力度记号，以及顿音、延音等音乐记号。 3. 能够听辨出歌曲《野玫瑰》的前奏、间奏、尾奏，并分析出它们音

学段学期	单元	上　学　期	下　学　期
六年级	第十单元	各种演奏技法,熟悉乐曲各主题,感受乐曲描绘的各种战争场面。	乐材料的来源,感受它们在歌曲中所起的作用。 校本要求: 1. 学唱歌曲《野玫瑰》,了解作曲家舒伯特及其音乐作品。 2. 初步感受被誉为"歌曲之王"的舒伯特的作品风格和特点,拓宽学生的音乐视野,激发学生对世界古典音乐文化的热爱。
	第十一单元	共同要求: 1. 了解贝多芬,感受《第九交响曲》中合唱的魅力,并背唱主题《欢乐颂》。 2. 听辨歌曲的旋律、音色及作品所要表现的思想。 3. 了解歌曲的创作背景。 校本要求: 1. 了解德国作曲家贝多芬的生平及其音乐作品的风格特点,培养儿童对古典音乐的热爱。 2. 背唱《欢乐颂》的主题,根据儿童实际情况,运用多种形式(如轮唱)感受合唱的魅力;聆听《第九交响曲》第四乐章片段,感受其宏大气势及震撼力。	1. 能接受并喜欢京剧小戏这一艺术形式,能够主动参与京剧小戏《小放牛》的演唱和表演,并在表演中体验合作的成功与快乐。 2. 欣赏京剧小戏《小放牛》,认识音乐前奏、间奏在戏曲中的作用;学唱村姑与牧童的对唱唱段,能够用自然的声音、准确的节奏和音调,有表情地演唱,尽量模仿出小戏唱腔中的演唱韵味。 3. 了解剧目《小放牛》的剧情,能够在儿童剧目《小放牛》中担任一个角色,创编动作进行表演;能对自己和他人的表演唱作简单的评价。 校本要求: 1. 学唱京剧小戏《小放牛》中村姑与牧童的对唱乐段,孩子尝试担任一个角色,创编动作进行表演唱。 2. 通过本课的学习,了解对唱歌曲表演形式,了解我国民歌的丰富多彩,热爱祖国的民族音乐。

学段 学期	单元	上 学 期	下 学 期
六年级	第十二单元	共同要求: 1. 在教师指导下欣赏微型歌舞剧《法图姑娘》,对微型歌舞剧有基本的了解,能哼唱和记住主题。 2. 能哼唱歌舞剧《法图姑娘》,记住主题音乐,并积极参与表演。 校本要求: 1. 通过欣赏、分角色演唱、即兴创编等活动,培养儿童乐于参与音乐表演的兴趣,享受音乐带来的愉悦。 2. 听唱塞内加尔民歌《法图姑娘》,感受歌曲情绪,了解角色及其演唱形式,用体态律动感受非洲音乐强烈的节奏感,指导儿童分角色表演。 3. 引导儿童从歌曲的弱起小节、切分节奏附点节奏,以及旋律的不断重复等方面感受非洲音乐风格的特点。	

第三节　丰富儿童的精神世界

　　我校音乐学科课程框架架构的依据,是我校儿童的实际音乐水平。音乐学科根据不同年龄阶段特征,设立相应的学习方案,期望把儿童打造成艺术情趣深厚、气质高雅的人。音乐学科强调音乐课程的人文属性和对儿童潜能开发的课程价值,将音乐课程多元化和学校校本课程相结合,让儿童主动参与,并建立起学习音乐艺术的浓厚兴趣。

一、学科课程结构

根据《义务教育艺术课程标准(2022年版)》的要求,我校"和韵音乐"学科课程设置参照将音乐课程和学校校本课程,分为"和韵欣赏、和韵表现、和韵创造、和韵文化"四大类,激发和培养儿童的音乐兴趣,开发儿童的音乐感知能力,培养儿童的歌唱、表现和创造能力。(见图6-1)

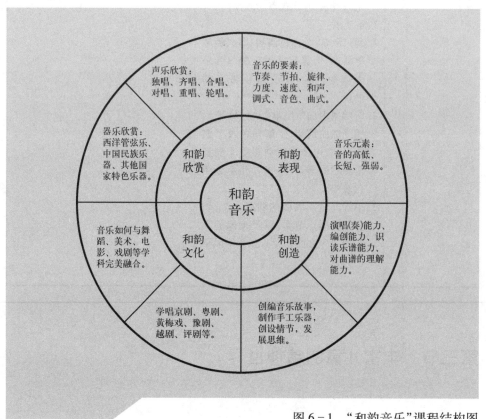

图6-1 "和韵音乐"课程结构图

图6-1中,各板块课程具体表述如下:

(一) 和韵欣赏

和韵欣赏是落实培养儿童音乐审美能力的欣赏课程,是音乐学习的重要领域,是整个音乐学习活动的基础,是培养儿童音乐审美能力的有效途径。在音乐学习中,音乐欣赏是最基本的能力训练。通过感受、发现、探索大自然和生活中的各种声音,让儿童能够用自己的声音或乐器模仿喜欢的音响,培养良好的欣赏习惯。通过体验不同情绪的音乐,让儿童能够自然流露出相应的表情、能够作简要描述。通过聆听不同体裁与形式的音乐作品(如:少年儿童歌曲、颂歌、抒情歌曲、叙事歌曲、艺术歌曲、格调健康的流行歌曲等),让儿童能够随着歌曲轻声哼唱、进行合适律动、创作简单配乐。和韵欣赏课程重在通过生动有趣的活动和有效的教学方法激发儿童听赏音乐的兴趣,鼓励儿童对所听音乐表达独立的感受和见解,养成聆听音乐的习惯,逐步积累欣赏音乐的经验,感受和韵欣赏课程的魅力。

(二)和韵表现

和韵表现是落实培养儿童音乐审美能力的表现课程。儿童通过学习正确的演唱方法,能够用不同力度、速度自信且有感情的演唱歌曲,养成良好的歌唱习惯。儿童通过学习常见的课堂乐器演奏,参与歌曲、乐曲的表现。儿童通过参与综合性艺术表演,增强音乐表现力,增强与他人合作进行律动、集体舞蹈、音乐游戏、儿童歌舞表演的能力。儿童通过结合所学歌曲,感受音乐中的音乐要素,让儿童在音乐要素中对音乐有自己独特的感受,鼓励儿童在听、唱、跳、编等活动过程中自己去探索,激发其主动、积极、创造性地表现音乐。和韵表现课程重在通过有趣的音乐实践活动,培养儿童自信地演唱、演奏、综合性艺术表演的能力,以及发展音乐听觉基础上的读谱能力,让儿童感受和韵表现课程的活力。

(三)和韵创造

和韵创造是落实培养儿童音乐审美能力的创造课程。儿童通过探索自然界或生活中的音响与音乐,能够运用人声、乐器声模仿或表现,能够在教师指导下自制简易乐器进行表演。儿童通过学习即兴编创,能够将歌曲用不同的节奏、速度、力度、小乐器伴奏等加以表现,能够即兴编创与歌曲情绪一致的律动或舞蹈,并参与表演。和韵创造课程是通过开发儿童的想象力和音乐思维力,培养儿童音乐实践创作能力,让儿童感受和韵创造课程的张力。

(四)和韵文化

和韵文化是落实培养儿童音乐审美能力的音乐文化课程。儿童通过理解音乐与社会生活的联系,能够关注日常生活中的音乐,主动参与社区或者乡村音乐活动,并能与他人进行音乐交流。儿童通过关注音乐与姊妹艺术的联系,能够认识音乐在形体动作、表演形式、舞蹈、戏剧、电影中的作用。儿童通过认识音乐与艺术之外的其他学科的联系，能够列举声音与日常生活现象及自然现象的联系，能选择适合的背景音乐为童话故事或者是朗诵配乐，能举出不同历史时期、不同地域和国家的代表性音乐作品。和韵音乐文化课程是通过不断扩大儿童的音乐文化视野，来增强儿童音乐欣赏、表现、创造以及艺术审美的能力，让儿童感受和韵文化课程的感染力。

二、学科课程设置

我们始终遵照《义务教育艺术课程标准（2022年版）》的要求与原则，强调音乐课程的人文属性和对儿童潜能挖掘的课程价值。具体可分为两个大方向，一是将音乐课程的具体教学内容整合，表现为"感受与欣赏"和"表现"两个教学实施领域；二是把音乐编创活动和相关音乐文化知识合并拓展，表现为"创造"和"音乐与相关文化"两个方面。基于教材，为了质量，提升素养，一—六年级具体课程设置框架如表6－2所示。

表6－2 "和韵音乐"课程群课程设置表

年级 \\ 智慧城 课程	学 期	和韵欣赏	和韵表现	和韵创造	和韵文化
一年级	上学期	音乐的审美基础	综合性艺术表演	音乐模仿	粤曲童谣
	下学期	音乐的情感辨别	小音乐剧	即兴表演	地方童谣
二年级	上学期	音乐的听觉感知	合唱	音乐游戏	音乐与美术
	下学期	音乐的聆听记忆	儿童歌舞剧	探索音响	音乐与戏剧
三年级	上学期	感知音乐线条	唱游	填词编创	儿童歌舞剧
	下学期	感知旋律的级进和跳进	节奏多声游戏	编创音乐故事	京剧念白
四年级	上学期	区别齐唱齐奏与合唱合奏	演唱及艺术表演	即兴创编旋律	音乐与影视
	下学期	感知音乐情绪的变化	识读乐谱	编创音乐舞蹈	区别吹管乐器和打击乐器

智慧城课程年级	学　期	和韵欣赏	和韵表现	和韵创造	和韵文化
五年级	上学期	听乐器辨音色	歌唱技巧	人声模仿其他声音	粤剧
	下学期	民族民间音乐	音乐中的"动"与"静"	音乐幽默小品表演	中外民歌
六年级	上学期	常见的演奏形式	多声部音乐	自制简易打击乐器	民间歌舞
	下学期	辨别音乐体裁	主题音乐	小小音乐剧	学唱京剧

第四节　开启儿童的音乐智慧

依据《义务教育艺术课程标准（2022 年版）》的要求，音乐是以情感人，以声动人的艺术表达形式。音乐学科课程，为了突显这门学科是以声音来表达意境这一特色，教师们不应该再继续按部就班、照本宣科地去进行教学，应根据每个年级儿童的特点来创设具有阶段性、趣味性、综合性的教学活动。音乐教学中的评价多以共评、互评、自评为主，评价要正面，导向要正确。

一、建构"和韵课堂"，为儿童插上音乐的翅膀

"和韵课堂"以儿童为中心，进一步推进课程教学改革与创新，实现唱与听两大要素的和谐，音乐才能走得更远。音乐课程的实施，需要针对学生的特点采用灵活、多变、有趣的方法教授学生，引导学生更积极、更快乐的学习。如从节奏入手，以语言、动作、舞蹈、表演、音乐游戏等方式去训练学生的节奏感，引导学生用自己的身体语言去解释和再现音乐。结合实际在原有的校本课程的基础上，建设符合我校音乐学科实际

的课堂,主要包括课堂基本要求和评价要求两个方面。

（一）"和韵课堂"的基本要求

教师在学习新课标的同时,研究儿童,创造出新方法,与儿童共同营造和谐、愉快、合作的教学氛围,从而激发儿童学习音乐的浓厚兴趣,调动他们学习的积极性,使儿童变"厌学"为"乐学",变"被动学习"为"主动学习",进而取得良好的教学效果。

作为一名音乐教师,首先应该考虑的是:儿童喜欢什么样的音乐课? 新课程标准的音乐课,应该教给儿童什么?

1. 创设情境

情境,顾名思义就是运用特定的方法创作一种内在感受与外在因素相互作用的环境,从而达到情感的共鸣。在小学音乐的教学过程中,我们可以根据生活的实际创造一个集视觉、听觉、触觉为一体的环境,让儿童从不同的方面感受音乐本身所包含的情感,并通过多种方法去刺激和感染儿童,使儿童犹如置身于音乐所描绘的真实场景之中,从而启发儿童的思维。

2. 激发兴趣

兴趣是儿童做好一件事情的内驱力,只有增强儿童对于音乐的学习兴趣,儿童才会积极主动地投入到课堂学习中去。因此,在教学过程中,我们要将激发儿童的学习兴趣作为切入点,适当运用一些具体的、实际的教学道具,使教学形式变得生动活泼、内容更丰富形象、节奏更紧凑充实。教师把握好课堂的整个流程,一个知识点紧接着一个知识点,每个点之间要有合适的连接,也就是说需要有一个铺垫的过程,然后再延伸出来。这样有张力的课堂才能真正使儿童爱上音乐,走进音乐。

3. 重视儿童的实践探究

音乐本身就是一件能够使人感到愉快的艺术表现形式,而学习音乐、接受音乐熏陶的过程也应当是一个快乐、灵动的过程。所以,在教学的过程中我们要准确了解儿童的性格特点,掌握他们的认识规律,通过设计环环相扣、简单有效的教学环节和科学合理的教学方法帮助儿童翱翔于音乐的天空。在学习教学《小鸭和大灰狼》一课时,我们便可以采用游戏教学法来调动儿童的学习兴趣,从多方面培养儿童的创造能力和探究能力。首先,在课前将大灰狼和小鸭的故事改编为剧本,挑选两个儿童分别表演小鸭和大灰狼,为儿童设定各种表演方式,比如快乐的小鸭子、惊慌的小鸭子,流口水的大灰狼、拼命追的大灰狼、心满意足的大灰狼等。不仅满足了儿童的表现欲望,也加深了儿童对该音乐的理解。

(二)"和韵课堂"的评价要求

课堂评价是为了引导儿童更准确地学到知识,更好地开展课堂教学工作,所以评价的前提是尊重儿童。尊重儿童的创意,尊重儿童的选择,尊重儿童的创新成果。同时,让儿童成为评价的主人,让他们更了解课堂评价与儿童之间的重要关系。在课堂上运用不同的评价方式,使儿童更积极地投入课堂,并乐于参与。评价是一种手段,而不是目的,促进儿童全面发展才是评价的最终目的。随着课改的不断深入和发展,课堂的评价体系越来越完善,教师对如何使用好课堂评价都有独到的见解。任何评价都不应该是随意的,也不应该是单一的,评价应该遵循儿童的年龄特征、心理特点、参与状态等方面进行。有些年龄小的儿童纪律性不太好,好奇心比较重,在课堂上爱搞小动作,这时,教师会以表扬其他表现好的同学来激励他们,并开展一些有趣的游戏来吸引儿童的注意力。如果面对的是高年级的儿童,教师的评价就要有所改变。教师要是用了比较的方法进行评价,他们就容易产生一种逆反的心理。他们希望得到好的、善意的批评,用心引导是他们最容易接受的方式。

根据《义务教育艺术课程标准(2022年版)》的基本理念,我们的评价以激发儿童兴趣为前提,注重儿童的个性差异,重视音乐实践过程,鼓励音乐想象及创造。根据《黄埔区小学阶段儿童基础音乐能力标准》(202209修订),我校所制定的音乐课程能力评价标准如表6-3所示。

表6-3 "和韵课堂"评价标准表

项目	节奏感	音高感	结构感	音色识别
I级能力水平标准	1. 在唱或听赏音乐时能够准确拍击稳定拍,能够根据教师指挥手势,准确进行歌唱的起止。 2. 知道二拍子,能表现出二拍子拍感。	1. 能用轻声、直声、有气息支持的声音歌唱。能背唱歌曲及记忆乐曲主题15首。 2. 唱准do五声调式,能构唱小三、纯一、大二、纯四、大三度音程,	1. 能够按照乐句或教师要求准确呼吸。 2. 感知乐句的相同、不同与相似。 3. 能以口头编创	1. 响板、双响筒、三角铁。 2. 小提琴、钢琴。

项目	节 奏 感	音 高 感	结 构 感	音色识别
I级能力水平标准	3. 认知节奏 ♩ ♫ ♪ ♩ ♫♫, 能从旋律中分离节奏, 能正确拍读 2—4 小节四二拍节奏谱。 4. 知道拍号、小节线、终止线; 能用节奏卡片摆出 2—4 小节四二拍节奏短句。 5. 知道节拍与节奏的关系。	能进行移调演唱。 3. 认识字母谱和简谱, 了解曲谱的谱面信息, 能视唱 2—4 小节四二拍子旋律, 能填空记写 1—2 小节旋律。 4. 能区分单声部和多声部, 进行简短歌谣、短曲的轮唱式合唱; 以及一个长音的和声式合唱。	方式, 做节奏/旋律接龙, 进行同头换尾 aa' 的问答句编创。	

辨别音的高低、长短, 速度快慢, 力度强弱, 认识 f, p, mf, mp, 渐强、渐弱。

	节 奏 感	音 高 感	结 构 感	音色识别
II级能力水平标准	1. 能够判断典型四二拍子或四三拍子的曲调。 2. 能够运用二拍子、三拍子指挥图式跟随音乐挥拍。 3. 认知节奏 ♫ ♫♫ ♩ ♪ 𝅝 ♩♩, 能从旋律中分离节奏。能拍读 4—8 小节四二、四三、四四拍子节奏谱。 5. 能书写出 4—8 小节四二、四三拍子节奏短句。	1. 增加背唱歌曲及记忆乐曲主题 10 首。 2. 唱准 la 五声调式。能构唱小三、纯一、大二、纯四、大三、纯五、大六度音程, 能进行移调演唱。 3. 能视唱 4—8 小节四二、四三拍子旋律, 能填空记写 2—4 小节旋律。 4. 进行二部卡农、固定音型、简单和声性合唱歌曲演唱。	1. 准确进行乐句接唱。 2. 能独立分析典型 2—4 个乐句旋律 aaba/aabb/abba 乐句结构, 并说明关系。 3. 找出结构旋律不同的乐句, 并说明关系。 4. 能进行上下句 aa' 同头换尾或同尾换头的节奏、旋律的口头、书写编创。	增加: 1. 二胡、古筝。 2. 大提琴、低音提琴、长笛、圆号。 3. 人声的分类及其音色。

掌握旋律进行方式和方向; 知道人声分类, 认识基本的演唱演奏形式和音乐体裁; 知道旋律的情绪表达。

项目	节 奏 感	音 高 感	结 构 感	音色识别
Ⅲ级能力水平标准	1. 能够判断典型四四拍子或八三拍子的曲调。 2. 能够运用四拍子指挥图式跟随音乐挥拍。 3. 巩固原有节奏，认知节奏 ♪♩　♩ ♫，♪，能从旋律中分离节奏。 4. 能拍读四二、四三、四四、八三拍子两个乐句的节奏谱。 5. 能书写四二、四三、四四拍子两个乐句节奏短句。	1. 增加背唱歌曲及记忆乐曲主题8首。 2. 唱准同主音五声调式、大小调式。能构唱纯一、小三、大二、纯四、大三、纯五、大六、小六、纯八、小七度音程，能进行移调演唱。 3. 能视唱两个乐句四二、四三、四四拍子旋律，能记写 4—8 小节旋律。 4. 进行二、三部卡农、固定音型、和声性合唱歌曲演唱。	1. 能准确判断典型的一段体 aaba/aba/aabb/abab、二段体 AB 结构。 2. 了解带再现三部曲式、回旋曲式及变奏曲式作品。 3. 能进行 4 个乐句带有 a/b 的口头、书面旋律创作。	增加： 1. 民乐：拉弦乐、弹拨乐、吹管乐、打击乐。 2. 西洋乐：弦乐、木管乐、铜管乐、打击乐。
	了解旋律的重复与模进，知道音乐的织体；了解西洋、民族管弦乐队编制。			

二、成立"和韵社团"，发展儿童音乐爱好

在有限的课堂教学之外，开展课外艺术社团活动，可以为儿童提供更充足的实践空间，更开阔的艺术视野，并促进学校艺术教育的整体发展。在国家颁布的课程标准中，明确提出学校艺术教育包括课堂教学与课外活动两个部分。课外艺术社团活动丰富多样，学校根据学年教学计划，开展不同类型、不同层次的艺术社团活动，其中音乐类社团活动是最具有代表性的。为了使爱好音乐的儿童有一个良好的学习环境，将艺术活动进行得有声有色，学校成立了"和韵社团"。主要设立了合唱、管乐、舞蹈、葫芦丝等不同社团。

（一）"和韵社团"的主要类型

1. 合唱社团

加强合唱欣赏，培养合唱兴趣。兴趣是最好的老师，也是推动儿童积极学习的强大动力。只有儿童对合唱艺术有了兴趣，他们才能自觉、认真地唱好每一个音符，充分

领会歌曲所要表达的内容,从而注意各声部的协和,努力体现合唱作品的艺术魅力。在合唱训练中,常让儿童欣赏一些短小、优美的中外优秀合唱作品,让他们聆听各声部的旋律,训练儿童音乐的耳朵,提高合唱的听觉水平。让他们从音乐本身的旋律中体会合唱艺术的美,以此来培养儿童合唱的兴趣。

加强科学发声训练,激发合唱兴趣。合唱是以高位置的科学发声方法为基础的。在训练时,针对儿童普遍存在的气息浅、吸气抬肩、不会气息保持等错误呼吸方法,采用他们能够理解并完全可以做到的方法进行练习。比如"像闻花"一样做深呼吸练习;用半打哈欠的方法来启发儿童打开喉咙,放松下巴,等等。另外,让儿童将白声和有气息控制的高位置的声音进行比较、分析、鉴别,以增强儿童对声音的辨别能力,帮助儿童建立正确的、科学的发声概念。特别是唱高音时,要求儿童用假声带真声的方法来歌唱,切忌大喊大叫,因为这样不但会损坏声带,而且会破坏合唱的和谐性。在轻声歌唱时,要求注意音色、节奏、声部的和谐,学会有控制地发自内心地歌唱。

合唱教学的实践过程,是评价的一个重要方面,体现在:

(1)平时的课堂中可采用提问儿童、师生(生生)讨论、个别抽唱等方式进行,可以及时地了解儿童的演唱能力。

(2)学期期末检测可以抽本学期所学的合唱曲目,在其中选择自己最喜欢和擅长表现的一首歌曲来作为考试曲目。

(3)每个学期学校会举办各种形式的成果汇报活动,这可以多渠道地获取改进合唱教学的信息,及时调整和改善教学,提高音乐教学质量。

(4)学校每个学期都会组织合唱团报名参加区里、市里的合唱比赛,让合唱团的学员们不但在学校能学到合唱技巧,还能通过比赛积累更多的舞台经验。

2. 管乐社团

专业水平有高有低,每个儿童的素质不一样,儿童专业水平参差不齐的现象不可避免。首先,在乐队初次排练时,乐队指挥依据排练情况摸清儿童们的专业水平,从而针对儿童水平进行改善。对于专业水平比较差的儿童,着重练习音准、节奏和合奏。其次,在乐队排练时间之外队员还应进行日常基本功练习,以及各声部的重奏训练,这样专业水平和合奏水平都会有所提高。乐队的排练应注意以下几个问题:

(1)队员学会并养成看指挥的习惯。乐队中的儿童大多数在进乐团之前没有参加过乐队的排练和演出,一般情况下的排练演出方式都是独奏或重奏,因此要培养乐队成员看指挥的习惯。在培养的开始阶段，要让每一个队员建立合奏的整体意识，从之前的独奏状态中分离出来，要明确自己的位置并将个人状态融合到整体乐队中去，从而发挥自身的作用。之后在排练的初期，要注重让儿童看懂速度、力度、节奏的统一图示和音乐变换的图示等。（2）对参加乐队但无音乐功底儿童的培养。校园管乐队的成立目的在于建设文明校园，所以乐队为每一个儿童敞开大门，对于无音乐功底儿童的培养可以从头开始。从乐理基础教起，并培养儿童的乐感和节奏感，在这之后可以让儿童接触一些简单的打击乐器声部和低音乐器声部，这些声部相对简单也都不可或缺，关键是让儿童的兴趣得以培养并使自己真正参与其中。

管乐社团评价：

（1）每周都要保证一次分声部专业课训练和一次乐队合奏训练；教师根据儿童的回课情况进行教学。

（2）各类乐器分声部进行，单独检查和集体检查相结合，经过教师的指导，队员们在学习中互相比较、互相交流，并请小组长及时帮助学习上有困难的同学。

（3）同类乐器集体训练检测，要求同类乐器音色统一协调、旋律节奏准确。

（4）每月进行一次训练总结会的反馈，要求各类乐器搭配协调，充满表现力。

3. 葫芦丝社团

葫芦丝原是我国民族乐器的一种，由于其形制独特、音色优美、携带方便，近年来流传广泛，逐渐成为中小学音乐课堂乐器。它既适于个人独奏，又适于集体合奏，深受中小学生的喜爱。葫芦丝与其他乐器相比较，发音、指法还是较简单易学些，加上孩子掌握了一定的乐理知识，学习葫芦丝就有了一定的优势。开展葫芦丝社团，孩子可以更多更深地接受博大精深的民族音乐、民族文化的熏陶，对弘扬我国优秀的民族文化有着重要的作用，也是引导儿童了解和熟悉我国民族民间音乐音调的重要途径。

葫芦丝社团的具体实施过程：

（1）明确活动目的，以培养儿童兴趣爱好为主，卓有成效地开展这一音乐活动。

（2）解决曲目及吹奏基本功重难点，尽量利用分散减少难度的直观教学。

（3）乐队分声部合奏时注重实效性，一点点啃骨头，一个乐句一个乐句的合，一个乐段一个乐段的练，并注意乐曲细节的处理。

4. 中国舞社团

中国舞社团的活动必须与音乐教育的基本任务合拍，坚持普及与提高相结合的原则,面向全体孩子,做到在普及的基础上提高。凡参加舞蹈社团的孩子,不论水平高低,要保护其学习的积极性,使其认识到兴趣小组活动的意义和作用,从而主动积极地参加。在活动过程中舞蹈教师要精心组织,实施分层指导并采取多种形式因材施教,因人而异。在进行技能技巧训练的同时,激发儿童的创造性思维,增强自信,学会展现自我。

5. 拉丁舞社团

为进一步丰富校园文化,展示拉丁舞风采,让孩子进一步了解拉丁舞,我校组建了拉丁舞社团。让孩子跳出挺拔的体态,高雅的风度,展现出美的追求,提高音乐修养,提高其综合素质。社团主要教授伦巴、恰恰、牛仔、桑巴等,是以传统的课堂教学为主,由专门的舞蹈教师教授专业的拉丁舞基本动作以及拉丁舞知识。拉丁舞作为国际标准舞,推广面与认可度也越来越广,孩子通过学习可以提高个人气质和修养,塑造良好的体形,增强身体的协调性,增强自信心,丰富学习生活,开发智力。同时还能强身健体,使孩子的自身气质从其精、气、神更好地体现出来,具体体现在以下几点:

(1)培养孩子良好的道德情操,提高他们自身的道德素养和艺术水平。

(2)锻炼孩子的意志毅力,提高艺术品位,培养审美情操。

(3)使孩子了解拉丁舞的的基本知识,培养孩子对拉丁舞的学习兴趣,塑造孩子良好的身体形态,增长课外知识,增强技能,拓展综合素质。

6. 小戏剧社团

开办"戏剧曲艺进校园"社团,是传承民族文化、弘扬民族精神,建设中华民族共有精神家园的迫切需要,也是丰富校园文化生活、提高少年儿童艺术修养的有效载体。将戏剧曲艺学习和经典名段欣赏结合起来,在审美愉悦的艺术实践过程中逐步引导、培养儿童对戏剧的兴趣与爱好。在普及戏剧曲艺知识的基础上,加强特长儿童和有浓厚兴趣孩子的培养和训练,努力提高他们戏剧曲艺表演水平。

戏剧曲艺的训练主要以校内课堂教学为主。学校聘请戏曲专家、非物质文化遗产传承人担任学校兼职艺术教师,儿童的戏剧培养和训练,实施"校团(剧团)挂钩""宫校合作"等模式,通过课堂训练、兴趣小组活动、专题讲座、示范观摩等多种形式,有效地推进戏剧曲艺艺术教学和欣赏活动。戏剧曲艺训练的具体推广表现为以下几点:

(1)戏曲文化学习课程化。开设戏曲学习课程,将戏曲文化融入学校艺术课堂教学中,把戏曲文化作为学校的艺术教育课程资源。

(2)戏曲文化学习普及化。营造校园戏曲学习氛围,通过多种途径进行校园戏曲文化知识推广和宣传,让戏曲文化深入师生心中。

（3）戏曲文化学习常态化。戏曲文化推广与学校日常教学活动相结合,融入孩子的校园生活。

（4）戏曲文化学习特色化。将"戏曲文化进校园"活动与学校文化建设相结合,成为推进校园文化建设、打造办学品牌的一大特色。

（二）"和韵社团"的主要措施

学校制定有效的实施管理办法,保证活动的推进:

（1）对学校的专职音乐老师进行相关培训,学习并巩固音乐基础知识,要贴近音乐学科教师专业特点,既要有扎实的音乐专业技能训练,也要有如何分析教材、如何组织高质量教学的综合能力。

（2）紧紧围绕全面实施素质教育的要求,把艺术文化传承和学习作为学校教育教学中的一项重要任务,形成科学、系统的学校艺术文化课程体系,建立激励评价标准,让艺术文化成为学校素质教育的一大特色。

（3）要结合少年儿童特点,通过环境的渲染、课堂的教学,以及开展形式不一的活动,生动、活泼、切实有效地对孩子进行艺术文化教育,使儿童在"和韵社团"中,感受艺术的魅力,从而激发他们对艺术文化的兴趣。

（三）"和韵社团"的评价

为促进社团品质的提升,学校制订活动计划明确各社团的成果展示,在活动过程中不定期地进行展示,组织开展社团活动,展示社团风采和儿童个人成果,为师生提供交流与展示的平台。为鼓励优秀社团的发展,制定社团评比标准,根据各社团每学期的活动情况及目标达成度评选优秀社团、优秀小社员。

我校每学期六个音乐社团都进行定期的汇报,而在社团展演的组织中,由于参与的合作性,吸引了有共同志向和爱好的儿童,打破了年级的界限。社团为儿童提供了多角度、多侧面的信息来源,使成员之间能够取长补短,加强合作,儿童在交往中观察学习他人的交往方式,学习有效的沟通方法。

三、建设"和韵课程",丰富音乐课程体系

"和韵课程"结合我校特色,在基础课程之上,丰富音乐课程体系,为音乐课程实

施活动的顺利开展提供了重要的依据。

（一）"和韵课程"的实施与操作

根据当今音乐教学中的现状,结合音乐新课改的基本要求,学校要办出自己的特色,就必须在课程开发上下功夫,要有体现音乐特色的课程设置。音乐校本课程的开发实际上就是在构建学校自身的特色,根据音乐课程纲要,开设相应的试唱课、器乐课、乐理课,利用校园橱窗、黑板报、广播、校园电视,展示音乐专业班儿童的演出,举行音乐会,开展各种音乐比赛,如校园歌手大奖赛、歌曲大奖赛。促进校园音乐资源的利用,培养儿童音乐专业特长。

（二）"和韵课程"的评价方案

《义务教育艺术课程标准（2022年版）》指出,评价是检验、提升教学质量的重要方式和手段。要充分发挥评价的诊断、激励和改善功能,促进学生发展。评价涉及学习态度、过程表现、学业成就等多方面,贯穿艺术学习的全过程和艺术教学的各个环节。[1]

音乐课程评价可通过音高构唱、旋律视唱、歌曲演唱及班级合唱,了解学生的音高感、节奏感、结构感等基础音乐能力的掌握情况。一至六年级,音高构唱、旋律视唱、歌曲演唱为个人测试,班级合唱为集体测试。一至二年级为学校随堂测,三至六年级分为区抽测和学校随堂测。（见表6-4）

表6-4 小学生音乐能力评价方案

1. 音高构唱				
年级	测试内容	涉及音程	测试办法	评价要点
一年级	mi sol 二音列的音高构唱。	纯一、小三。	① 一、二年级以三个音为1组,三、四年级以四个音为1组,五、六年级以五个音为1组,每人测试3组。	测评点:音高感。评价维度:(1) 唱名、音高的正确、准确;(2) 手势的规范、稳定。
二年级	mi sol la 三音列的音高构唱。	纯一、小三、大二、纯四。		
三年级	do mi sol la 四音列的音高构唱。	纯一、小三、大二、纯四、大三、纯五。		

1　中华人民共和国教育部.义务教育艺术课程标准（2022年版）[S].北京:北京师范大学出版社,2022:114.

1. 音高构唱

年级	测试内容	涉及音程	测试办法	评价要点
四年级	do re mi sol la 五声调式的音高构唱。	纯一、小三、大二、纯四、大三、纯五、大六、小六、纯八。	② do＝C,教师先给出起始音及其手势,并连续打出其他音的手势,学生打手势进行构唱。③ 慢唱,速度约1分钟60—72拍。	
五年级	do re mi sol la 五声调式及其转位的音高构唱。	纯一、小三、大二、纯四、大三、纯五、大六、小六、纯八、小七度。		
六年级	do re mi sol la 五声调式及其转位的音高构唱。	纯一、小三、大二、纯四、大三、纯五、大六、小六、纯八、小七度。		

2. 歌曲演唱

年级	测试内容	测试办法	评价要点
一至六年级	完整背唱相应年级必唱歌曲一首。	学生自行定调—起拍—开始清唱。	测评点:音高感、节奏感、结构感、音乐表现。评价维度:(1) 歌唱礼仪:歌唱习惯良好,眼看观众,身体轻松;(2) 歌唱能力:音高节奏准确,拍感速度稳定,句感正确清晰;(3) 音乐表现:演唱表达与歌曲内容相适应,完整、流畅,有乐感、有美感。

3. 旋律视唱

年级	测试内容	测试办法	评价要点
一至六年级	视唱相应年级指定必唱歌曲或必听曲目主题 1—2 个乐句的旋律。	PPT 呈现必唱或必听歌曲的视唱乐句曲谱,测试教师示范前 1—2 小节旋律,起拍,学生按教师示范的音高和速度,从头开始边击拍边完整视唱旋律。	测评点:音高感、节奏感、结构感。评价维度:(1) 视唱能力:音高、节奏准确;拍感、速度稳定;句感正确清晰;(2) 击拍能力:击拍自然,拍点正确;(3) 完整性:视唱完整、流畅。

4. 班级合唱			
年级	测试内容	测试办法	评　价　要　点
一至六年级	内容自选，合唱形式自定，难度自定。	班级集体演唱一首合唱曲，可以有指挥和伴奏。	测评点：音高感、节奏感、结构感、音乐表现。 评价维度： （1）合唱能力：音色统一，气息流畅；演唱准确，声部均衡和谐； （2）音乐表现：演唱表达与歌曲内容相适应，完整、流畅，有乐感、有美感。

儿童自评、互评及他评相结合，自评可运用音乐成长记录册的形式记载，从不同阶段的回顾和比较中看到自己的进步。同学间的互评可采用分组演唱演奏会、音乐才艺或创意展示等形式，在观摩交流中相互点评。教师对儿童在不同学习阶段"音乐成长记录册"上的评语，以及通过音乐聆听分现场演唱演奏等形式所作的评价，是进行他评可以选用的有效形式。

"班级音乐会"是音乐课程特有的一种生动活泼的评价方式，能充分体现音乐课程的特点和课程评价的民主性，营造和谐、团结的评价氛围。通过"班级音乐会"或其他活动，展示儿童的演唱、演奏、音乐作品、音乐小评论、演出照片、录音录像等，达到相互交流和相互激励的目的。

四、创设"和韵音乐节"，浓郁音乐学习氛围

音乐节是学校文化的重要组成部分，是学校办学特色的呈现，是学校辐射社会的一个文化窗口，是全体师生魅力展示的一个平台。它是培养全面发展人才的一次集中检阅，也是充分展示学校素质教育的成果，更是我校师生精神面貌、信念追求、和谐发展的美好再现。音乐节的举办将为全校师生彼此学习、互相探讨、共同提高提供一次极好的机会，通过各项排练，为孩子们树立良好的竞争意识、合作意识、拼搏意识形成良好的氛围，为我校教育教学工作的开展奠定坚实的基础。

（一）"和韵音乐节"的目的

学校是个综合型的大团体,需要各种学术活动,同样也需要欣赏一些高雅的艺术,校园音乐节的目的在于提高儿童的文化艺术修养。学校的"和韵音乐节"不断加强和谐校园艺术文化建设,努力营造和谐校园文化氛围,展示学校素质教育丰硕成果和广大师生良好的精神风貌,提高儿童的艺术水准和审美水平,推动学校艺术教育的发展,丰富儿童课余生活,引导儿童从小培养积极健康的兴趣爱好,使校园真正成为丰富多彩的"乐园"。学校每一学期都举办此活动,为儿童搭建展示的舞台,鼓励儿童在自信中成长。音乐节以巨大的影响力,吸引每位儿童参与到音乐节活动中,促进艺术文化交流,增强学校的文化活力。

（二）"和韵音乐节"的意义

"和韵音乐节"文艺系列活动,通过多种艺术形式的展示,最大程度挖掘儿童艺术特长,提供展示平台。举办音乐节活动是促进儿童全面发展的重要举措,是德育教育的重要载体。要通过各种形式,围绕活动的意义、目标和要求,营造浓厚氛围,增强活动的吸引力和感染力,调动广大师生参与活动的积极性和创造性。在活动组织过程中,注重培养典型,发挥典型带动作用,对表现突出的儿童予以表彰奖励。

由于音乐是技术性很强的艺术,离开了技能、技巧,美丽动人的艺术效果便无从谈起,音乐也就不复存在。儿童天生好动,喜欢聚在一起玩自己感兴趣的东西,当儿童掌握了一些舞蹈与合唱技能后,教师便可以引导他们去排练,在排练的过程中,必须是大家共同合作,齐心协力,从而培养了儿童的集体主义精神和团队的合作精神。

五、落实"和韵表演",调动儿童积极性和创造性

"和韵表演"是根据儿童的实际情况提高教学质量,有目的、有计划地运用各种教育手段而进行的教育教学活动。在实施"和韵表演"计划的过程中,注重把握整体发展水平与个体差异相结合,强化活动过程,让儿童通过实际操作来掌握知识、积累经验。

（一）"和韵表演"的具体内容

音乐节节目展演分为两大部分:一是以班级为单位,参赛的表演形式可多样化

（包括合唱、舞蹈、武术、朗诵等），以演唱为主。要求人人都参与，班班搞活动，追求高质量，体现高品位，力求有特色，从而使得音乐节真正成为儿童们自己的节日，而不是极少数同学的表演与展示；二是儿童个人才艺的展示，先按年级筛选出前五名优秀的参赛选手，再进入校级总决赛（分别为声乐、舞蹈、器乐三个专场），按照人数比例，评出各奖项获奖名次。

（二）"和韵表演"的评价

（1）节目内容：思想健康、主题鲜明。形式创新，格调高雅，能展现精神风貌。

（2）表演状态：表演动作到位、恰当、得体。表情自然、大方，整体效果良好，感染力强。

（3）艺术水平：说话、演唱或朗诵吐字清晰。歌曲节奏准确，演唱与伴奏配合协调，表演动作到位。

（4）时间控制：超过时间可酌情扣分。

（5）演员仪表：演出服装，化妆到位。

综上所述，我们认识到：音乐课是一门具有开发智力、陶冶情操、培养能力、提高素质的综合性育人功能的课程，它在培养学生创新精神和实践能力方面发挥着独特的作用。小学音乐课程建设在于要以音乐的美感来感染学生，要以音乐中丰富的情感来陶冶学生，进而使学生逐步形成健康的音乐审美能力。音乐不是一种技能教育，而是审美教育，应当通过音乐的熏陶，通过声音艺术，提高学生的情趣。优秀的音乐课，突出了艺术教育的特点，渗透了对学生理想、道德、美育的培养，强调通过音乐课程培养学生创造意识，强调让学生感悟、理解音乐以及喜爱音乐，为学生一生热爱音乐打下基础。

第七章

和趣美术：从美术创作中体验趣味人生

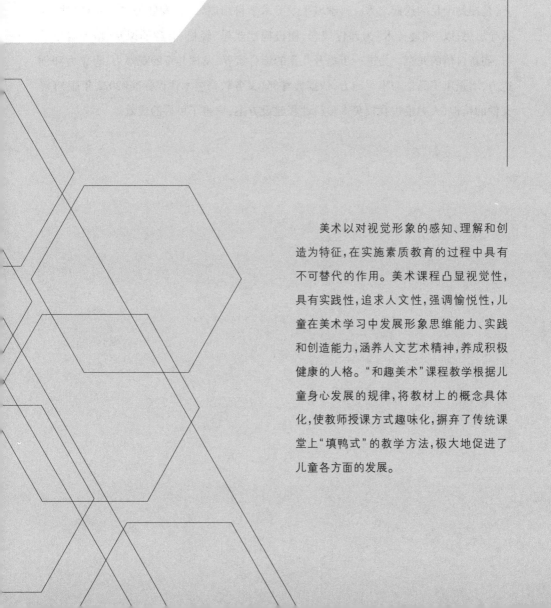

　　美术以对视觉形象的感知、理解和创造为特征，在实施素质教育的过程中具有不可替代的作用。美术课程凸显视觉性，具有实践性，追求人文性，强调愉悦性，儿童在美术学习中发展形象思维能力、实践和创造能力，涵养人文艺术精神，养成积极健康的人格。"和趣美术"课程教学根据儿童身心发展的规律，将教材上的概念具体化，使教师授课方式趣味化，摒弃了传统课堂上"填鸭式"的教学方法，极大地促进了儿童各方面的发展。

广州市黄埔区科学城小学美术组,现有美术教师 3 人,其中小学一级教师 1 人,曾连续两年获得教学比赛一等奖,教学经验丰富。青年教师 2 人,教学方式灵活,多才多艺,是冲劲十足的后起之秀。科学城小学美术学科组以"儿童发展为本,兴趣教学"为指导思想,以"和趣美术"为课程理念,积极构建欢乐、轻松、有趣的课堂,培养自主学习、创新自信的儿童。为进一步提升儿童的综合素养,发挥儿童的观察力、想象力和创造力,增强审美品位与审美能力,依据教育部《义务教育艺术课程标准(2022 年版)》等文件的精神,大力推进我校美术学科课程建设方案,取得了可喜的成效。

第一节 开启儿童对美术的兴趣大门

一、学科性质

《义务教育艺术课程标准（2022 年版）》提出：艺术教育是美育的重要组成部分，其核心在于弘扬真善美，塑造美好心灵；是对学生进行审美教育、情操教育、心灵教育，培养想象力和创新思维等的重要课程，具有审美性、情感性、实践性、创造性、人文性等特点。[1]

"和趣美术"课程教学是根据儿童身心发展的规律，通过有组织、有计划、有目标、趣味性的美术教学活动来激发儿童的学习兴趣，提升儿童的学习水平，促进儿童全面发展的一种教学方法。它不但将教材上的概念具体化，还采用灵活多变的授课方法，坚持以美育人，引领儿童在健康向上的审美实践中感知、体验与理解美术，逐步提高儿童感受美、欣赏美、表现美、创造美的能力，引导儿童树立正确的文化观，增强爱国情感，极大地促进了儿童形成基本的美术素养，得到全方位的发展。

二、学科课程理念

在不断的教学实践中，学校提出"和趣美术"的学科理念，教师温和而坚定，秉持学科理念面向全体儿童，激发其学习兴趣，引导他们关注文化与生活，培养创新精神和解决问题的能力。让儿童带着兴趣去学，从被动接受知识变为主动学习知识，培养基本的美术素养，通过美术的学习在积极的情感中发掘自我意识，表达个性和创意，增强自信心，养成健康人格，为学生的终身学习奠定基础。

（一）"和趣美术"课程让儿童在广泛的文化情境中认识美术

"和趣美术"课程侧重于"美术与人文"的思想，培养儿童带着兴趣去学，运用自己的

1　中华人民共和国教育部.义务教育艺术课程标准（2022 年版）［S］.北京：北京师范大学出版社，2022：1.

意识去思考和体会人生,体会艺术之美。在传统的教学中,美术只是承担绘画、手工制作、美术欣赏等教学,学科之间形成分工不合作。"和趣美术"则侧重于学科之间互相渗透、互相补充、互相协调的新理念,美术教学要培养儿童的审美意识,引导他们树立是非善恶、丑与美的观念。在生活有很多美的辨别,如行为、思想、艺术、语言、服饰、心灵等。儿童要积累对美的感性认识,认识美存在的形式,感悟各种美的深刻内涵,最后上升为美的理性认识,感悟美的力量。人们常说"爱美之心,人皆有之",人们对美有着无限的渴望和追求,美对人们有着导向作用,美术课程对儿童的思想教育就有着得天独厚的优势。

(二)"和趣美术"课程是激发儿童学习兴趣的美术

"和趣美术"课程是让儿童在课堂上主动自觉地接受知识,而不是被动接受教师灌输的教育。儿童在学习的过程中,自发地形成了一种对于小学美术和其他学科的感知力量。因此在"和趣美术"课程体系下,教师不再将知识被动地灌输给儿童,而是在儿童对知识充满兴趣的前提下与他们一起去探索知识,做他们在追求梦想和求知道路上的引路人。通过感兴趣的学习,儿童在自主创新意识不断进步的过程中,意识到自己的学习主体地位,从而由被动变为主动,有助于调动其学习的积极性和主动性。

(三)"和趣美术"课程是培养儿童新型合作学习的美术

"和趣美术"课程提倡新型教学中的合作学习。所谓合作学习,就是让儿童相互合作,相互学习,共同交流。因此,我们对儿童进行分组时,要根据儿童生长发育的规律,尊重儿童的意愿,最大程度地满足他们的心理需要。在教学过程中,既要表扬画得好的儿童,对于美术基础不扎实的也要进行鼓励,鼓励儿童之间相互帮助;又要保证教师在课堂教学中的主导地位,也要尊重儿童在学习中的主体性地位,积极地和儿童进行交流沟通,让儿童畅所欲言,并给儿童适当的鼓励和支持。在儿童合作学习的时候,注意合理分工,发挥每一个儿童的特长,确保每一个儿童都在一个美术作品的诞生过程中贡献出自己的力量,从而提升儿童的学习积极性和成就感。

(四)"和趣美术"课程是为促进儿童发展而进行评价的美术

美术是人类文化最重要的载体之一,运用美术形式传递情感和思想是整个人类历史中重要的文化行为。"和趣美术"指导儿童对自然、社会文化等方面的美术作品进行欣赏,帮助他们理解美的构思、构图、形象、色调和情调,培养他们的审美能力和创造美的能力,促进他们的身心健康。教师在教育过程中要鼓励、引导儿童开发自己的想象力,并且要及时给儿童灌输合作学习的理念和发现美的意识。儿童具有一定的向师性和模仿性,他们并没有自己明确的主张和自我坚强的意志力,学习和生活都要在家长和教师的指导下进行。因此,教师要发挥好自身模范作用,以身作则为儿童塑造一个积极健康、奋发向上的人格。

第二节　指引儿童感受美术魅力的方向

《义务教育艺术课程标准(2022年版)》中指出:艺术课程要培养的核心素养包括:审美感知、艺术表现、创意实践、文化理解等。[1] 基于美术学科的内涵,结合"和趣美术"的课程理念,设置美术学科课程目标以立德树人、以美育人为核心,提升儿童图像识读、美术表现、审美判断、创意实践和文化理解美术学科核心素养;培养儿童健康审美观念,陶冶高尚情操;引导儿童认识文明成果,坚定文化自信,树立正确文化观;提升儿童想象能力、创新能力、审美能力、鉴赏能力等,促进儿童全面而有个性的发展。

一、学科课程总体目标

根据《义务教育艺术课程标准(2022年版)》要求,"和趣美术"课程面向全体学生,关注文化与生活,激发学生学习兴趣,注重创新精神培养,从"造型表现""设计应用""欣赏评述""综合探索"四个方面设置课程总体目标,全方位提升儿童的美术素养,塑造儿童积极向上的健康人格。

(一)造型·表现

造型和表现是美术运用中的重要组成部分,是运用多样的美术材料和手段体验造型的乐趣,表达自身的情感。造型和表现是美术创造活动中的两个方面,造型是表现的基础,而表现是通过造型的过程与结果展示出来的。在儿童低年级阶段应该强调儿

1　中华人民共和国教育部.义务教育艺术课程标准(2022年版)[S].北京:北京师范大学出版社,2022:5.

童的感受、体验和游戏性,将看、画、做、玩融为一体,激发儿童的学习乐趣。

通过"造型·表现"领域的学习,儿童应达到以下目标:

1. 认识理解事物的线条、形状、色彩、空间等基本造型要素,并能运用简单的对称、对比、多样及统一的绘画组织原理进行造型活动,激发儿童的想象力与创新意识。

2. 感知、发现、体验和欣赏艺术美、自然美、生活美、社会美,发展儿童的艺术感知能力,运用独特的艺术语言进行表达与交流,提高艺术造型表现水平。

3. 教师的言传身教,让儿童在美术创造中体验活动的乐趣,产生对美术学习的兴趣。

(二) 设计·应用

设计和应用是指儿童运用一些基础的美术材料及绘画手法,围绕美术主题,进行独立创造,互相传递、交流艺术信息,美化自身生活环境。它能培养儿童的动手能力,贴近儿童的生活实际,使儿童保持对美术学习的浓厚兴趣和创造欲。

通过"设计·应用"领域的学习,儿童应达到以下目标:

1. 了解"物以致用"的设计思想,能运用基本的美术工具和美术绘画技巧进行有目的的设计活动,增强儿童创新意识和自主创造能力。

2. 能感悟基本的艺术形式,增强儿童对生活物品和生活环境的审美能力,能够"发现美,创造美",从而激发儿童美化生活的愿望。

3. 了解各种美术绘画材料的特性,能够合理地运用美术材料及工具进行创作活动,增强儿童动手操作能力。

(三) 欣赏·评述

欣赏和评述是指引导儿童对生活中的自然美和美术作品等视觉艺术进行欣赏和评述,给孩子一双发现美的眼睛,使儿童逐步形成高质量的审美趣味,从而增强儿童艺术欣赏能力。除了通过欣赏获得审美感受之外,还应用语言、文字等表达方式表述自己对自然美和艺术作品的视觉感受、认知和理解。欣赏和评述可以使儿童能够更好地了解艺术在生活中的重要作用,让每个儿童更好地了解艺术与社会、艺术与历史、艺术与文化的关系,涵养人文精神。

通过"欣赏·评述"领域的学习儿童应达到以下目标:

1. 激发儿童对艺术作品欣赏、评述的乐趣,学习从各种角度欣赏和认识自然美和美术作品的材质、形式和内容特征,了解世界美术历史发展概况。

2. 逐步增强儿童发现美的能力，掌握运用语言、文字和形体生动表达自己的感受和认识，形成积极健康的审美情趣，增强审美能力。

3. 发扬中国传统文化艺术，带动儿童学习优秀民族艺术与文化遗产，开拓儿童视野，了解世界多元文化。

（四）综合·探索

综合和探索是指在儿童拥有一定的美术基础后，通过综合性的美术活动引导儿童主动探索、研究、创造，以及综合解决问题的美术学习能力。它将之前的各项领域融为一体，实现美术与生活的交融。

通过"综合·探索"领域的学习，儿童应达到以下目标：

1. 儿童了解美术学科与其他学科之间的差异性和联系，能够灵活运用各个学科的知识进行综合性的美术活动，并灵活地表现出来。

2. 开阔儿童的视野，拓展儿童的想象空间，激发儿童的探索欲，让儿童体验在探索过程中的成就感。

3. 儿童将所掌握的美术知识、技能和思维方式，与自然、社会、科技、人文相结合，进行综合探索与学习迁移，提升核心素养。

二、学科课程年段目标

根据课程标准的要求，结合我校美术学科课程总目标和各年级的学情，我们设计美术课程"和趣美术"年级目标。这里，我们以一年级为例。（见表7-1）

表7-1 "和趣美术"一年级课程目标表

年级 学期	上 学 期	下 学 期
一年级	第一单元学习目标 共同要求： 能用简短的话语大胆地表达感受。 尝试运用"色彩""花纹""形状"等美术术语进行评述。培养儿童亲	第一单元学习目标 共同要求： 积累儿童的视觉、触觉更多感官的体验； 引导儿童能以直观的方式感受自然景象与艺术作品的造型与色彩，并且能用自己

年级 学期	上 学 期	下 学 期
一年级	近自然、关爱生命的情感态度与行为习惯。 校本要求: 感受大自然的魅力。 用简短的话语表达感受。 第二单元学习目标 共同要求: 感受美术表达的多样性;让儿童在参与造型游戏活动中,关注自己与他人,激发情感,培养对美术的基本态度和行为方法,为美术课程的其他学习内容奠定基础。 校本要求: 能认识美术工具、材料,初步掌握点、线、色、基本形的造型手法,并用于丰富和装饰画面。 利用视觉暂留原理创意设计简单的活动画面。 观察记忆人物的形态和神情特征,尝试用造型工具和造型手法进行情感表达。 第三单元学习目标 共同要求: 能在"玩"中,感受"泥的可塑性",认识立体造型。能运用纸黏土、泥巴或橡皮泥进行形体添加组合和简单的泥塑造型。学会小组合作,制作出一组立体的作品,丰富作品的表现力。促进儿童动手操作的能力,培养他们热爱生活、关注他人的行为习惯。	的语言大胆地表达出来;培养儿童亲近自然、关爱生命的情感态度与行为习惯。 校本要求: 1. 感受自然景象与艺术作品的造型与色彩。 2. 用自己的语言自由地表现所见所闻、所感、所想。 第二单元学习目标 共同要求: 感受美术表达的多样性,通过多种方法进行评述,尝试运用"色彩""花纹""形状"等美术术语;体验在造型表现的游戏中,关注自己与他人,培养对美术的基本态度和行为习惯。 校本要求: 1. 初步掌握点线色与运用基本形表现造型,学会丰富和装饰画面。 2. 大胆自由地表达自己的观察、感受和想象。 第三单元学习目标 共同要求: 感知形状的特征、变化与体验简单组合的绘画造型表现活动;促进儿童大胆、自由地表达自己的观察与想象。 校本要求: 能大胆想象,并能积极参与线、形色变化与简单组合的造型活动。 运用"色彩""花纹""形状"等词汇评述美术作品的感受。

年级学期	上 学 期	下 学 期
一年级	校本要求： 1. 能积极参与各种造型游戏活动。 2. 能与他人合作完成作品。 3. 能体验学习中的乐趣。 第四单元学习目标 共同要求： 通过生活艺术纸立体的应用设计学习活动，引导儿童形象地感知美术与生活、美与实用的关系，逐步形成艺术设计意识，促进艺术创意表现和创新思维能力的发展。 校本要求： 感知和掌握纸材由平面到立体、由简单到多样的设计思路及制作方法。 培养儿童的剪纸动手能力。 第五单元学习目标 共同要求： 了解自然科学知识，能用语言表达自己对大师作品与神话故事的感受。尝试运用各种媒体，通过看看、画画、做做等表现所见所闻、所感所想，体验造型活动的乐趣。 校本要求： 能认识美术工具、材料，初步掌握点、线、色、基本形的造型手法，并用于丰富和装饰画面。 利用视觉暂留原理创意设计简单的活动画面。 观察记忆人物的形态和神情特征，尝试用造型工具和造型手法进行情感表达。	第四单元学习目标 共同要求： 对形状与色彩的感知、表达与简单组合；参与色彩游戏的活动中，感知"美术与自然、科技、生活"之间的联系，既渗透环保意识，又激发儿童探索色与形的乐趣。 校本要求： 尝试运用多种艺术手法表现动物身上及纸飞机、降落伞的花纹和色彩装饰。 尝试用联想、涂色和押印连续纹样的方法设计有主题的画面。 培养制作动手能力。 第五单元学习目标 共同要求： 学会寻找身边的媒材，运用合适的工具，采用剪、折、撕和贴等方法进行加工制作；培养创新意识及动手制作能力，让儿童养成勤思考、爱动手、爱生活、爱创造的良好品德。 校本要求： 1. 积极参与造型与设计的游戏活动，并乐于与同学合作。 2. 对探索材料的形状、色彩和材质感兴趣，进行创意联想与手工设计制作。

第三节 丰富儿童美术综合能力的内涵

我校"和趣美术"课程依据《义务教育艺术课程标准(2022 年版)》的内容框架,设置适合儿童年龄阶段特征的美术课堂,新颖的教学模式。内容设置注重发展儿童审美感知和文化理解素养,强调发展儿童表现和创意实践的素养,加强课程内容、社会生活与儿童经验之间的联系,让儿童在美术学习过程中,丰富视觉、触觉和审美经验,获得对美术学习的持久兴趣,形成基本的美术综合素养。

一、学科课程结构

根据《义务教育艺术课程标准(2022 年版)》中美术课程"造型表现""设计应用""欣赏评述""综合探索"四个板块的划分,学校"和趣美术"课程分为"艺术欣赏""手工艺术""图画日记""奇思妙想"四个板块。(见图 7-1 所示)

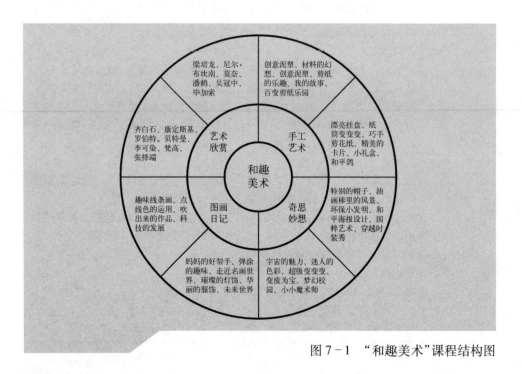

图 7-1 "和趣美术"课程结构图

二、学科课程设置

"和趣美术"课程从基本绘画技能出发，依据儿童的年龄特征，结合儿童的想象力、创造力，灵活制定课程内容。课程设置及框架如表7-2所示。

表7-2 "和趣美术"一至六年级课程设置表

年级 课程		艺术欣赏	手工艺术	图画日记	奇思妙想
一年级	上学期	齐白石	创意泥塑	趣味线条画	宇宙的魅力
	下学期	康定斯基	材料的幻想	点线色的运用	迷人的色彩
二年级	上学期	罗伯特·贝特曼	创意泥塑	趣味线条画	超级变变变
	下学期	李可染	剪纸的乐趣	点线色的运用	变废为宝
三年级	上学期	梵高	我的故事	吹出来的作品	梦幻校园
	下学期	张择端	百变剪纸乐园	科技的发展	小小魔术师
四年级	上学期	梁培龙	漂亮挂盘	妈妈的好帮手	特别的帽子
	下学期	尼尔·布坎南	纸筒变变变	弹涂的趣味	油画棒里的风景
五年级	上学期	莫奈	巧手剪花纸	走近名画世界	环保小发明
	下学期	潘鹤	精美的卡片	璀璨的灯饰	和平海报设计
六年级	上学期	吴冠中	小礼盒	华丽的服饰	国粹艺术
	下学期	毕加索	和平鸽	未来世界	穿越时装秀

第四节 带领儿童在奇妙的美术世界中畅游

《义务教育艺术课程标准(2022年版)》中关于美术学习活动的建议针对内容标准提出了一些更为具体的、可操作的学习内容和学习方式。美术学科课程,应创设具有趣味性、人文性、实用性原则的活动。为此,根据我校"和趣美术"的课程理念、学科性质、课程目标等方面的要求,将从"和趣课堂""和趣课程""和趣社团""和趣艺术节"等四个方面进行课程实施。

一、建构"和趣课堂",提升美术教学有效性

"和趣课堂"重在学习趣味性,以兴趣引入、以儿童为本,提高儿童在课堂教学中的主动性,能够自觉地参与到学习中来,并以学习为乐趣。

我们在课堂上尊重每一个孩子学习美术的权利,关注每一个孩子在美术学习中的表现和发展,做到因材施教,有针对性地采用教学方法和手段,力争让每一个孩子学有所获。创设丰富有趣的情境,激发孩子的兴趣,让他们展现自我,释放天性。明确"以儿童为本"指导思想,在教学过程中创设环环相扣的故事情境关系,增加课堂的趣味性,提高美术教学效率。

1. 情境导入,激发儿童兴趣

智慧教育六要素中提出:要把学科的知识与技能传授于儿童,就得抓住儿童对知识的求知欲,知识与学习有着水乳交融的联系;学习的主要结果就是获得知识;掌握知识是学习的重要目的。知识、能力、情意是对课程与教学目标的分解与总结,可以简单理解为知识就相当于最终的教学目的。英语课中学过:A good beginning makes a good ending,善始者必善其终。那么开始的导入部分起着至关重要的作用。一个好的导入既能激发儿童对整堂课的学习兴趣,还能活跃学习气氛,更能激起教师对教学的激情。

2. 兴趣教学,把主动权还给儿童

让课堂归属于儿童,儿童有自主选择的权利和能力。教师采用灵活多变的教学方

式,提供各种各样的内容和形式供儿童选择,增强儿童的创作信心,更能调动儿童的积极性,促进有效的学科学习,发挥其内在的潜能。

3. 合作学习,延续兴趣

在课堂中采用合作学习,可以增强儿童自主学习的能力,还能延续儿童的学习兴趣,更有效地达到教学目标。

4. 留有悬念,兴趣的延伸

正确的情意不但能让儿童发散思维,还能从正确的方向设想,把兴趣从课堂上延伸到课外。创设一个首尾呼应的评价方式,使教学更具有完整性。

二、建设"和趣课程",丰富美术课程内容

《义务教育艺术课程标准(2022年版)》中指出:小学美术课程建设应该坚持面向全体儿童的教学观,积极探索有效教学的方法。营造有利于激发创新精神的学习氛围,培养儿童健康乐观的心态和持之以恒的学习精神。

在"和趣课程"建设实施中,我们积极开展课程研究,探索儿童的学习规律,重视儿童在课程中的主体地位,充分调动儿童的积极性、主动性和创造性。进一步优化课程教学内容,为儿童创造更多的自学条件。根据儿童的特点和需要,因材施教。积极采用趣味性、自主式的教学模式,强化实践性教学环节。运用现代化教学手段和技术,使教学过程与时俱进。

实践教学是"和趣课程"建设过程中的重要环节,坚持理论联系实际,学以致用,全面提升儿童的素质。如在色彩活动"创意泥塑"中低年段儿童的美术活动表现能力相对较弱,我们提供了新颖的材料——生活中的黏土,并对黏土进行"神奇动物"畅想,鼓励儿童对黏土的造型进行大胆的想象,激发儿童的自由想象力。让儿童自己发挥自己的想象力,运用各种泥塑技能把自己想象中的作品展现出来,组成一个属于他们自己的泥塑动物乐园。

三、共建"和趣社团",跨学科融合

"和趣社团"通过将美术与音乐等艺术领域相连接,进行综合性的艺术教学。在

材料处理方面,绘画可以越过边境进入音乐的领域。美术与音乐虽然属于不同的艺术门类但是它们都受到共同的艺术规律的制约,因此它们之间有许多相似的特点,它们之间是相互借鉴、相互渗透的关系。将音乐和美术结合在一起,根据音乐来想象和联想,置身于音乐所描绘的画面中引导儿童抒发情感就更能起到事半功倍的效果。在以美术为主线的活动中相应地引用音乐,会给整个过程渲染一种与绘画主题相应的情感,营造相应的情感氛围,创设相应的意境,有效地激发儿童的感情,不仅培养了儿童的审美情趣还激发了他们新的思维,体现了学科综合的教学理念。除了与音乐相融合以外,在科学与心理健康学科上也有所碰撞。美育与德育更是深度对接,落实"立德树人,以美育人"的目标,在教学中对儿童进行德育渗透和价值观引领。

(1)组建"美术书法社团",通过美术社团的活动,将中华文字与艺术相结合,使儿童的美术特长得到更好的发展,提高儿童的欣赏水平及创造水平。

(2)组建"美术创意绘画社团"。通过美术社团的活动,激发儿童的想象力,融合科学学科,组织他们参加科幻画比赛。孩子通过参加比赛,积累经验,增强艺术创造能力。

(3)组建"中国传统美术兴趣社团"。通过组织孩子开展传统节日的艺术作品创作及美术社团的活动,让他们了解我国优秀传统文化,弘扬中国优秀传统文化艺术,增强文化自信。

四、璀璨"和趣艺术节",绽放艺术风采

"和趣艺术节"是在我校新型美术课程建设思想指导下开展的儿童艺术、文化的全方位展示活动,儿童通过参加艺术节展现自我的艺术风采,在团体性的活动中增强协作能力与团体荣誉感。

我们在艺术节期间开展与"和趣艺术节"有关的艺术活动,举办主题画展,展出优秀作品。艺术节活动具有强大的感染力,不限艺术形式,给儿童一个全方位展现自我的平台。艺术节期间,举行艺术作品展览,开展团体性"和趣艺术节"美术作品评比,组织户外写生活动,等等。

"和趣艺术节"激发儿童对艺术的兴趣和爱好,陶冶他们的情操,启迪他们的智慧,增强他们的审美与鉴赏能力。

综上所述,美术学习可以帮助孩子在广泛的文化环境中认识美术的特性、美术表现的多样性,形成积极健康的人生观、价值观,帮助他们在日常生活中了解社会文化,并逐步形成热爱中国传统文化和尊重世界文化多样性的健康价值观。

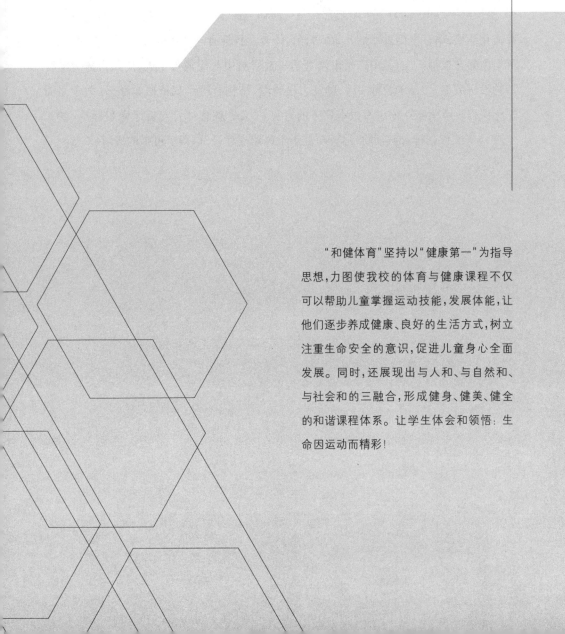

第八章
和健体育：生命因
运动而精彩

　　"和健体育"坚持以"健康第一"为指导思想,力图使我校的体育与健康课程不仅可以帮助儿童掌握运动技能,发展体能,让他们逐步养成健康、良好的生活方式,树立注重生命安全的意识,促进儿童身心全面发展。同时,还展现出与人和、与自然和、与社会和的三融合,形成健身、健美、健全的和谐课程体系。让学生体会和领悟:生命因运动而精彩!

广州市黄埔区科学城小学体育教师在深化课堂改革、研究体育教材教法的实践中,提炼出了"和健体育"的学科理念,努力灌输"和"文化,实施"健"教育,打造特色体育文化学校,培育全面发展的儿童。目前,体育学科拥有一个年轻有活力的教师团队,科组内共有教师7人,其中广州市体育学科教研组中心组成员1人,广州市体育学科特约教研员1人,骨干教师1人,师资力量雄厚、结构合理。现依据教育部《关于全面深化课程改革落实立德树人根本任务的意见》《义务教育体育与健康课程标准(2022年版)》等文件精神,推进我校体育与健康学科课程建设,取得了可喜的成绩。

第一节　追求"和健"体育之美

一、学科性质

体育与健康是实现儿童青少年全面发展的重要途径,对于促进学生积极参与体育运动、养成健康生活方式、健全人格品质,提升国民综合素质,推动社会文明进步,建设健康中国和体育强国,实现中华民族伟大复兴具有重要的现实和长远意义。[1]《义务教育体育与健康课程标准(2022 年版)》指出:"义务教育体育与健康课程以身体练习为主要手段,以体育与健康知识、技能和方法为主要学习内容,以发展学生核心素养和增进学生身心健康为主要目的,具有基础性、健身性、实践性和综合性等特点,是学校教育的重要组成部分,对促进学生德智体美劳全面发展具有非常重要的价值。[2]

体育与健康课程的基本理念主要是:1. 坚持"健康第一";2. 落实"教会、勤练、常赛";3. 加强课程内容整体设计;4. 注重教学方式改革;5. 重视综合性学习评价;6. 关注学生个体差异。[3]

义务教育阶段的体育与健康课程,应注重激发儿童的运动兴趣,引导儿童掌握体育与健康基础知识、基本技能和方法,增强儿童的体能,培养儿童坚强的意志品质、合作精神和交往能力等,为儿童终身参加体育锻炼奠定基础,促进儿童健康、全面发展。体育与健康课程以"健康第一"为指导思想,努力构建体育与健康的知识与技能、过程与方法、情感态度与价值观有机统一的课程目标和课程结构,在强调体育学科特点的同时,融合与儿童健康成长相关的知识。

1　中华人民共和国教育部.义务教育体育与健康课程标准(2022 年版)[S].北京:北京师范大学出版社,2022:1.

2　中华人民共和国教育部.义务教育体育与健康课程标准(2022 年版)[S].北京:北京师范大学出版社,2022:1.

3　中华人民共和国教育部.义务教育体育与健康课程标准(2022 年版)[S].北京:北京师范大学出版社,2022:2-4.

二、学科课程理念

在不断的教学实践中,学校提出了"和健体育"的学科理念。我校开展的"和健体育"与健康课程的理念为"三和""三健",主要体现在"与人和、与自然和、与社会和"的和谐,也在于对"健身、健美、健全"的健康的追求。

与人和:激发儿童的运动兴趣,培养儿童体育锻炼的意识和习惯,培养儿童自主学习、合作学习和探究学习的能力,掌握方法,并学会学习。与自然和:掌握运动技能和方法,学习生存和生活的本领,了解疾病预防知识,增强适应气候变化的能力,增强安全意识和防范能力,增强适应自然环境的能力。与社会和:注重学习和生活经验相联系,让儿童学会调控情绪,自我规范体育行为,形成良好的合作意识与社会适应能力。

健身:全面发展体能和健身能力,按照不同阶段逐步提高灵敏性、发展柔韧性、灵敏性、速度、力量和心肺耐力。健美:塑造良好健康的体形和姿态,会欣赏体育之美,追求体育之美。健全:面向全体,关注个体差异,引导儿童学会把体育知识和技能优化整合。

"和健体育"坚持"健康第一"的指导思想,通过体育与健康课程的教学,使儿童掌握运动技能,发展体能,逐步形成健康和安全的意识,以及良好的生活方式,促进儿童身心协调、全面发展。展现"与人和、与自然和、与社会和"的境界,形成"健身、健美、健全"的和谐课程体系。

第二节　全面促进儿童身心和谐发展

"和健体育"课程的建设,以《义务教育体育与健康课程标准(2022 年版)》的课程目标为导向,努力实现让儿童在锻炼中"享受乐趣、增强体质、健全人格、锤炼意志",使科小儿童掌握体育与健康的基础知识、基本技能与方法,增强体能;学会学习和锻炼,发展体育与健康实践和创新能力;体验运动的乐趣和成功,养成体育锻炼的习惯;发展良好的心理品质、合作与交往能力;提高自觉维护健康的意识,基本形成健康的生活方式和积极进取、乐观开朗的人生态度。

一、学科课程总体目标

《义务教育体育与健康课程标准(2022 年版)》中指出:体育与健康课程围绕核心素养,体现课程性质,反映课程理念,确立课程目标。其中对于核心素养内涵主要是通过体育与健康课程学习而逐步形成的正确价值观、必备品格和关键能力,包括运动能力、健康行为和体育品德等方面。[1]

体育与健康课程对于实施素质教育,培养儿童的爱国主义、集体主义精神,促进儿童德、智、体、美全面发展具有重要的意义。通过课程的学习,儿童将掌握体育与健康的基础知识、基本技能与方法,增强体能;学会学习和锻炼,发展体育与健康实践和创新能力;体验运动的乐趣和成功,养成体育锻炼的习惯;发展良好的心理品质、合作与交往能力;提高自觉维护健康的意识,基本形成健康的生活方式和积极进取、乐观开朗的人生态度。

掌握与运用体能和运动技能,提高运动能力;学会运用健康与安全的知识和技能,形成健康的生活方式;积极参与体育活动,养成良好的体育品德等三个方面设定课程总目标,并使基本运动技能、体能、健康教育、专项运动技能和跨学科主题学习等方面形成一个相互联系的整体,各个学习方面的目标主要通过身体练习实现,不能割裂开来进行教学。

"和健体育"课程,把基本运动技能、体能、健康教育、专项运动技能和跨学科主题学习五个方面有效地与"三和""三健"理念相互联系与整合,总目标以表 8-1 进行表述。

---

1 中华人民共和国教育部.义务教育体育与健康课程标准(2022 年版)[S].北京:北京师范大学出版社,2022:5.

表 8-1 "和健体育"课程学习总目标表

课程标准目标[1]	校本目标
运动能力： 掌握与运用体能和运动技能，提高运动能力。 健康行为： 学会运用健康与安全的知识和技能，形成健康的生活方式。 体育品德： 积极参与体育活动，养成良好的体育品德。	与人和： 稳定的情绪、积极的运动兴趣，终身体育意识和锻炼习惯，能自主学习、与他人合作学习和探究学习。 与自然和： 掌握运动技能和方法，学会生存和生活的本领，了解疾病预防知识，具有适应气候变化的能力、安全意识和防范能力、适应自然环境的能力。 与社会和： 把学习和生活经验相联系，能调控情绪，具有自我规范的体育行为，形成良好的合作意识与社会适应能力。 健身： 全面发展的体能和健身能力，在不同阶段逐步提高灵敏性，发展柔韧性、灵敏性、速度、力量和心肺耐力。 健美：塑造良好健康的体形和姿态，能欣赏体育之美，追求体育之美。 健全： 拥有健康的心理素质，掌握全面的体育知识和素养，会把体育知识和技能优化整合并应用于生活和实践中。

二、学科课程年级目标

"和健体育"的课程目标是通过课程学习来达成，以《义务教育体育与健康课程标准（2022年版）》对主要目标和下位二级目标的设定为基础和导向，结合我校实际和儿童发展特点，在运动参与、运动技能、身体健康、心理健康与社会适应四个方面重新设定的目标。我校"和健体育"课程体系的目标强调体育的主要功能，注重各水平目标的逻辑性、递进性及整体性。通过梳理和整合成"和健"体育与健康课程一到六阶段各年段学习目标，现将体育与健康课程年级目标设置如下（以一年级为例，见表 8-2）。

---

[1] 中华人民共和国教育部.义务教育体育与健康课程标准（2022年版）[S].北京：北京师范大学出版社,2022：6-7.

运动能力	共同要求： 1. 主动积极地完成学习任务等。学习基本的身体活动方法和体育游戏,掌握基本的球类运动项目的技术动作组合、体操类活动的简单技术动作组合。 2. 学习体育运动知识,掌握运动技能和方法,学习不同的体育活动方法。 3. 初步了解安全运动以及日常生活中有关安全避险的知识和方法,增强安全意识和防范能力,获得运动的基本知识和体验。 校本要求： 1. 形成认真上好体育课与健康课的态度,积极参与体育学习和锻炼。 2. 了解多种运动项目的名称及其基本的健身价值,体验运动乐趣与成功。 3. 知道跑步、跳绳、各种球类运动项目的名称,以及滚翻、仰卧起坐等常见身体运动动作的名称或术语,如体验速度、节奏、力量、方向等运动现象。 4. 做出基本身体活动动作。如在体育游戏活动中完成多种形式的走、跑、跳、投等动作。 5. 初步学会基本的各种球类基本活动规则和基本技术,初步掌握小篮球、小足球、羽毛球、乒乓球或其他新兴球类活动的基本方法。 6. 学习一些体操类活动的基本动作。如学习横队和纵队看齐、向左(右、后)转、立正、稍息、踏步、齐步走等基本体操动作;棍、球、绳等轻器械体操动作。 7. 知道基本的安全运动知识和方法,注意体育活动和日常生活中的安全。如注意穿着合适的运动服装上课,运动前做好准备活动。
健康行为	共同要求： 1. 初步发展柔韧性、灵敏性和平衡能力,注意保持正确的身体姿态,塑造良好体形和姿态。 2. 初步了解个人卫生保健知识和方法,掌握基本保健知识和方法。 3. 全面增强体能和健身能力,发展户外运动能力,增强适应自然环境的能力。 校本要求： 1. 初步了解饮食、用眼常识,按要求做眼保健操等。 2. 知道正确的身体姿态。能指出正确的坐立行姿态等。 3. 完成多种柔性练习。如横叉、纵叉、仰卧推起成桥等柔韧性练习。 4. 完成多种灵敏性练习。如跳绳 8 字跑、绕竿跑等灵敏性练习。
体育品德	共同要求： 1. 努力完成当前的学习任务,培养坚强的意志品质,具有良好的体育道德。 2. 学会调控情绪,体验体育活动对情绪的积极影响。 3. 增强适应新环境的能力,在体育活动中爱护和帮助同学,形成合作意识与能力。 校本要求： 1. 认真完成体育学习和锻炼任务。 2. 体验体育活动中的情绪变化。 3. 在新的合作环境中愉快地进行体育活动和体育游戏。 4. 在体育活动中表现出对同学的关心与爱护,乐于帮助同学。

第三节 满足儿童个性化体育学习需求

根据我区有关规定和结合我校实际,体育与健康课程有必学和选学的内容,可根据各校实际形成有自身特色的校本课程。根据我校实际,我们将我校体育与健康课程分为活力加油站、体能游戏馆、健康成长树、体育俱乐部、融"和"基地五大部分课程,并依据儿童的不同年龄阶段特征,进行分水平设置,满足儿童的个性化学习需求,同时激发和培养儿童的兴趣爱好,开发儿童的潜能,促进儿童个性化发展和学校办学特色的形成。

一、学科课程结构

《义务教育体育与健康课程标准(2011 年版)》体育与健康课程以"健康第一"为指导思想,努力构建体育与健康的知识与技能、过程与方法、情感态度与价值观有机统一的课程目标和课程结构,课程标准用基本运动技能、体能、健康教育、专项运动技能和跨学科主题学习五个方面设定目标,因此"和健体育"分为五大类:活力加油站、体能游戏馆、健康成长树、体育俱乐部、融"和"基地。(见图 8-1)

图 8-1 中,各板块课程具体表述如下:

从活力加油站、体能游戏馆、健康成长树、体育俱乐部到融"和"基地,是儿童从基础学习到个性化学习需求的一个过程。活力加油站是开发儿童的潜能,促进儿童个性化发展的更高挑战。健康成长树的知识主要是培养儿童终身发展和适应未来社会所需的共同基础,体验实践基地是进行跨学科融合、主题学习活动和体验的一个创造性设计,这五部分课程中的内容在设置方面既循序渐进又互相交叉融合,可根据儿童的水平和兴趣进行安排。

二、学科课程设置

"和健体育"分为五大类:活力加油站、体能游戏馆、健康成长树、体育俱乐部、融

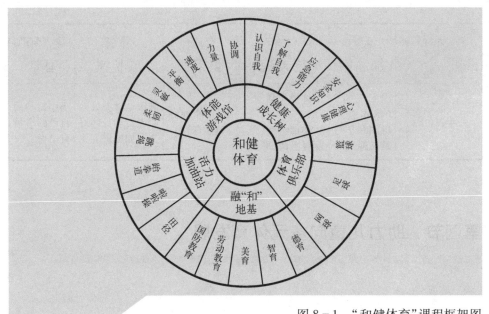

图 8-1　"和健体育"课程框架图

"和"基地。其中活力加油站包括四个水平的学习内容,即跳绳、跆拳道、啦啦操、田径等;体能游戏馆分为六个水平的学习内容,即发展柔韧、灵敏、平衡、速度、协调、力量等;体育俱乐部主要包括篮球、足球、网球等;健康成长树主要包括人身安全小知识、心理健康、应急能力、了解自我、认识自我等;融"和"基地是结合我校"三和""三健"理念进行跨学科的融合,主要是指体育与德育、智育、美育、劳动教育和国防教育等多学科交叉融合。课程设置框架如下。(以一年级为例,见表 8-3)

表 8-3　"和健体育"课程设置框架表

课程名称 年级	活力 加油站	体能 游戏馆	体育 俱乐部	健康 成长树	融"和" 基地
一年级(上)	绳彩飞扬 1 (跳绳基本 技术学习)	1. 体操类活动 (一) 2. 体能游戏(上) 发展柔韧、灵敏	认识各种球 (熟悉基本规 则)	积极愉快地上 好体育课 坐立行我最美 饮水有益健康 安全地进行游戏	我是守法小 公民 我是小小指 挥员

课程名称 年级	活力 加油站	体能 游戏馆	体育 俱乐部	健康 成长树	融"和" 基地
一年级(下)	绳彩飞扬2 (基本技术 巩固和学习 跳长绳)	1. 体操类活动 (二) 2. 体能游戏(下) 发展协调、平衡	认识各种球 (熟悉球性)	健康饮食益处多 阳光运动身体好 文明如厕讲卫生	小小特种兵 自己的事情 自己做

第四节　助力儿童向多元体育发展

《义务教育体育与健康课程标准(2022年版)》坚持"以人为本、健康第一"为指导思想,把握住体育与健康课程的基础性、实践性、健身性、综合性等主要特性。"和健体育"课程,是扎实开展各项体育活动学习及校本课程研究,以身体练习为主要手段,以学习体育与健康知识、技能和方法为主要内容,以增进学生健康、培养学生终身体育意识和能力为主要目标的课程。以"和健体育"的"三和""三健"理念为基础,通过"和健课堂""和健课程""和健大课间""和健社团""和健体育节"这五个途径,全方位地渗透"和健体育"课程理念和加强和健体育活动的实施。

一、建设"和健课堂",提高教学实效

建设"和健课堂",促进学习方式的变革,提高教学实效性,体育教师必须做到备学生、备教材、备场地器材。首先,备学生就是要了解学生的身体素质和技术水平,以及达标登记表,课后认真做好小结,把学生掌握的动作和完成练习的情况,以及课堂中表现等有关情况记录下来,作为改进教学的依据。其次备教材,不同水平的学生有着不同的身体素质和体育意识水平,所以有效的因材施教是一堂好课的核心。再次备场地器材,做好场地器材使用的优化设计方案。课堂上精讲多练、以学生为主导,将课堂

还给学生。

　　"和健课堂"的实施,除了使用传统的学习模式,使学生养成终身锻炼的习惯,还可以鼓励学生使用"智慧阅读"平台,查阅和了解相应的学习内容,对学习内容有一定的了解;同时学生也可以在课堂中认真参与课堂学习,积极互动,充分体验,掌握体育技术技能的学习内容,通过"翻转课堂"的模式开展自评和互评,如有条件还可以通过"智慧"数据平台实时监控学生心率变化情况,通过多种反馈,促进学习效率的提高。

二、开发"和健课程",促进内涵发展

　　"和健课程"是把"和健学习"模式与体育与健康课程相结合的一个课程。要求学生学会与人和、与自然和、与社会和的三融合,形成健身、健美、健全的学习体系,要明确"三和、三健"的具体学习目标,了解学习目标间的关系,并进一步整合和优化,以有效提高学习实效。

　　构建和健体育与健康课程,坚持"健康第一"的指导思想,通过体育与健康课程的教学,使学生掌握运动技能,发展体能,逐步形成健康和安全的意识,以及良好的生活方式,促进学生身心协调、全面发展。展现与人和、与自然和、与社会和的三融合,形成健身、健美、健全的和谐课程体系。

　　和健体育与健康课程结合我校实际和学生发展特点,在运动参与、运动技能、身体健康、心理健康与社会适应四个方面重新设定目标,并进行梳理和整合,把水平一到水平三阶段的体育与健康课程各年段学习目标进行逻辑性、递进性及整体性设定。

三、开展"和健大课间",打造学校品牌

　　引导和鼓励学生积极参加形式多样、生动活泼、健康向上的体育活动,提高学生的身体综合素质,促进学生的全面发展和健康成长。我校以"和健大课间"活动为载体,培养学生自觉锻炼身体的习惯,规范学生课间体育活动内容和形式,推进大课间活动的科学化、制度化、规范化,逐步形成我校体育特色,努力建设和谐校园、平安校园、活力校园。

我校除了每周规定的体育课之外，每天的大课间是"阳光体育一小时"活动的重要项目之一。我校规定师生必须参加大课间的广播体操、跑操以及分级各项活动，或者进行室内操以及室内的趣味游戏，保证每一次的大课间质量，积极做到每天阳光运动一小时，使学生感受到大课间锻炼带来的好处，养成终身体育的习惯。通过丰富多彩的大课间活动，把学生吸引到各项体育活动中，变"要我参与"成为"我要参与"，在快乐中练，在练中快乐。

我们制订不同的大课间活动计划，根据我校特色品牌建设方向制订了体能大课间、雨天大课间方案和疫情期间（或假期期间）的大课间方案。

四、推进"和健社团"，实现五育并举

"和健社团"是为了丰富广大学生的课余生活，提高学生的身体素质，营造健康、多彩的校园文化，给广大的学生提供运动锻炼和互相交流的空间，使学生在健康中成长。在课余时间丰富学生的体育学习经验，增强孩子终身体育的意识，挖掘学生各方面的体育技能，体育社团对课外体育活动的开展具有十分重要的影响，成为注重学生个性发展，集知识、健康、娱乐、竞技、兴趣为一体的多元化体育教育，其是学校体育与健康课程的另一种有效的补充手段，并将逐渐发展成为学校群体活动竞赛、校园体育文化活动，以及校际间体育交流的主力军。

为了丰富广大学生的课余生活，提高学生的身体素质，营造健康、多彩的校园文化，给广大的学生提供运动锻炼和互相交流的空间，使学生在健康中成长。我校一直创办特色课程活动，在课余时间里丰富学生的体育学习经验，增强学生终身体育的意识，挖掘学生各方面的体育技能。在原有教学经验的基础上不断优化，整合资源，开设了6门体育社团课程，如跆拳道社团课、围棋社团课、网球社团课、足球社团课，以及篮球社团课和体育舞蹈社团课。

1. 跆拳道社团（学礼、义、廉、耻、忍耐、克己、百折不屈，展我科小学子风采）

自建校第一年开始，我们积极组织跆拳道校队，制订详细的校队制度和工作计划，坚持开展日常的专项训练。并通过开展班级、年级等比赛，选拔优秀队员去参加区中小学生跆拳道锦标赛、广州市中小学跆拳道比赛和广东省跆拳道比赛。自2016年第一次组队参赛开始，多名同学被评为跆拳道比赛的"优秀运动员"，我校教师被评为

"优秀教练员"。2016 年至 2022 年的区跆拳道锦标赛、公开赛我们都获得不错的成绩,学校的总体水平和成绩逐年提高。比赛中,我校队员充分发挥努力拼搏、顽强奋进的优良作风,利用基本技术好的优势,多次获得区跆拳道比赛团体总分第一名,男子和女子团体总分第二、第一名的优异成绩,并获得"优秀组织奖"称号。在此基础上,我们也有队员获得省、市级比赛的金牌和铜牌。

2. 围棋社团(黑白之战,乐在"棋"中)

我们分阶段安排学习任务,在第一阶段,调查统计会下棋的孩子,督促在家练习。第二阶段,采用集中训练的形式,加强技术训练和专项素质训练,有意识地把专项素质和技术结合起来,加大训练负荷,在训练中注重注意力、下棋习惯与心理素质的培养。第三阶段,采用中等强度训练,调整练习次数,消除疲劳,同时加强队员战术及心理素质的训练。

通过训练,学生掌握了基本围棋知识,同时了解了各种棋类比赛的规则,发展了学生的智力素质,促进其身体正常的生长发育。进一步培养和巩固学生对棋类运动的兴趣和爱好,培养集体主义观念,增强自信心和意志品质。使学生积极参加到学习中,并大胆向同学展示自己的棋艺,体验成功的喜悦,培养良好的团结协作精神。积极进取,乐观开朗。通过对学生的训练,提高他们的身体素质和技术水平,争取在比赛中获得好的成绩,同时为校队建设打好基础。加强对校队训练的管理,明确基本任务、训练内容要求,制定严格的队伍管理制度与纪律,培养荣誉感、责任感,树立为队、为校争光的信念。

2016 年开始,我校校队队员参加 2017—2022 年广州市"市长杯"中小学校(黄埔赛区)围棋团体赛,多次获得乙组、丙组、丁组冠军和甲组第一名、第三名的好成绩。

3. 网球社团(阳光与活力,展网球魅力)

从 2017 年 3 月起,黄埔区科学城小学委托广州开发区网球学校的老师到学校开展网球培训,成立网球社团,并实行分层次教学,全校共 13 个网球教学班。成立时间虽短,却取得了不错的成绩。2018 年获得黄埔区校园网球推广示范学校称号,2018 年组织学生参加黄埔区中小学生网球赛获得小学丙组团体第一名,2019 年组织学生参加黄埔区中小学生网球赛获得小学乙组个人单打第六名、第八名的成绩。2020 年我校被评为全国青少年网球特色学校。

4. 足球社团（足球技艺多比拼，绿茵场上见英雄）

通过家庭、学校共建，鼓励全体学生全面参与足球运动，坚持和积极开展全校性的足球课外兴趣活动。于 2017 年 10 月成功举办科学城小学第一届校园足球联赛，以班级为单位，成功把足球氛围融入班级，重视人人参与。学校把赛事安排在周六、周日，让家长进校观赛，把足球氛围扩大，获得家长一致好评，也让家长慢慢重视足球。继续完善足球队伍建设，积极参加各类赛事，通过比赛锻炼和提高队员技术和心理素质水平。提高足球专业的师资，鼓励教师积极参加各类足球课程培训。2018 年 4 月科学城小学参加黄埔区举办的小学生足球联赛，勇夺冠军。2019 年科学城小学参加黄埔区举办的小学生足球联赛，两个小组参加比赛分别获得亚军和冠军。进一步优化和提高学校各年级球队队员的水平，完善队员梯队建设，争取在区级和市级的足球比赛中获得好成绩。2019 年我校被评为广州市校园足球推广学校。

5. 篮球社团（快乐篮球，并肩同行）

进一步建立校园各个年龄段的梯队建设，在学生中倡导努力营造一个学生热情、教师积极、领导重视、学校支持、社会参与校园篮球活动的良好氛围。进一步加强与兄弟学校的合作与交流，积极做好优秀篮球运动员的输送工作。精心组织好各级篮球联赛。坚持开展和加强班级篮球活动，各年级各班利用篮球角、班级展示等形式加大篮球氛围的营造。落实并建立班级篮球队梯队，积极参加学校组织的篮球活动。根据学校情况和学生实际，继续加大校本课程的研发、改进和实施工作，使学生群体性工作参与数量、教学质量等均取得较高的水平。

五、开展丰富的"和健体育节"，展我和真学子风采

开展"和健体育节"，举办特色学生运动会和亲子运动会，以及相关的学生体育社团比赛，展示学生体育风采，提高家校合作积极性，不仅有利于锻炼学生身心，还活跃了校园气氛、体现了我校的特色体育文化。

丰富的体育文化节（如校级运动会、篮球班级对抗赛、足球班级对抗赛、羽毛球比赛、跆拳道比赛等），一系列的活动可以为学生提供更多展现自己的平台，使更多的学生可以参与体育活动，领悟体育团体竞技的精神，对体育运动产生浓厚的兴趣，感受体育运动带来的快乐和激情，体现我校"和健体育"课程目标的多元化与丰富性，不再是

单一、笼统无实质性内容的校园体育建设。

总之，我们通过学校几个领域，多方位地把"和健体育"理念进行渗透和实施，希望能为学生提供展示的舞台，更好地帮助学生认识自己，发现自己的与众不同，让每个学生成为最好的自己，成就健康、智慧的人生。

后 记

六年前，因工作需要，我调入科学城小学担任校长一职。当时，学校开办仅仅一年，只有两个年级，126名学生，15位教师。如何才能打造一所高品质的现代化学校呢？为此，我以"我们@未来"作为办学理念，以"为人和，为学真"作为校训，开展了"和真"教育的实践，从学校文化、制度建设、课程规划、社团组建、教师发展等方面进行了一系列的探究，取得了显著的成绩。

几年来，科小大大小小活动不断，大都围绕"和真"二字进行。无非就是一个道理：给孩子们更多的空间和舞台，去探索、去感知、去创新、去思考、去挑战自己。孩子们在这样的环境中，蹦蹦跳跳地成长起来。科小这所新学校，也在各种历练中崭露头角，各种赛事捷报频传。现在的科小，已经是一所有着两个校区，2 000多名学生，52个班级的大校，从默默无闻到声名鹊起，经历了许多的艰辛，赢得了广泛的社会赞誉。

在学校飞速发展的过程中，我们也在思索：如能把我们在实践中所做的关于课程建设方面的探索和创新记录下来，并进行思考和分析，进行总结和提炼，从而指导教师的教育实践，相信这对于教师的专业成长和发展，对整体提高教育教学质量都将是一个极大的促进。于是，我们编撰了《赋权性变革：提升学科领导力》一书，该书收录了我校教师在教育教学过程中的一些关于课程建设方面的案例和感悟。

感谢上海教育科学研究院杨四耕老师对我校课程建设的悉心指导。从2019年开始，根据我校实情，杨老师就提出了研究思路和框架设计，并多次亲临我校，对课程建设团队给予耐心引导和帮助；在疫情期间，也经常通过线上线下的方式来进行各种培训和论证。专家引领，我们才能走得更远。

在课程建设过程中，教师们积极总结经验，虚心学习，克服了许多困难，利用休息时间撰写文稿，提升理论知识水平，使自己的教学实践上升到理论的高度，从而解决当前教学实践和理论研究脱节的问题。感谢老师们的辛勤付出！

愿《赋权性变革：提升学科领导力》一书与全体教师共勉，使之成为我们成长的见证。

智慧，在这里生长！

培根铸魂，启智润心。赋权性变革，我们永远在路上！

周 玲

2022年1月